Al otro lado del miedo

Al otro lado del miedo:

Memorias de una mochilera

Escrito por

Jenni Reavis

Libro 1 de la serie Heroínas al Descubierto

Traducido por Juancho Tabon, Jose Pablo Pareja Díaz y
Jenni Reavis

Traducción editada por Jose Pablo Pareja Díaz y
Mariana Garrone

Editado por Kristin Alsup y Jackie Bell
Diseño de la cubierta por Rose Miller
Primera impresión, abril de 2021.

ISBN del libro de bolsillo: 978-1-7361743-3-3
ISBN del libro virtual: 978-1-7361743-2-6

Dedicado

A esa Jenni de diecinueve años que desesperadamente necesitaba a la mujer en quien me he convertido.

A las mujeres que siguen luchando por encontrar los pedazos de sí mismas después de…

A las mujeres que siguen sufriendo en silencio.

A quienes aún no han encontrado las palabras para contar su historia.

A quienes piensan que, si hablaran, nadie las escucharía, les creería o le importaría.

A quienes tienen temor por lo que pensarían los demás si hablaran.

A quienes temerían por sus vidas si susurraran una palabra de sus historias.

Aquí mi reconocimiento, las escucho, les creo, las amo.

Todas son heroínas.

Esta historia está dedicada a ustedes.

"Todo lo que quieres está al otro lado del miedo."

-George Addair

Agradecimientos

Gracias, Sharianne Carson, por hacer esta oportunidad posible y por ser un ejemplo viviente de la expresión "Mujeres empoderadas empoderan a otras mujeres." Además, gracias por tu gran ayuda cuidando a mi hija, mi gata Gracie Ann, para que yo pueda vivir alineada con mi propósito de vida en el extranjero. Sin ti, y todas las maneras en que me has empoderado, nada de esto sería posible.

Gracias a mis seguidores en las redes sociales por donar a mis campañas de GoFundMe durante tres años de viajar como mochilera, me permitieron viajar a lugares a los que de otro modo no habría ido. Sus donaciones también contribuyeron a que sucedieran milagros en las vidas de otras personas.

Gracias, Oficial Kelly – nuestro acuerdo se queda entre nosotras.

Gracias, Leslie Bell, por invertir en mi camino de tal manera que ahora es un eco que se hará oír en todo el mundo.

Gracias, Donelle Cole, por ser de tanta inspiración con tu libro autopublicado, "From Living to Legacy: Beyond the Barriers of Mediocrity" y por tener tanta paciencia para contestar tantas preguntas durante mi proceso de escritura, organización y auto-publicación de este libro.

Gracias a mis editoras de la versión original, Kristin y Jackie, por tomar el caos de mi manuscrito, cual pintura salpicada en tela y convertirla en esta hermosa obra de arte. No habría podido hacer esto sin ustedes.

Gracias a Jose Pablo y Juancho y a las demás personas que me ayudaron a traducir y editar la versión de mi libro en español. No habría sido posible hacer esta obra de mi alma sin todo lo que ustedes hicieron por mí con tanto amor.

Gracias a todos quienes me mantuvieron viva sin que me diera cuenta.

Gracias a todos quienes han compartido palabras de sabiduría y me animaron a ser la versión más auténtica de mí que puedo ser.

Gracias, Dr. D. por mostrarme lo que son las artes de la escucha activa y la empatía.

Gracias a mi bebé peluda, Gracie Ann, por darme una razón para continuar y por mostrarme qué es el verdadero amor incondicional, por estar conmigo a cada paso de este cambio y por supervisar cada parte del proceso de escritura de este libro. Siempre estuviste acostada debajo de la lámpara del escritorio mirándome escribir con ojitos de amor, te amo con todo mi corazón.

Estoy tan agradecida a quienes me han lastimado a lo largo del camino, porque mis heridas me han dado una razón para excavar muy profundamente dentro de mí en un modo que nunca lo hubiera hecho y el resultado de eso ha sido asombroso.

Contenido

Capítulo 1

Villa de Leyva

Mientras vivía en Medellín, en enero de 2020, una de mis libretas empezó a llenarse de fragmentos de mis historias escritas a mano. Estaba alquilando una habitación de un apartamento pequeño a una pareja jubilada que conocí a través de un amigo en Jardín. En las mañanas, caminaba por los barrios locales alrededor de Belén Rincón para encontrar un Juan Valdez u otra cafetería donde me sentaba durante horas a tomar un increíble café colombiano, comer pasteles, observar a la gente y escribir.

Hasta que un día, después de dos meses de quietud, mi alma dijo que era hora de tomar mi mochila y emprender viaje. Todo lo que necesitaba era algo de ropa, artículos de higiene personal, mis libretas para escribir y algunos dólares en mis bolsillos. Dejaría que el viento me llevara hacia donde mi alma suplicara ir.

Empaqué lo básico en mi mochila, pagué el alquiler hasta finales de mayo para poder mantener todo lo demás en mi espacio y me fui a la estación de autobuses. Mi primera parada fue San Carlos, un lugar del que había escuchado a través de los locales. Pocos turistas iban allí porque era probable que visitaran lugares más comunes del Camino Turístico, como Guatapé, Medellín o Jardín.

San Carlos estaba a solo cuatro horas al este de Medellín, un pueblo de ensueño tan mágico como Jardín.

Durante los cuatro días que pasé allí, di un paseo en motocicleta que me llevó a un lago cerca de las cascadas que se escondían en el corazón de las montañas. Disfruté de un día entero montada encima de un bus rural al que los locales se referían como "chiva;" paseando por caminos rurales y esquivando ramas de árboles y cables eléctricos.

Sabía que quería acabar en Boyacá, un departamento de Colombia al norte de Bogotá. Quería pasar un mes explorando el Valle de Tenza y los pequeños pueblitos esparcidos a lo largo del mismo. Algo místico me llamaba a Boyacá y, dado que me empezaba a llegar la ola de la histeria de la pandemia, sentí que sería un lugar para estar tranquila un mes si era necesario. Además de ello, estaría cerca de una gran ciudad como Bogotá por si algo pasaba.

En el camino, le mostraba el mapa a la gente explicando que quería viajar desde donde estaba en San Carlos hasta Boyacá, cada persona insistía que la única manera de llegar allí era tomar un bus directo a Bogotá y de ahí tomar otro bus hacia Boyacá, pero en mi mapa podía ver caminos conectando todos los pueblos en la ruta a mi destino, así que decidí no escuchar a nadie y tomar mi propio camino, viajando a dedo como mochilera, de un lugar a otro hasta llegar a donde mi espíritu se pusiera a temblar de alegría.

El clima en esa región era cálido y húmedo, y mis viajes en autobús eran muy extraños. Algunas personas usaban tapabocas y otras no. A estas alturas, pensaba que todo el asunto de la pandemia era una gran conspiración y no había prestado la menor atención al alboroto de la gente. Todos en el bus me miraron como si fuera un monstruo. El autobús no estaba lleno, pero nadie movió sus maletas para que me sentara. *Está bien*, pensé. *Iré parada.*

El chofer de repente se volteó y me preguntó de nuevo cuál era mi destino. —Puerto Araujo —contesté. Inmediatamente se detuvo.

— Bájese aquí —ordenó.

—No le entendí bien. En la próxima hora pasará un bus azul que va hacia allá. Pensé que iba a otro lugar.

Todas las miradas apuntaban hacia mí. *Un momento, ¿me estaban echando del bus por no tener mascarilla?, ¿alguien me recogería siendo que no tenía mascarilla?*

Una semana atrás, habría podido sentarme donde quisiera y la persona a mi lado habría estado fascinada por la oportunidad de conversar con una extranjera por primera vez. Muchas personas que había conocido a lo largo de mi viaje me habían invitado a sus casas con los brazos abiertos y sus hijos se subían a mí como si fuera un árbol.

Mierda, ni siquiera sabía si un bus pasaría y ahí me encontraba, parada a un lado de la carretera en ese calor feroz. Mis mochilas estaban tiradas sobre la carretera polvorienta, a un lado de mis pies. Lo peor de todo era que tenía unas ganas inaguantables de orinar. ¿Cómo lo haría? No había señal de vehículo alguno viniendo de ninguna dirección, pero no me atrevía a bajarme los pantalones para orinar, no tenía idea de quién podría estar escondido entre las matas viéndome.

Arranqué una hoja de plátano de un árbol cercano y la usé para orinar parada; era un truco que había aprendido hacía tiempo viajando en Colombia, cada vez que quedábamos detenidos en las montañas por mucho tiempo debido a derrumbes. Bajé lo suficiente mis pantalones para acomodar la hoja y permitir que fluyera mi orina y de repente empecé a reírme con toda el alma; el mundo estaba histérico por la pandemia y ahí estaba yo, meando parada con una hoja de plátano a un lado de una sucia carretera abandonada, sin estar segura de si pasaría el bus y sin saber siquiera dónde estaba realmente.

Mientras orinaba y reía, me puse las manos en forma de cono alrededor de mi boca para amplificar mi voz y cacareé hacia los cielos: "¡Kikirikiiiiiiiiii!" Siempre pasé los mejores momentos estando sola, conmigo misma, de aventura. De repente, escuché la bocina de un bus anunciando su aparición, a la vuelta de la curva venía un bus azul marchando de la nada, al ver mi mano el conductor frenó fuertemente para que subiera.

Me bajé en un lugar llamado Puerto Araujo, donde me dijeron que esperara de nuevo al costado de la carretera por otro microbús que me llevaría a un pequeño pueblo llamado Cimitarra, desde donde, supuestamente, se recogen los pasajeros con destino a Boyacá. Aún no estaba completamente segura de cuál era mi destino final. Esperaría hasta estar más cerca para descubrir la disponibilidad de microbuses con rutas que despertaran un *ping ping* dentro mío.

Debí esperar allí mínimo durante una hora a que pasara un autobús antes de rendirme. Estaba oscureciendo. No quería gastar dinero en alojamiento, pero no me sentía con ganas de viajar de noche.

Tenía tanto calor y tanta hambre, no había comido desde la mañana temprano cuando compré pan casero a una señora que vendía comida en una canasta. El clima era sofocante, brindaba unos hermosos cuarenta y tres grados centígrados de calor, me sentía preparada para dormir en alguna hamaca colgada afuera. Sentí una capa de polvo cubriendo mis labios, que resecaba mi lengua y mi garganta, cargué mi mochila a mi espalda y me aventuré hacia las calles principales del pueblo para ver si había hospedaje con disponibilidad de agua donde, mínimamente, pudiera darme un baño refrescante.

Este pueblo era pequeñito y estaba segura de que era la primera extranjera que la gente local había visto en sus vidas. Mis desgastados zapatos dejaron huellas a lo largo del sendero arenoso que me guió al centro del pueblito. Vi un letrero roto con las letras suficientes para inferir que antes había habido un hospedaje, pero cuando me asomé a la ventana, la luz tenue del pasillo me dejó ver puertas abiertas a cuartos vacíos que tenían colchones sucios y cucarachas con patas carnosas. Una vieja sin dientes, con una falda de color morado intenso apareció tambaleándose, escoba en mano, al vernos creo que nos asustamos la una a la otra.

—¿Hospedaje? —pregunté.

Solo entendí lo suficiente para saber que ahí no había agua corriente. Le regalé una sonrisa y un "no, gracias" y seguí camino. La vecina, quien fingía barrer el patio para averiguar de qué hablábamos, fue suficientemente bondadosa en decirme que si buscaba hospedaje por una noche había un hotel en la plaza principal a unas cuadras de ahí.

La población de este lugar era de 1.260 personas, razón por la cual la gente local salía de sus casas pequeñas para verme con sus propios ojos. No puedo imaginar qué tan extraña les parecí. Los niños se asomaban curiosamente, escondidos detrás de paredes y ventanas, para verme con sus ojos grandes. Me sentí aliviada al encontrar un lugar con un cuarto disponible que tenía ducha y un aire acondicionado pequeño. Tengo como regla personal no beber nada cuando hago viajes largos porque nunca sé si tendré acceso a un baño (o un lugar seguro para orinar afuera). Tomé nota mental de tomarme un mínimo de medio galón de agua esa noche para así hidratar bien mi cuerpo y aprovechar el acceso al baño durante la noche. El único bus de salida pasaría a las cinco de la madrugada en la mañana siguiente, por lo que sería una noche muy corta.

Salí a buscar comida caliente y una botella grande de agua. La plaza principal medía cincuenta metros cuadrados, tenía dos bancos y una estatua agrietada en medio. Cerca de ella encontré una tienda pequeña, una ferretería y un restaurante. En el restaurante todo lo que quedaba de comida para vender a esa hora era una taza de frijoles con aguacates y plátano frito con un vaso inmenso de jugo de mango fresco, todo por solo un dólar americano. No sé si fue por la sed insaciable que tenía o porque la señora de la cocina hizo algo mágico, pero de todos los jugos de mango que había probado mientras atravesaba seis países de Sudamérica, ese fue el mejor.

Tomé vaso tras vaso hasta que sentí mi panza a punto de explotar y me reí pensando en la escena de la película Forrest Gump cuando Forrest tomó 40 coca-colas en el banquete antes de que conociera al presidente de los Estados Unidos. Disfruté cada vaso con tanta alegría que no me importó que todos los que estaban sentados ahí me miraran y susurraran entre sí, pues ya me había acostumbrado a eso. La mujer joven que me atendía estaba embarazada y pensé: *¡La población pronto será de 1.261!*

Luego una persona colombiana me explicó que era posible que no hayan hablado de mí por ser diferente o extranjera, sino porque parecía increíble que hubiese llegado hasta allí viajando sola, porque ese lugar se consideraba un lugar "caliente" en términos de guerrilla y grupos rebeldes. Nunca verifiqué eso, pero tampoco me importó, imaginé que había una razón por la cual yo estaba ahí.

Salí exitosamente la mañana siguiente a las cinco de la madrugada, me iba a bajar en un pueblo llamado

Chinquinquirá, pero el conductor de bus me convenció de seguir hasta un lugar más lejos, Villa de Leyva. Fueron dos horas más, pero ofreció llevarme hasta ahí sin cobrar extra, insistiendo que ese lugar tenía algo especial y que lo tenía que ver, dado que no tenía un plan concreto, decidí aceptar la recomendación.

Cuando salí del terminal de bus en Villa de Leyva, inmediatamente sentí un fuerte cambio energético, toda la gente me miraba con indignación y era más que obvio que no era bienvenida. Todos tenían tapabocas puestos, yo no y tampoco tenía idea de dónde conseguir uno.

Había un grupo de alemanes parados afuera del terminal hablando. —Hola, ¿qué les pareció este lugar? —me detuve a preguntarles.

—Ojalá pudiéramos decirle —uno respondió. —Acabamos de llegar esta mañana y no encontramos hospedaje en ningún lado, así que estamos tratando de decidir para dónde ir ahora.

—¿Ningún hospedaje en el sentido de que todo está reservado? —pregunté.

—No, nadie nos abrió la puerta porque somos extranjeros, piensan que somos la razón por la cual las personas en Colombia se enfermaron de coronavirus, como si trajéramos la enfermedad desde Alemania, pero hemos estado mochileando en el país durante meses. Me detuve ahí tratando de procesar la información. Qué locura era esto.

—Entonces, ¿qué van a hacer? —pregunté.

—¿Dónde nos irán a recibir? No tenemos ni idea, justo de eso estábamos hablando, quizás sigamos al próximo pueblo.

Me ofrecí y les pregunté si necesitaban que les ayudara con el idioma, pues hablo español de manera fluida. Respondieron—: No, no, lo podemos resolver nosotros mismos, señorita. Te deseamos bendiciones infinitas—. Nos tiramos besitos y seguimos nuestros caminos. Cuando estuve más cerca del pueblo, observé personas nerviosas, susurrando y mirándome mientras se escabullían por las calles. No había mucha gente afuera y más que todo, había un silencio muy pesado.

Cuando llegué a la plaza, me enteré de que Villa de Leyva tiene la plaza principal más grande de Colombia. No solo me sorprendió el tamaño, sino que me sorprendió más lo vacío y callado que era. Había un sol radiante y me pareció que esos cielos tan azules, sin ninguna nube, habían elegido el día equivocado para presumir su belleza. Nunca hubiera emparejado estos cielos hermosos con este día lleno de energías tan malas, ni con el peso que crecía en lo profundo de mi estómago.

Recorría las calles tocando puertas que tuvieran letreros de hospedaje; la mayoría de los intentos resultaron en silencio, como si estuviera en un pueblo fantasma. Sin embargo, cuando alguien se asomaba a la ventana y veía mi cara de extranjera, cerraba las cortinas. Los extranjeros no son bienvenidos – eran las letras escritas en sus puertas.

No. no, no, sabía que el hecho de viajar sola supondría mejor suerte para encontrar algo antes que ese grupo de amigos que acababa de conocer. *Si no encuentro una cama por una noche, podría tirarme en el suelo del parque con los perros de la calle como compañía*, pensé. Eso había hecho muchas veces en Jardín para evadir la soledad tremenda que me invadía a veces.

Caminé hasta el fin de una calle larga con intención de dar la vuelta a otra calle que corría paralela a la plaza cuando de repente, vi un letrero medio escondido que decía "Hospedaje." Cuando me acerqué para tocar la puerta, descubrí que había dos puertas: una grande para adultos y una pequeña para niños y mascotas. Solo la puerta pequeña estaba abierta indicando que ahí había alguien. Toqué. Silencio. Toqué más fuerte. Silencio. Elegí agacharme para pasar por ese espacio pequeño y entrar al edificio.

La zona de recepción era muy hermosa, con cuartos disponibles con literas, la arquitectura y decoración eran muy elegantes, pinturas de artistas locales colgadas en las paredes, accesorios de madera tallados a mano y una variedad de plantas bellísimas colgadas en los lugares más perfectos para combinar los colores de todo. El aire olía fabuloso, lo cual me indicó que cerca había alguien limpiando el piso y no me había escuchado entrar.

—¡Holaaaaaa, buenas tardes, disculpe! —grité hacia el pasillo. Nada. Di unos pasos más e hice un cono alrededor de mi boca para aumentar mi voz, grité de nuevo. Por fin escuché el ruido de los pies de alguien, salió una señora vieja, gorda y bajita con artículos de limpieza en su mano. Me miró con ojos grandes desde lejos sin ninguna intención de acercarse más.

—¿Tiene un lugar donde me pueda quedar, señora? ¿Cuánto cobra una cama por noche?

Se quedó mirándome. El terror se extendía por toda su cara. Lentamente empezó a negar con su cabeza.

—No se permiten extranjeros. Acaban de dar un nuevo decreto. Creo que se castiga con multas o lo meten a uno a prisión por alojar extranjeros ilegalmente, no puedo arriesgarme. Tengo un hijo con necesidades especiales que requiere de mi cuidado tiempo completo.

—"¿Señora, me puede mostrar una copia del decreto?" Sabía que tenía que tener una. Sabía que, al publicarlo, los oficiales probablemente entregaron una copia impresa a todos los dueños de negocios. quería demostrarle que al alojarme no estaba haciendo nada ilegal. Yo no había hecho nada ilegal, todo esto era tan ilógico.

Empezó a interrogarme. —¿De dónde eres? ¿Cuánto tiempo has estado en Colombia? ¿Por qué viajas sola? ¿Dónde estuviste antes de llegar aquí?

Las preguntas seguían lloviendo sobre mí. No le podía decir que antes de llegar ahí había estado holgazaneando por ahí, viviendo mi aventura. Le conté que había estado alquilando un cuarto en Medellín con una pareja jubilada desde enero y que antes de eso había alquilado un cuarto en Jardín por dos meses. tenía a mano información de contacto para ambos lugares y le enseñé la estampilla en mi pasaporte, la cual verificaba mi entrada a Colombia en noviembre.

—Tengo solo un cuarto disponible, solo para ti y solo para una o dos noches, ¿entendido?

¡Sí! Me puse a imaginar cuál de los hermosos cuartos cerca a la recepción sería el mío, pero en cambio, me guió al fin del pasillo, pasando una cocina grande, hasta el patio trasero de la casa. Al fondo del patio exterior había cuartos aparte de la casa. Abrió una de esas puertas para mostrarme un cuarto muy lujoso que contenía una cama grande con cobijas elegantes, una cómoda y un baño privado.

—Esto es todo lo que tengo. Es un espacio hermoso, como puedes ver. Es nuevo y limpio. Serán cincuenta mil pesos por noche—. Era muy caro para mí. Cuando viajo como mochilera, mi presupuesto para hospedaje es de quince mil a veinticinco mil por noche por una cama sencilla y un baño compartido con otros huéspedes. Definitivamente, no había contemplado un gasto tan alto.

—Señora, eso es muy caro. ¿Por qué no puedo pagar la mitad de eso por una litera sencilla en un cuarto cerca de la recepción?

—No puedes estar cerca de la recepción por si acaso llega la policía—, me informó. —Ellos hacen muchas rondas por día para averiguar si la gente está escondiendo turistas ilegalmente. Por ese precio, incluiré desayuno. Si puedes encontrar una mejor oferta, me avisas.

Esta señora sabía que no tenía ninguna otra opción. Además, si salía a buscar algo más, me arriesgaría a no encontrar otro lugar y en caso de regresar, probablemente, ella no abriría su puerta. Tenía que aguantarme ahí y confiar que el universo se encargaría de la plata.

Mañana tomaré un bus que me llevará al siguiente pueblo.

Le pagué una noche, dejé mis cosas en el cuarto y me fui a la calle a buscar donde comer algo. Había negocios abiertos con vendedores afuera buscando atraparme, desesperados por venderme cualquier cosa. Era la única persona en las calles. De todos los vendedores tratando de convencerme de entrar en sus locales, elegí el hombre que tenía un aura de bondad, silenciosamente parado en la entrada de un local, con sus manos en los bolsillos. Cuando hicimos contacto visual, me brindó una sonrisa sincera que salió de la bondad de su alma.

—¿Vende comida? —fueron las palabras que salieron de mi boca sin querer. Miró hacia arriba para ver el espacio vacío con marcas que evidenciaban que, anteriormente allí, había habido un cartel y me dijo —: Tuvimos que quitar el letrero porque casi no hemos tenido clientes en varias semanas. Íbamos a cerrar el negocio esta semana. ¿Cómo sabías que aquí vendíamos comida?

Me guió hacia el interior del comedor y empezó a hacerme el plato que pedí, pollo ajiaco, unos de mis platos favoritos que había probado en muchos lugares de Colombia para poder comparar las diferencias del ajiaco en cada región. Me dio mucha curiosidad probar su plato debido a que este sería el primero que probara que estaría hecho por manos venezolanas.

Ambos comíamos mientras hablábamos, me contó la historia de cómo él, su esposa y sus cuatros hijos habían huido de Venezuela hacía dos años y de cómo habían invertido cada moneda para construir este negocio. Ahora, debido a la crisis por la pandemia, iban a perderlo todo.

—Pero aún estamos muy felices —me contó. — Nosotros los venezolanos ya hemos sufrido mucha tragedia. Estos tiempos difíciles nos parecerán un chiste comparado a lo que ya hemos sobrevivido, venceremos todo de nuevo porque eso es lo que hacemos—. La resiliencia de esta gente nunca me dejó de impactar en cada lugar que visité. Había conversado ya con muchísima gente venezolana, quienes me enseñaron bastante de la vida.

Se nos unió su esposa. —¿Sabías que ya anunciaron un toque de queda estricto que empieza a las nueve de la noche? —me preguntó la señora —. No dejes que te encuentren afuera entre las nueve de la noche y las seis de la mañana o te multarán fuerte. Están buscando toda manera posible de aprovecharse de los turistas, además, las noticias están creando mucho temor, culpando a los extranjeros blancos de la pandemia aquí en Colombia. Ten mucho cuidado, siempre debes estar muy atenta. Entendemos cómo se siente estar en tierra extranjera donde nadie te quiere. No podemos imaginar hacerlo sola como tú. Siempre eres bienvenida aquí y si podemos ayudar en algo, nos avisas. Toma mi número.

Sus palabras me contaron algo que mi intuición ya sabía. *Algo mucho peor estaba en camino.* Sentí la presencia ominosa de un monstruo muy grande, uno nuevo, uno que nunca había conocido. Ya había enfrentado a muchos, pero era tiempo de ser más valiente que nunca. Había alcanzado el nivel mil de Zelda.

Ella prosiguió—: De hecho, tengo una amiga aquí que también está sola. Siento que ustedes dos tienen que conocerse. Voy a pasarte su número y a ella le pasaré el tuyo. Quién sabe por cuánto tiempo estarás aquí—.

Sus palabras resonaron en mí, *¿Quién sabe por cuánto tiempo estaré aquí?*

Iba a tomar un bus la mañana siguiente. No me gustó la vibra de ese pueblo horrible, no me cayó bien nada de lo que estaba pasando. Me sentiría bien estando encerrada en un lugar fijo por un lapso de tiempo, pero un lugar con buena vibra donde pudiera escribir felizmente. Más que nunca, sentí la urgencia de seguir escribiendo la historia que ya había empezado en mis libretas en aquellos rinconcitos de mi barrio en Medellín. Solo quería escribir.

Exploré las calles un poco más, tan agradecida por tener mi panza llena. El sol se ocultó a las seis de la tarde como siempre, me senté en un banquito cerca la iglesia, contemplando la belleza de la plaza puesta debajo del cielo negro infinito pintado con miles de estrellas. La zona geográfica que rodeaba este lugar era un ambiente desértico, ofreciendo un espacio sagrado para que las estrellas presumieran la gloria de su belleza en la noche.

Volveré aquí en otra ocasión. Mañana le pediré a mi intuición a donde ir después. Si los negocios cierran, no quiero estar aquí mucho tiempo.

Mis pensamientos fueron bruscamente interrumpidos cuando tres policías aparecieron frente a mí, alterando mi momento de tranquila observación de la belleza de los cielos.

—Presente su pasaporte —ordenó uno de ellos. Mi corazón empezó a latir fuertemente en mi pecho, empezaron con el típico interrogatorio, de nuevo. Mientras uno revisaba la paginas de mi pasaporte buscando la estampilla de fecha de entrada a Colombia, otro me hizo muchas preguntas. El tercer oficial solo analizaba cada palabra que salía de mi boca. no tuve confianza de decir que estaba viajando sola, porque el riesgo de raptos y secuestros era altísimo en ese momento, especialmente a manos de los oficiales de orden público. Mi lengua se pegaba al techo de mi boca mientras miraba al hombre revisando bruscamente las páginas de mi documento precioso. Vigilé cada movimiento, sabiendo que en un instante podría desaparecer. Ese documento era mi salvavidas.

Les mentí, dije que estaba en camino a Bogotá, donde mis amigos y mi esposo me estaban esperando. Me preguntaron dónde me hospedaba. inventé el nombre de una señora y les di la dirección de una casa que se me había quedado en mi mente, gracias a mi memoria fotográfica (no era la primera vez que mi memoria fotográfica me había salvado de una situación amenazante). —Ella vive en aquella calle en esa casa que tiene la puerta azul —les dije con naturalidad.

—¿Y cómo sabías que podías quedarte con ella? —el oficial silencioso me preguntó. Los otros dos se miraban, tomado nota mental de la información que yo les daba.

—Pues, ella es una amiga de hace muchos años de la señora con quien vivía en Medellín —fue la primera cosa que me salió. —Tengo todos los datos de esa señora de Medellín, su domicilio, cédula, número de celular, todo, por si quieren llamarla. Ella estará feliz de verificar todo—. Mi corazón latía tan fuerte que me dio miedo que pudieran ver el latido en mi cuello. No quise saber cuál sería la consecuencia si se dieran cuenta de que había mentido.

Los tres se miraron y después me miraron a mí. También los vi a los ojos, negándome a romper contacto visual hasta que tuviera mi documento de vuelta en mis manos. El oficial que revisó mi documento me lo pasó de mala gana y me dijo —: El toque de queda es desde las nueve de la noche hasta las seis de la mañana. Es obligatorio usar tapabocas. No quiebres las reglas o habrá consecuencias estrictas—. Después, desaparecieron tan rápido como habían aparecido.

Al llegar a mi cuarto, me bañé y me acosté para ver Netflix, pero me dí con que la señal de wifi no llegaba hasta mi cuarto. Estaba acostumbrada a vivir sin wifi y muchas otras cosas, así que me senté afuera en la oscuridad con mi paquete de Marlboro rojos para fumar sola bajo las estrellas. Fue la noche más silenciosa que había escuchado en años. Un silencio tan fuerte que me hacía doler los oídos.

Me trataba de decir algo, pero no pude entender sus palabras. Fue muy parecido al peso del silencio que había caído sobre mi pueblo en Oklahoma antes de que llegara un tornado que destruiría todo a su paso. No había nada que uno pudiera hacer sino solo sentirlo, esperar que llegara y aguantar la tormenta sin seguridad de si vivirías o morirías. Sentí que lo que venía sería muy similar.

La mañana siguiente, la dueña tocó mi puerta para que fuera a desayunar. Encima de la mesa del patio cerca de mi cuarto había un plato con huevos, fruta fresca y jugo hecho a mano. El sol ya estaba muy alto y el cielo tenía un color azul cristalino. Supuse que iría al terminal de buses para comprar mi boleto y después volvería por mis cosas. Sin embargo, cuando salí a la calle, la realidad fue otra.

La tormenta estaba por llegar. Personas apuradas, frenéticas, mirándome por encima de sus mascarillas con ojos llenos de ira y temor. Cuando llegué al terminal, me pararon dos policías en la puerta, me pidieron mis documentos, me hicieron las mismas cien preguntas, solo para informarme después que el terminal estaba cerrado.

—No habrá transporte hasta el 12 de abril —me dijo uno.

¡Hasta el 12 de abril! ¡Era 23 de marzo! ¡Eso sería un periodo de casi tres semanas! No podía pagar el precio del cuarto por tanto tiempo. Se me acabarían todos mis recursos en unos pocos días.

El presidente de Colombia había ordenado una cuarentena de diecinueve días, la cual entraría en vigor a la medianoche.

Nos quedaba solo un día de libertad y ya estaba pasando frente a mis ojos.

Capítulo 2

Brille

Mientras caminaba de regreso al parque angustiada y ansiosa por mi nueva realidad, recibí un mensaje de texto de la chica que la señora del restaurante me había dicho que tenía que conocer.

—" Yenni, soy Brille, la amiga de Mariana. ¿Te acuerdas de los venezolanos que te dieron de comer en el restaurante ayer? ¿Tienes tiempo para que nos veamos?"

Sentí un tremendo alivio porque no estaría sola. Había una razón por la que el universo nos había conectado, especialmente de una manera tan interesante. Ella resultó estar a la vuelta de la esquina y casi chocamos cruzando la calle camino a encontrarnos. Nos hicimos amigas inmediatamente. Nos abrazamos como si no hubiera un mañana, y no teníamos idea si lo habría por cómo se sentía todo lo que estaba pasando. Nunca me había sentido tan feliz de abrazar a una persona desconocida y cuando nos miramos a los ojos, sabíamos que nos habíamos conocido antes en alguna otra vida. Ella parecía una muñeca de verdad, bajita y menudita, con el pelo largo y oscuro y maquillaje perfecto. Llevaba una falda con botas nuevas hasta la rodilla y un suéter negro que mostraba un delgado hombro femenino.

Me preguntó si me gustaría ver su cafetería. ¡Claro que sí! Solo teníamos un día completo de libertad antes de los diecinueve días de confinamiento; poco sabíamos entonces que los diecinueve días se prorrogarían por cinco meses. De camino a la cafetería, nos enfrentamos a tres policías que comenzaron su interrogatorio conmigo. Documentos y cien preguntas.

—Son unos perros —me susurró Brille mientras nos alejábamos—. No confíes en ellos. No les digas que viajas sola. Te odian. No están aquí para protegerte y no creas lo que dicen. Asegúrate de estar informada y de saber tus derechos.

Su cafetería estaba escondida en la calle al otro lado de la plaza. Había una hermosa puerta de madera arqueada con impresionante mampostería tallada alrededor. Casi parecía una escena de un set de película de la época medieval. Una vez dentro, vi que este era un lugar donde se ubicaban varios negocios pequeños. Había un pequeño jardín en el medio del espacio con una mesa y sillas; ese rinconcito era tan mágico que parecía debería tener hadas. Ella me mostró su cafetería y sus productos bellamente empaquetados.

—¿Tienes cigarrillos? —ella preguntó. Saqué mi nuevo paquete de Marlboro rojos. Ella nos preparó un café y se sentó en esa acogedora mesa junto al jardín. Sacamos cigarro tras cigarro de mi paquete abierto y fumamos mientras escuchaba su historia fascinada y con los ojos muy abiertos.

Ella y su esposo estadounidense habían terminado las cosas horriblemente cuando estuvieron de vacaciones en México. Después de una discusión fuerte, él la dejó abandonada allí y ella, para poder volver a Colombia, tuvo que viajar a dedo. Viajó a través de México y Centroamérica hasta cruzar de Panamá hasta Colombia. Había llegado a este pueblo sin ni siquiera un peso en el bolsillo y se ofreció como voluntaria en un hostal a cambio de refugio. Siempre había soñado con abrir su propia cafetería, así que empezó a luchar por ese sueño haciendo una pequeña cosa a la vez. Ahora no solo tenía esa cafetería, sino que ya exportaba su marca de café en grandes cantidades a lugares de todo el mundo. Me dijo cuánto luchó y sufrió, sabiendo que no había sido una buena esposa y lamentaba no haberle dado a su esposo lo que se merecía. Quería que él regresara y por ese motivo había impreso su historia de amor en la parte de atrás de sus bolsas de café. Su esperanza era que de alguna manera este café se cruzara en el camino de su esposo dondequiera que él estuviese en los Estados Unidos, que leyera esta historia y viniera a buscarla. Todavía estaba enamorada de él. De hecho, todavía estaban legalmente casados, pero no tenía forma de comunicarse con él.

Yo ya sabía que ella había sufrido antes de que me contara su historia. Había algo en su profundidad que me dijo todo. Lo entendí porque sufrir había hecho lo mismo dentro de mí. Conversamos sobre la locura que era el dilema actual y dijo que me llevaría afuera antes de tomar, cada una, nuestros caminos, para que así pudiéramos comenzar a prepararnos para nuestro encierro de diecinueve días. Estábamos fumando nuestro último cigarrillo bajo las estrellas cuando me dijo:

—Siento que tengo un mensaje para ti del universo. ¿Puedo decírtelo? Me pregunté qué sabría acerca de mi vida. Nos acabábamos de conocer y ella fue la que habló la mayor parte del tiempo.

—Has estado viajando durante mucho tiempo. Veo muchos meses, al menos tres años has estado en aventuras salvajes—. El siguiente junio se cumplirían tres años desde que había llegado a Medellín con ese boleto de ida y todavía parecía como si fuera ayer. Mi cara no le dio ninguna pista de si estaba equivocada o no. Le dije que continuara.

Ella continuó.

—Tus viajes te han cambiado. Cada lugar a donde has ido ha contenido códigos que te han cambiado. Todo este tiempo has estado recopilando datos silenciosamente. Veo que has comenzado un proyecto. Has empezado a escribir un libro. Si aún no has comenzado, lo harás pronto. Lo veo como un nacimiento. Crearás una obra maestra. Veo el nacimiento de este libro abriendo un canal para muchos más porque ahora estás alineada con tu propósito. Tu camino puede haber parecido a veces aleatorio, pero cada lugar y evento ha jugado un papel en alinearte con tu propósito. Ahora es el momento de tomar un buen descanso de los viajes y escribir. Si no lo haces ahora, tus viajes desde este punto y en adelante no servirán para el mismo propósito. No serán satisfactorios y siempre sentirás como si estuvieras perdiendo tu tiempo.

Mi corazón estaba acelerado. No me conocía y definitivamente no sabía sobre el diario andrajoso en mi mochila donde había empezado a garabatear fragmentos de mi historia a mano en panaderías escondidas en mi barrio Belén Rincón en Medellín. Escuché, me tragué mi corazón palpitante y asentí confirmando que la había escuchado.

Ella continuó.

—El mundo necesita tu historia, Jenni. Tu propósito es viajar. No te preocupes por quedarte atascada. También te veo dando conferencias y ayudando a miles y miles de mujeres más adelante en tu camino. Veo muchas banderas a tu alrededor, lo que significa que cruzarás muchas fronteras y vas a tener conexiones con personas de todo el mundo. Tu trabajo estará disponible en muchos idiomas. Jenni, es hora de que seamos más valientes que nunca. Okey, te enviaré un mensaje de texto.

Debemos prepararnos para lo que viene, Jenni. Lo peor aún no ha comenzado.

Eso definitivamente lo había sentido. Me dio un fuerte abrazo y miré su pequeña silueta desaparecer en la noche mientras me quedé asombrada cuán personal el universo había sido para alinear todo justo para mí en ese momento exacto. Ni siquiera había planeado venir a este pueblo – lo decidí en el último minuto cuando el conductor del bus me convenció de que hiciera de este lugar mi próximo destino. De todos los restaurantes donde podría haber comido, sentí el impulso de ir a aquel donde esa pareja venezolana me conectó con Brille.

Corrí de regreso a donde me estaba quedando y le dije a la dueña que el transporte estaba cerrado. Necesitaría quedarme allí unos días más. ¿Podría darme un mejor precio? No, ella de hecho no lo haría. También me dijo que no estaba de acuerdo con que usara su cocina.

—Habrá servicio de comida abierto para entrega y además incluiré el desayuno —me informó.

La comida en ese pueblo turístico era muy cara y no había forma de que pudiera permitirme pedir comida todos los días. Dijo que me permitiría hervir huevos si quería, pero no cocinar. Fui a la tienda y compré una docena de huevos y una barra de pan casero, una inversión de tres dólares estadounidenses que me quitaría el hambre los próximos días.

Jesús. Me escondí en mi habitación con mis huevos hervidos, pan, chips de plátano y agua embotellada. Pensé en los oficiales de policía a los que les había mentido acerca de quedarme con una amiga y esa casa con una puerta azul. Pensé que para ese entonces ya me habría ido de ese pueblo. No tenía Wi-Fi en mi habitación, lo que significaba no tener Netflix, música de meditación mientras dormía, videos de YouTube ni manera de mandar mensajes. A la mañana siguiente, descubrí que mi "desayuno incluido" resultó ser unos huevos duros y un pedazo de pan dejado en la silla junto a mi habitación. Por el precio que me estaba cobrando debería haber incluido tres comidas por día, comiendo en la mesa con su familia.

Cuando intenté usar el Wi-Fi en el área de recepción para descargar episodios de Netflix para verlos en mi habitación, descubrí que era demasiado lento para bajarlos, así que decidí ir a mi habitación a dormir. *¿Dormir al mediodía en un hermoso día soleado?* Pensé. Mis nervios estaban demasiado tensos. Había regalado mis libros en inglés a lo largo de mi viaje y no tenía internet. Tomé una pastilla para dormir y me desvanecí. De hecho, también lo hice en los dos días siguientes solo para hacer pasar el tiempo y matar mi ansiedad.

Cuando me desperté el viernes por la mañana, tenía un mensaje de Brille preguntando si podía pasar por mí para llevarme a la tienda ya que era nuestro día permitido afuera. También tenía un mensaje intuitivo urgente: *te estás hundiendo en una depresión. Nadie más te sacará. Deja el lugar donde estás y ve a algún lugar que te empodere.*

Me vestí, comí los huevos duros con el pan y, de salida, pasé por la cocina para ver a la familia comiendo una comida casera. Tenía demasiada hambre. La dueña estaba alimentando con cuchara a su hijo con necesidades especiales: un hombre de 30 años con parálisis cerebral. Era completamente dependiente de su madre para alimentarlo, cambiarle sus pañales de adulto y bañarlo. Durante el día, aparcaba su silla de ruedas afuera donde gruñía, gemía y cantaba a los pájaros todo el día, a veces riéndose y gritando.

Brille me estaba esperando afuera. Estaba preocupada por mí y dijo que mi luz se veía tenue. Dimos la vuelta para caminar hacia la tienda a unas cuadras de distancia donde los lugareños compraban comestibles al precio más barato, cuando de repente miró hacia atrás y alrededor de nosotras, me agarró del brazo y nos jaló por una puerta que ella sabía que no tenía seguro. Una vez adentro, pude ver que parecía ser un lugar que anteriormente sirvió como una cafetería, con la barra de café contra la pared trasera y mesas para los clientes.

Gritó algo hacia el piso de arriba y bajó una mujer mayor.

—Hola, soy la amiga de Brille, Martha. ¿Les puedo servir un café? No tengo postres disponibles o les ofrecería algo dulce.

Brille me informó que aquí es donde se estaba quedando actualmente en el dormitorio de invitados. Habían sido amigas por años. Nos sentamos ahí a fumar y beber café mientras le hablaba de mis últimos días.

Cuando nos fuimos, cerramos la puerta detrás de nosotras y al doblar la esquina, dos policías en motocicletas se aparecieron a nuestro lado.

—Oh, mierda —dije —ya sé que nos van a detener.

Ciertamente lo hicieron. Solicitaron nuestros documentos. Querían verificar que teníamos permiso para estar en esa calle en ese día en particular y por supuesto querían ver el sello de mi pasaporte de cuando entré a Colombia. Cualquier extranjero que hubiera llegado a Colombia dentro de los catorce días previos al aislamiento estaba obligado a ponerse en cuarentena completa sin tener acceso absolutamente a ningún espacio público. Nos dijeron que éramos libres de irnos y nos recordaron que teníamos una hora para ir a comprar artículos de primera necesidad y regresar inmediatamente a nuestras casas.

—Solo ida y vuelta ¿entendido? —Esta vez no preguntaron dónde estábamos hospedadas.

Cuando regresé a mi alojamiento, usé el Wi-Fi en la zona de recepción para buscar otro lugar en esa zona para quedarme. Paradójicamente, alguien de una de mis páginas de viajes en Facebook me había enviado un mensaje sugiriendo que, si necesitaba un lugar para quedarme, fuera al Green Garden Hostal que estaba cerca del lugar donde me estaba quedando actualmente. Le mandé un mensaje al dueño por WhatsApp y respondió casi inmediatamente. Parecía tan cálido y amable, me dijo que en el hostal había algunos otros extranjeros varados y que todos me recibirían felices como parte de su familia. Le dije que me escabulliría tarde en la noche cuando la dueña de la casa se fuera a dormir.

Finalmente, a las once de la noche, todos en la casa se fueron a sus cuartos. Le escribí al propietario del Green Garden Hostal que ya estaría en camino. Respondió que, bajo ninguna circunstancia debería salir sola debido a las consecuencias que tendría el romper la cuarentena como extranjera. Insistió en pasar por mí e incluso me ayudó con mi mochila. Otra vez me sentí maravillada de cómo el universo había enviado un ángel directamente a mi camino. Las calles estaban completamente vacías y el silencio era ensordecedor. Caminamos en silencio, escuchando el crujido de nuestros zapatos en la grava, mi corazón latía con fuerza. Había farolas que proyectaban sombras y deseaba poder ser como Peter Pan y despegarme de mi sombra hasta llegar al hostal. Sentía que en cualquier momento un oficial de policía saltaría de las sombras.

Oh, Dios mío, cuando atravesamos las puertas del hostal me vi envuelta en una realidad completamente diferente. Los otros invitados eran un grupo de seis europeos que se habían acabado de conocer viajando y habían estado ahí juntos compartiendo una semana. Estaban haciendo pizza casera para poner en el horno de ladrillos afuera en el patio y estaban bebiendo vino tinto, el cual ofrecían profusamente para darme la bienvenida. Como ofrenda de sacrificio a mi dedicación a la sobriedad me aferré a mí "No, gracias". Sabía que solo una copa abriría la puerta para muchas más y ahora mismo era más imperativo que nunca mantener mi mente clara y sobria.

Al día siguiente, me desperté con noticias interesantes: las autoridades iban a levantar la restricción de cuarentena el lunes solo para permitir que los viajeros llegaran a Bogotá para coger vuelos. Tendríamos permiso para irnos de este pueblo horrible, pero solo teníamos permiso para volar. Tendría que irme de Colombia y regresar a los Estados Unidos, la decisión rompió mi corazón. No era así como quería irme, no me sentía lista. ¿Qué pasaría con mi computadora portátil y mis cosas que todavía estaban en Medellín? No tuve mucho tiempo para pensar sobre eso, tuve que tomar una decisión y sostenerla. Si no aprovechaba la oportunidad del lunes para salir de ese lugar, quién sabe cuánto tiempo estaría atrapada en ese pueblo.

Entonces Brille me llamó.

—Cariño, uno de los policías que nos detuvo ayer acaba de pasar por aquí buscándote. Uno de los vecinos te vio conmigo y les contó que nos vieron entrar aquí para tomar café y quieren encontrarte por infringir la cuarentena. Los policías pensaron que te estábamos escondiendo y cuando mostramos que no estabas aquí, ellos se fueron enojados. Les dije que no sé dónde estás, pero por favor mantente atenta.

Mierda, tenía que salir de ese terrible lugar. Junté a todos en el hostal para ver si podíamos hablar. Nadie más había escuchado la noticia que teníamos permiso para viajar a Bogotá el lunes siguiente. Todavía no habría transporte público, así que tendríamos que encontrar un conductor privado que nos llevara del pueblo a la ciudad.

—Si alguien quiere irse el lunes, debemos comprar boletos de avión hoy, sábado —dije. Eso nos daba todo ese día y el domingo para encontrar un conductor que nos pudiera llevar hasta el aeropuerto en Bogotá. Había otras tres personas ahí en el hostal que querían irse y todos nos pusimos a buscar vuelos en ese mismo momento. Con el corazón triste, compré un boleto para el lunes siguiente para regresar a los Estados Unidos, mi vuelo saldría a las cuatro de la tarde. Estaba hecho y había costado casi todo de lo que tenía en mi cuenta con un par de cientos restantes. ¿Cómo sería la vida en Estados Unidos en medio de todo esto? Me puse en comunicación con gente de mi país para dejarles saber que pronto estaría de regreso.

Había una pareja francesa en un hostal cerca que también estaba coordinando un vuelo humanitario y transporte privado para el lunes siguiente. El domingo por la noche vinieron con sus pertenencias para que todos pudiéramos planear un escape juntos de esa pesadilla. Sin embargo, resulta que alguien del pueblo tomó fotografías en secreto de esta pareja caminando con las mochilas y las publicó en una página de redes sociales que era solo para la gente local con el mensaje: "Miren cómo nuestro gobernador desprecia nuestra seguridad. Todavía está dejando entrar a esta gente repugnante. ¿Quién está de acuerdo en que deberíamos encontrar quien esconde a estos turistas como ratas y tomar el asunto en nuestras propias manos?" Esas fotografías de ellos caminando con sus mochilas en la espalda hacían que pareciera que estaban recién llegando, lo cual no era verdad, ya que solo estaban cambiando de hostal. De hecho, habían estado mochileando en Colombia durante meses.

La publicación se volvió viral, fue compartida más de trescientas veces por personas del pueblo con cientos de comentarios como estos:

"Alguien se los debería llevar al desierto y dejarlos que sobrevivan allá. Repugnante."

"Nos están matando por traer enfermedades por lo que también deberían morir."

"Espero que contraigan la enfermedad que nos trajeron y que se mueran."

"Empiecen a incendiar los hostales para ver por dónde se escapan y saber quién los esconde."

"Los propietarios de los hostales deben ser castigados por alojar estos criminales."

"Cerdos asquerosos, sáquenlos de aquí. No son bienvenidos."

Me pareció irónico lo bienvenido que éramos cada vez que llegábamos con nuestro dinero extranjero a comprar estadías en hostales, comida, cervezas y paquetes de turismo. Ahora, estábamos varados en una época de terror y no tenían mano para ofrecer ayuda. No conocían nada más excepto que nuestro color de piel nos delataba como extranjeros, es por ello que fuimos odiados y amenazados. Toda esta situación me enseñó de una manera completamente diferente hasta qué punto el miedo lo destruye todo.

Estábamos todos sentados en el portón del hostal asombrados mientras leíamos todos estos mensajes de odio sobre nosotros, cuando dos motocicletas se detuvieron y cuatro hombres con chalecos verdes empezaron a golpear la puerta. Era la policía. El propietario respondió abriendo la puerta con un espacio suficiente para que él pudiera verlos e impedir que ellos nos vieran. Alguien les había dicho que estaba escondiendo turistas allí ilegalmente. Estaban buscando a una chica americana con un tatuaje de flor en su cuello y un par de franceses que supuestamente habían llegado al hostal más temprano ese día.

Era la única del grupo que hablaba suficiente español para entender lo que decía la policía.

—Están buscándonos a mí y a ellos —dije señalando en dirección a la pareja francesa. Una de las chicas francesas estaba enojadísima. Lucy se puso de pie y gritó en inglés.

—Oh, ¡pero no hemos hecho nada malo! Diles que entren aquí para enfrentarnos. ¡Si se llevan a uno, nos llevan a todos! ¡No seremos tratados como criminales! —. Los otros chicos la calmaron. El dueño del hostal nos defendió, declarando que siguió el protocolo, no habíamos hecho nada malo y no permitiría que sus invitados fueran acosados. Después de mucho discutir, la policía finalmente se fue. El dueño era colombiano y conocía sus derechos como empresario.

Cenamos juntos por última y maravillosa vez a la cual se unió Brille. Antes de que se fuera, le regalé uno de mis diarios que decía en la portada: "Haz todo lo que más te asusta." Nos dimos un último abrazo sentimental y ella desapareció en la noche.

A la mañana siguiente, nuestro transporte privado llegó a las siete. Había estado despierta toda la noche en mi litera con un millón de pensamientos corriendo por mi cabeza que iban desde *¿Y si la gente de aquí realmente prendiera fuego a este lugar y ni siquiera lograra salir de esta mierda?*, no estoy lista para volver a Estados Unidos a *¿Qué pasará con mi computadora portátil y mi ropa que todavía están en Medellín?* Estaba dispuesta a dejar todo atrás.

El aeropuerto de Bogotá estaba a solo cuatro horas en auto al sur de Villa de Leyva. En ese recorrido, nosotros pasamos por cuatro puntos de control donde había oficiales militares armados con armas automáticas y policías en equipo de combate. Revisaron nuestros documentos y nos interrogaron extensamente. Siete días y ciento sesenta y ocho horas es todo lo que tomó para que el mundo se encendiera totalmente en llamas.

Cuando llegamos al aeropuerto, me esperaba otra sorpresa. Había una larga fila de viajeros desesperados esperando que nos dejaran entrar. Estábamos rodeados de gente hablando frenéticamente, sobre todo en francés y alemán. No vi a ningún otro estadounidense en ningún lado. Cuando finalmente llegamos a la puerta donde los oficiales de seguridad estaban revisando el boleto, itinerarios y pasaportes, dejaron pasar a mis tres amigos con quienes había llegado, pero a mi no.

—No tenemos vuelos para los Estados Unidos —declaró la mujer de seguridad.

—Pero compré mi boleto ayer —insistí.

— No tenemos vuelos de salida a los Estados Unidos y no los habrá hasta después del 12 de abril cuando se levante la cuarentena.

Me quedé allí estupefacta, tratando de entender lo que me decía la señora. Estaba convencida de que sencillamente no entendía lo que me decía ella en español.

—¿Cómo es esto posible? —le pregunté — reservé mi boleto ayer y la hora de salida es hoy a las cuatro de la tarde. Aquí tengo mi tarjeta de embarque digital —repetí, pensando que tal vez no me había entendido.

—Parece que alguien le vendió un boleto fraudulento. Lo siento mucho, no podemos ayudarle, comuníquese con su embajada. Sé con certeza que no tenemos vuelos salientes a EE. UU. hoy, ni tendremos más programados hasta después del aislamiento de diecinueve días —. Mi grupo se detuvo y se volvió para esperarme, mi estómago se cayó hasta el suelo y les dije adiós con la mano. Sus rostros me decían que querían entender por qué no pude pasar, pero no tuvieron tiempo de averiguar, sus vuelos se iban y sus familias los estaban esperando.

No podía sentir mis piernas, todo mi cuerpo se sentía entumecido. ¿A dónde iría? ¿Qué debería hacer? Me hice paso a través del mar de europeos enojados haciendo demandas a funcionarios del aeropuerto. Llegué a un punto a unos metros de la multitud y dejé caer mi mochila al suelo, donde también me senté. *Qué espectáculo de mierda*, pensé. Algunos de ellos tenían boletos y otros no. Las aerolíneas habían vendido más boletos de los que tenían disponibles para aprovechar antes del confinamiento y la gente estaba discutiendo sobre quién tenía más derecho a esos asientos. Todos se consideraban a sí mismos con igual derecho a sus vuelos y estaban empujando y discutiendo fuerte. Me recordó la escena del *Titanic* donde todos sabían que el barco se estaba hundiendo y estaban peleando por derecho a los botes salvavidas, sabiendo que solo había espacio para unos pocos.

Me senté en el pavimento sucio junto a un bote de basura, encendí un Marlboro rojo y vi caer una fuerte lluvia.

Finalmente, el cielo estaba acorde al día.

Capítulo 3

Hostal Masaya

Obviamente, viajar me enseñó sobre mí y sobre la vida. Lo que más me enseñó es que nada sale según lo planeado, pero pase lo que pase, todo estará bien. Había empezado a hacer un maravilloso trabajo en creer verdaderamente que todo estaba funcionando a mi favor y las sorpresas de la vida no me movían tanto el piso, todo era parte de la aventura. Sin embargo, luché por ser positiva, sentada en el pavimento lleno de basura, mirando ese mar de gente frenética.

Agradecí en ese momento que Brille hubiera insistido en llevarme a poner datos en mi teléfono durante nuestro último tiempo juntas, no podía imaginarme cuánto más aterradora sería la situación si no pudiera usar mi teléfono. Busqué hostales en Bogotá y me enteré de que los pocos todavía abiertos al público no aceptaban extranjeros. Sentí un gruñido en el estómago, que parecía complementar el escalofrío en mis huesos debido al clima frío y lluvioso de Bogotá. Otra vez me sentía agotada en cuerpo y alma.

Mientras estaba ahí sentada, me percaté de que se detuvo un taxi y salieron dos tipos. Ellos vieron que tenía un cigarro y por lo tanto tendría un encendedor y se acercaron para que fumáramos juntos. Siempre me habían encantado las charlas mínimas con desconocidos que se daban en torno a un cigarrillo. He tenido muchos encuentros divinos como ese cuando menos lo esperaba. Eran de Bélgica y Rumanía y estaban allí para tomar su vuelo humanitario de regreso a casa. Mis nervios estaban demasiado conmovidos para hablar, así que escuché sus experiencias locas al ser transportados fuera del pueblo donde se habían quedado varados.

El rumano dejó que su amigo hiciera toda la socialización, pero cuando estaban terminando sus cigarros y subiendo sus mochilas en la espalda, intervino el otro.

—Si hoy pasa algo que te impida volar, deberías probar Hostal Masaya. Acabamos de llegar desde allí, los propietarios mantienen sus puertas abiertas para los extranjeros. Buena suerte—. Y se fueron.

Otra vez el universo me enseñó que, pase lo que pase, todo siempre estará bien y a veces solo tenemos que esperar un poco más. Me subí al taxi y me fui a Masaya. Una vez que tuve mis cosas metidas en mi litera, noté que había recibido un correo electrónico de la Embajada de los Estados Unidos notificando un vuelo humanitario enviado por United Airlines para el sábado siguiente. Había usado la mayor parte de los fondos que me quedaban para el boleto falso, así que no pude reservar más vuelos, pero mi madre insistió en que usara su tarjeta para reservar mi asiento. Verán, en Estados Unidos, que sea un "vuelo humanitario" no significa que sea gratis.

Entonces, estaría en el Hostal Masaya unos días. Era absolutamente increíble, las camas eran calientes y cómodas y la arquitectura era hermosa. Había un gran grupo de alemanes y franceses esperando tomar su vuelo humanitario. Por lo general me sentaba con mis audífonos, estudiando alemán, escuchando a escondidas sus conversaciones para ver qué palabras reconocía. Todos compartíamos el mismo baño mixto en el pasillo principal, así que cada vez que me duchaba, el baño estaba lleno de alemanes desnudos que usaban los espejos y esperaban sus turnos para usar los inodoros.

Mi ansiedad era extraordinariamente alta debido a cómo todo había pasado y a la incertidumbre. Tenía tantas ganas de beber licor, especialmente cuando cada noche todos los alemanes se sentaban en el patio exterior a beber botellas de vino y ron. Siempre me ofrecían una copa, pero no importaba lo mucho que lo deseaba, seguía diciendo que no. Si podía mantener la sobriedad mientras estaba varada durante una pandemia en un país extranjero, podía mantenerla cuando sea, además, estudiar otro idioma ayudó a disipar mi ansiedad.

Estaba en una habitación pequeña que tenía dos literas o cuatro camas en total. Compartía mi habitación con dos chicas alemanas y otra chica llamada Anastasia que nació en Rusia, pero que había emigrado a Alemania con su familia cuando era más joven. Hablaba cinco idiomas y le encantaba ayudarme con las partes de gramática de mis lecciones de alemán. No se llevaba bien con la chica de la cama arriba de la mía, quien normalmente se sentaba en su litera hablando en voz alta en su teléfono con la cortina de su litera cerrada. En realidad, nadie se llevaba bien con esa chica y a Anastasia le encantaba hacérselo saber. Empezaban a discutir en alemán o ruso y Anastasia siempre tenía la última palabra.

El jueves por la noche, recibí un correo electrónico de United Airlines donde cancelaban mi vuelo programado para el sábado. La embajada me informó que, aunque el vuelo humanitario del sábado a través de United había sido cancelado, estaban ofreciendo otro a través de Spirit Airlines el lunes siguiente, para el cual tuve que enviar una solicitud de interés y esperar a ser contactada. Envié inmediatamente mi solicitud. El siguiente domingo por la noche, estaba sentada abajo con mis amigos alemanes aprendiendo nuevas palabras cuando recibí una llamada de un chico de la embajada. ¿Aún estaba interesada en un asiento en el avión para el día siguiente? ¡Sí! Me dio instrucciones de estar en la embajada a las seis en punto de la madrugada siguiente. Compartí mi noticia con el grupo, que brindó por mí, todos me desearon mucha suerte en mi viaje de regreso a mi país y luego corrí a ducharme y a empacar.

Me fui a dormir con mis maletas totalmente empacadas, vestida para viajar temprano. Estaba sentada en el sofá al amanecer a la mañana siguiente, después de una noche de insomnio, escuchando el silencio del hostal, preguntándome cómo sería todo en la embajada, lo que sentiría al pasar por el aeropuerto en medio de este caos y lo que estaría esperándome en los Estados Unidos. Afortunadamente, tuve un impulso de revisar mi correo electrónico y descubrí que en medio de la noche había recibido otro correo diciendo que mi vuelo para ese día había sido cancelado. *Cancelado*. Cuatro horas después de colgar el teléfono con el oficial de inmigración que llamó para confirmar mi asiento, empacar mis cosas y despedirme con lágrimas en los ojos, el vuelo había sido cancelado. El correo decía que podía enviar otra solicitud para el próximo vuelo humanitario que saldría el miércoles siguiente.

En ese momento, decidí que enviaría una solicitud más y si las cosas no se daban para volar, me iba a quedar.

Debe haber una razón por la que no me han permitido irme. Quizás todavía tenga un propósito que cumplir aquí. Tal vez mi ansiedad viene de resistir eso.

Nunca recibí una llamada para ese vuelo el siguiente miércoles, ¡así que, me quedaba! Ese mismo lunes que se canceló mi vuelo, la mayor parte de las personas del hostal tomaron su vuelo de regreso a Europa dejando atrás solo un pequeño puñado de nosotros para compartir todo el espacio. Estaba Lucas de Francia, que armó nuestros entrenamientos diarios en el patio todas las tardes, Slavko, un actor de Venezuela que acababa de filmar la película *Dos otoños en París* y Alex de Zimbabue que manejaba su propio negocio de diseño gráfico. Llegaron otros franceses quienes se quedaron un tiempo. También estaban Christian, Andrés, Kelly y Marta (y los hijos de Marta, siempre que los traía), los empleados que se turnaban para rotar dos semanas de trabajo y dos semanas de descanso.

Cuando el grupo grande se fue de regreso a Europa, me encontré en esa habitación completamente sola, lo que para mí fue una absoluta felicidad. Aunque el transporte público cesó por completo, las empresas de mensajería seguían en servicio. Consuelo, la señora a la que le alquilé una habitación en Medellín, fue lo suficientemente amable de empacar todas mis cosas en dos cajas y enviármelas - justo a la puerta de mi hostal. Una noche después de que todo el mundo se fue a la cama, tomé una mesa cuadrada del salón exterior y la traje a mi habitación, haciendo de la misma un rincón acogedor con un lugar donde sentarme y trabajar en la intimidad silenciosa de mi propio espacio glorioso.

En una de esas cajas estaba mi preciada computadora portátil, así que inmediatamente pude comenzar a programar algunas horas con la empresa en la que trabajaba enseñado inglés en línea. Desempaqué todas mis cosas y organicé la habitación, haciéndola toda mía de la manera que necesitaba para que se sintiera como un lugar sagrado, seguro y acogedor. Era hora de empezar a escribir mi libro. Por las tardes enseñaba dos o tres horas de inglés y por la mañana y por la noche me sumergía en el proceso de escritura. Toda esta situación inicialmente parecía terrible, pero resultó ser un momento lleno de tanto amor y tantos tesoros con gente nueva cruzando mi camino que resultarían siendo amigos de por vida.

Por lo general, era la primera en despertar y hacía un desayuno saludable con una gran taza de café colombiano. Lo traía afuera para disfrutarlo sola en el patio, generalmente con mi diario. Un día mi soledad se interrumpió cuando un chico guapo y barbudo que nunca había visto apareció en la puerta de arriba y bajó para acompañarme. Estaba buscando un lugar en Bogotá para refugiarse durante unos meses y centrarse en la edición de su documental.

Este tipo era diferente a cualquier humano que jamás haya conocido. Era realmente rudo y tampoco se llevaba bien con nadie en el hostal, tal como aquella rusa, pero a pesar de nuestras diferencias, dijo palabras que me marcarían para siempre. Después de que yo también había compartido algo de mi historia y le conté sobre el proyecto de mi libro, dijo:

—No pongas nada menos que todo tu corazón en ello. Haz todo lo que tengas que hacer para que eso sea posible. Establece límites, tira tu teléfono si es necesario y cada vez que te bloquees en tu proceso de escritura, conéctate con él *porqué* quieres hacerlo. Sé lo más auténtica que puedas y tira a la mierda a todos los demás que no te apoyen en tu proyecto. No mires hacia atrás, Jenni. Este es tu trabajo, tu vida, tu firma para el mundo. Nadie más ha vivido tu historia y nadie puede hacer tu camino como tú. Nunca tengas miedo de ser la versión más auténtica de ti misma que posiblemente puedas ser. A quien no le guste, pues que se joda.

Un día, desapareció misteriosamente con la misma rapidez con la que había aparecido el primer día que se unió a mí durante el desayuno. Siempre me pregunté a dónde fue y qué pasó con su documental.

Durante el tiempo de aislamiento, aunque para muchas personas fueron momentos aparentemente aterradores y sin esperanza en muchos sentidos, para mí se convirtió en algo absolutamente fundamental de una manera maravillosa. Aunque fue devastador ver arrebatadas mis oportunidades de aventuras con mi mochila, por primera vez en mi vida estaba *quieta*. El ritmo de vida colombiano era tan diferente al ritmo de vida en los Estados Unidos, pero este era un nuevo tipo de quietud, uno que me hizo darme cuenta de que nunca había estado realmente quieta durante un período prolongado, especialmente no sobria.

Ya no tenía la distracción de una súper aventura en mi *exterior* y no tenía nada más que tiempo para comenzar una aventura exploratoria rebelde a través de las profundidades de mi *interior*. Ya había respondido al llanto profundo de mi alma que había estado suplicando dar a luz a este libro cuando empecé a reconstruir los fragmentos escritos a mano de mi historia en esos rincones escondidos de mi barrio de Medellín. Sentí que esto era un gran punto de inflexión. Las palabras que me dijo Brille en Villa de Leyva resonaban en mí todos los días.

La vida en las calles de Bogotá en medio de una pandemia era un marcado contraste con el acogedor rincón que creé para mí en mi habitación del hostal. La situación económica en Colombia era un proceso complicado de recuperación después de cincuenta años de violencia política antes de que cayera la pandemia, pero con todo cerrándose debido al COVID, se convirtió en una situación de vida o muerte para muchos en términos de hambre y violencia. El peso de la desesperanza y la

Jenni Reavis

desesperación en el aire fuera del hostal era tal que se hacía difícil respirar.

Por mandato del gobierno, los procedimientos de confinamiento eran extremadamente estrictos, solo se permitía que una persona por hogar saliera a comprar artículos esenciales como alimentos o medicamentos durante una hora, los días que correspondieran con el último número del documento. La gente irrumpía en las casas solo para robar comida y escuché rumores de que, en la zona, la policía estaba allanando hostales y reteniendo a extranjeros como rehenes para pedir rescates. Mis amigos expatriados de otros países como Bolivia y Argentina me dijeron que la situación era la misma en donde estaban ellos.

Había policías y oficiales militares en cada esquina deteniendo a todos los transeúntes para interrogarlos, lo que a veces me hizo sentir más segura y a veces más en peligro. Me hicieron las mismas preguntas que me habían hecho los oficiales en Villa de Leyva. Siempre me preguntaban en donde me hospedaba y siempre mentía, no podía confiar en nadie. El uso del tapabocas era obligatorio en todas partes, incluso caminando en la calle sin nadie más alrededor. Cualquier extranjero atrapado incumpliendo las nuevas órdenes a nivel nacional sería sujeto a una multa atroz o encarcelado en Colombia, o ambos. En la tienda siempre había una cola larga de personas esperando para entrar, espaciadas a dos metros de distancia por calcomanías en el suelo, al entrar me rociaban con desinfectante en mis pies y manos.

Solo me aventuraba al aire libre en esa realidad una vez a la semana. Enseñaba inglés en línea un par de horas al día, lo que me dio la oportunidad de conectarme con estudiantes adultos de todo el mundo. Compartieron sus perspectivas de la pandemia desde Japón, Omán, Turquía,

Argelia, Brasil, China, Arabia Saudita, Marruecos y Vietnam. Los sentimientos de vulnerabilidad, urgencia, miedo y desesperación eran mutuos con cada uno de mis alumnos, pero eso nos permitió conectar más íntimamente como humanos mientras les enseñaba.

Fuera de mi tiempo de enseñanza, sabía que era hora de empezar a poner mi alma en mi libro. No tenía idea por donde comenzar, tenía tanto miedo de revelarme a mí misma a tal nivel de vulnerabilidad, pero las palabras del misterioso hombre barbudo resonaron en mí, me hicieron pensar ¿Por qué quise escribir este libro? ¿Cuál fue mi por qué? Una vez había escuchado a una influencer decir: "Siempre que llegues al otro lado de algo realmente difícil, tienes la responsabilidad de compartir tu testimonio al respecto con otros para ayudarlos". Ese era mi porqué. Entonces, seguí escribiendo.

Después de dos meses encerrada en ese hostal en Bogotá, me despidieron de mi trabajo enseñando en línea. Me vi obligada a tomar una decisión muy difícil porque sabía que sin ingresos no podía quedarme. Decidí dejar que mi papá me ayudara con un boleto para un vuelo humanitario de regreso a los Estados Unidos.

Nunca imaginé salir de Colombia así, pero elegí aceptarlo y estar abierta. Solo tuve unos días para despedirme, cerrar las cosas que necesitaban cerrarse, dejar atrás las cosas que necesitaba dejar atrás y empacar mi maleta. No me sentía bien de volver y me aterraba la idea de que una vez que llegara allá me quedaría atrapada de alguna manera. Aunque no tenía idea de lo que habría al otro lado de este temor, al igual que no sabía lo que había al otro lado de muchos otros, me sentía lista para superarlo y estar abierta a cualquier cosa que me esperara del otro lado.

Cuando terminé de empacar, me tomé un momento de tranquilidad para leer un libro de memorias en mi Kindle. Se llamaba, *A Girl in the Woods: A Memoir*, de Aspen Matis. En su libro, ella compartió un relato íntimo. Había sido violada en el primer semestre de la universidad, abandonó sus clases y se embarcó en una peligrosa aventura de senderismo de México a Canadá. No fue coincidencia que al final de su libro, al ser invitada como oradora para compartir su historia en la universidad que había dejado atrás, dijera: "La cosa más valiente que he hecho fue salir de aquí, la siguiente cosa más valiente que hice fue volver para hacerme oír."

Sí, de hecho, lo fue. Al día siguiente abordé mi vuelo de regreso a la ciudad de Oklahoma y comenzaron los nueve meses que me tomaría desentrañar mi historia para plasmar este libro.

Aquí les regalo… mi historia.

Capítulo 4

Mi fuego interior

"Tenía la peculiar costumbre de prender fuego a cualquier cosa que no se sintiera como la libertad".

- Mira Hadlow

La primera vez que mi fuego interior ardió tenía quince años. Eran las dos de la tarde de un lunes cuando entré a mi primera clase de español.

Cuando era niña, estaba enamorada de las historias de viajes que me contaba mi abuela y sabía que mi destino era ir a todos los países de los que me habló, incluyendo los que nunca llegó a visitar. Ponía el canal en español en la televisión y bailaba por toda la sala inventando sonidos con mi lengua. En las horas que pasaba sola en mi habitación inventaba lenguajes secretos con mis amigos imaginarios.

Esa brasa que brillaba ligeramente se encendió en llamas envolventes durante mi primera clase de idioma real. A partir de ese momento, nunca olvidaré la sensación de la verdadera pasión de mi alma floreciendo dentro de mí.

Las paredes de mi salón de clases estaban llenas de banderas de países hispanohablantes de todo el mundo, podía ver los patrones de colores de las banderas en los tableros de anuncios que, además, tenían citas enmarcadas en español. Se desplegaban frente a mí carteles con impresionantes imágenes que representaban cada cultura, única, con sus bailes nativos y la vestimenta típica de cada lugar. Nunca había visto a una mujer nativa haciendo comida tradicional de su cultura con sus manos y quería aprender todo sobre esas mujeres hermosas.

Estudié a las mujeres de las fotos con sus desgastadas manos y especulaba sobre la inmensa sabiduría que debían llevar, sus historias, cuántas cosas habían creado a partir de talentos transmitidos de generación en generación y todo el amor que habían compartido cuidando a tantos otros. Mientras mi abuela me contaba sus historias de viajes, recordé las veces que ella hacía su comida con sus manos desgastadas también.

—Déjame mostrarte cómo hacer fideos caseros —decía ella —. Un día tendrás un esposo y una familia para quienes hacer fideos, y tú necesitas saber cocinar, limpiar y coser.

—No, me casaré con alguien que hará todas esas cosas para mí —fue mi respuesta.

Ella siempre se reía como si fuera la cosa más divertida que jamás hubiese escuchado.

Estaba en una pequeña escuela privada en el momento en que entré a esa clase de idiomas. Mis padres me trasladaron allí cuando tuve una "misteriosa" crisis psicótica durante mi octavo grado, la cual me llevó a mi primer intento de suicidio y me depositó en un hospital psiquiátrico antes de ser enviada a vivir con mis abuelos en otro estado por el resto del año escolar. Cuando regresé de allí, anunciaron que me habían inscrito en una escuela cristiana privada para poder estar monitoreada más detalladamente y tener un cambio de escenario.

Encontré la religión mientras asistía a la escuela allí, lo cual me ayudó en ese momento de mi vida. La religión era un lugar donde me podía esconder, fue un escudo para protegerme de las guerras que pasaban a mi alrededor y me ayudó a enfocar mi mente en algo más que el dolor que llevaba adentro.

Ese escudo me protegió cuando mi papá nos abandonó después de que comencé la nueva escuela. Se había ido "de negocios" durante unos días, pero no había estado en contacto con nadie. A mí mamá le preocupaba que algo grave le hubiera pasado, pero de repente un día su auto gris apareció en el camino de entrada. Nos dio a mi hermano y a mi su noticia con un helado: no amaba más a nuestra mamá y ya no quería tener una familia, así que él y mamá habían decidido que lo mejor para todos era que él se mudara a otra ciudad para estar más cerca de su puesto de trabajo por un tiempo.

Así como así, nos dejó en casa y se fue con sus maletas en el asiento trasero. Después de su partida, entré a la casa y respondí el teléfono que sonaba como loco, solo para descubrir que mi mamá no había sido parte de esa decisión, no habían tenido ninguna conversación al respecto; de hecho, fui yo quien le dijo a mi mamá que papá nos había dejado.

Cuando mi padre regresó por mi hermano, la religión me protegió de la guerra que ocurrió en el jardín delantero. Mi hermano miraba desde el asiento trasero del auto mientras yo estaba sola en el umbral de la puerta principal y nuestras miradas no se apartaron hasta que el auto de mi padre dobló la esquina.

Mi madre tenía un trabajo mal pago de tiempo parcial en la iglesia y no pasó mucho tiempo antes de que nuestros servicios públicos fueran cortados. Mi mamá hizo lo mejor que pudo con el sueldo que tenía y aprendimos a hacer que las comidas económicas rindieran lo máximo posible.

Una pareja de nuestra iglesia estaba buscando empleados a tiempo parcial para vender comida en su camión de barbacoa, por lo que fue el momento perfecto para conseguir mi primer trabajo después de la escuela. Eso fue solo unos meses antes de mi cumpleaños número 16. A diario después de la escuela, corría a casa, me cambiaba de ropa, corría de regreso al trabajo y cerraba el restaurante a las 9 antes de dirigirme a casa para comenzar mi tarea.

Como cualquier persona que haya estado involucrada en el sistema educativo estadounidense es bien sabido que, durante este tiempo en la vida del adolescente, la escuela exige que los estudiantes comiencen a elegir una carrera. Para mí, esas decisiones profesionales se avecinaban. ¿Qué quería hacer con mi vida? ¿Qué quería estudiar? Nunca me había sentido inteligente, mi hermano era el chico inteligente, siempre en matemáticas avanzadas y en clases de ciencias, siempre reconocido por sus calificaciones. Nunca me interesó la escuela hasta que encontré el español, pero no quería estudiarlo para enseñar, quería aprender idiomas mientras viajaba, pero no había ninguna carrera con eso incluido.

¿Cómo se suponía que iba a saber lo que quería hacer si nunca había salido al mundo? ¿Por qué tenía que sentarme detrás de un escritorio como esclava de un sistema que no me apasionaba con el propósito de perseguir un sueldo, esperando algún día poder comprar la libertad de hacer lo que realmente quisiera? ¿Si nosotros como humanos estuviéramos destinados a permanecer en un lugar para siempre, no tendríamos raíces en lugar de pies?

Mi abuela anunció que nos llevaría a mi hermano y a mí en un viaje para celebrar nuestra graduación y nos animó a buscar un lugar donde ambos pudiéramos ser felices. Yo solo quería estar lo más inmersa posible en el idioma español, todo el día, todos los días, con una nueva cultura que pudiera explorar y mi hermano quería tumbarse en la playa. Mi abuela decidió que pasar una semana en la isla de Cozumel, México era lo que todos necesitábamos.

Ese viaje cambió el curso de mi vida y lo supe en el momento en que salimos de ese aeropuerto y llegamos a nuestro hotel. La gente de la isla era hermosa y yo estaba encantada. ¡Todavía no había vivido la experiencia de hablar con ningún hispanohablante! Mientras estábamos allí, me hice amiga de Flor, una señora que vendía artesanías en un carrito en la piscina del hotel, sentada en su taburete durante horas todos los días al sol. Charlábamos en español y me llevaba a lugares de su barrio para que pudiera ver cómo era la vida de los lugareños lejos del mundo del turismo.

Para el final de la semana, Flor y yo ya éramos amigas y me pidió mi correo electrónico, lo que ayudó a que me presentara a su hijo quien tenía mi edad. Por supuesto que estaba extasiada por la oportunidad de hacer un verdadero amigo de la isla, al igual que tener un hablante nativo de español con quién practicar mis habilidades lingüísticas una vez que regresara a mi país.

Traté de razonar con mi abuela sobre por qué debería permanecer ahí en la isla. Su respuesta fue NO, mi refutación fue algo como, "¿Cómo podría alguien sacrificar toda su vida haciendo algo que no se sentía tan bien como esto y posponer este sentimiento por décadas? ¿Por qué debería esperar a tener 65 años para experimentar estos sueños? ¿Qué tal si no se me garantizaba vida hasta esa edad? ¿Y si solo quedara un año o dos para vivir mi vida? ¿Por qué tenía que sufrir algo que no me gustaba para sentirme digna de hacer algo que me gustara? ¿Por qué no podía vivir mi vida más feliz mientras mi cuerpo era joven y mi alma vibrante? ¿Por qué tenía que hacer las cosas como otras personas las hacían?" Asombrosamente, ella permaneció impasible.

Después de abordar nuestro avión, mi estómago se hundió aún más y más mientras viajábamos de regreso a casa, de regreso a la rutina mundana de sentarse en las aulas y estar presionada por las decisiones de vida que necesitaba tomar para mi futuro, o tal vez necesitaba elegir el color de la celda de cárcel en la que quería entrar y quedarme durante los próximos 40 años.

La forma en que me sentí esa semana que estuve en la isla: eso es lo que quería hacer con mi vida para siempre.

Sin embargo, pensé que tal vez debería darle una oportunidad al camino "aprobado" del cual mis padres, profesores y amigos hablaban, así que cuando me gradué de la escuela secundaria, me inscribí en clases universitarias básicas y conseguí dos trabajos. Trabajé en todos los puestos posibles del restaurante y estaba feliz de tomar tantos turnos como fuera posible, siempre que estuvieran disponibles. Sabía que pagar la universidad sería mi responsabilidad ya que no tendría ayuda financiera, así que trabajé tantos turnos como pude para ahorrar para la matrícula y los libros.

Pasé el semestre de otoño con impecables calificaciones y una experiencia más positiva de lo que esperaba como estudiante universitaria, pero me sentía como si estuviera en prisión. Un día, justo después de haber tomado los exámenes finales de ese primer semestre, estaba navegando por las clases que se habían abierto para la primavera siguiente, cuando escuché un grito en mí alma con mucha fuerza: *¡Yo no quiero hacer esto!*

Escuché. *¿Qué quieres?* Me pregunté a mí misma.

Quería saber cómo sería vivir en la isla de Cozumel por un tiempo, quería vivir allí y trabajar solo como lo hacía la gente local, tener amistades, una vida nocturna, bailar al ritmo de la música latina y comer auténtica comida mexicana. Quería vivir con sencillez y más que nada, quería escuchar y hablar español todo el día, todos los días. Lalo, el hijo de Flor en Cozumel, y yo nos habíamos mantenido en contacto desde que me había ido de la isla la primera vez ya hacía meses. Nos habíamos conocido bastante bien charlando en línea varias veces a la semana.

Decidí que no me inscribiría en las clases de primavera, trabajaría como loca para ahorrar dinero para ir a vivir a la isla y no le diría a nadie excepto a Lalo mi plan secreto. Continué cubriendo turnos en el restaurante y también conseguí un trabajo en la tienda Albertson's, donde trabajaba en el mostrador de atención al cliente. Estaba muy cansada de trabajar tantas horas, pero luego me reconectaba con mi fuego interior que ardía en mí cada vez que pensaba en volver a reencontrarme con mi verdadera pasión en solo unos pocos meses, eso me llenaba de energía inmediatamente.

Mi primer boleto de ida sola a través de fronteras fue cuando tenía diecinueve años cuando salí del aeropuerto al aire húmedo de la isla de Cozumel. Estaba volviendo a través de una puerta que había dejado abierta, volviendo a cosechar semillas que había sembrado antes. Me quedé con Lalo y su familia en las afueras de la ciudad, compartiendo una habitación hecha de ladrillos de cemento con otras cinco personas. Por la noche colgábamos hamacas en ángulos a través de la habitación para tener espacio para todos y por la mañana las guardábamos.

Sin embargo, Lalo y yo solíamos acostarnos en el techo bajo el cielo estrellado de la isla hasta que el sol caliente tocaba nuestras caras para despertarnos a la mañana siguiente. El techo también era donde colgábamos la ropa mojada, todavía puedo oler ese jabón mexicano que siempre olía a hogar para mí.

Era valiente y feroz, una buena rival para el viento que provenía del océano y soplaba mi largo cabello trenzado detrás de mí cuando iba en la parte trasera de una moto en rico exceso de velocidad, volando por una carretera que corría a lo largo de la costa. Sabía que había encontrado una felicidad para reclamar como mía por el resto de mi vida, esta felicidad encajaba con mi verdadero yo como un guante se ajusta a la medida de la mano para la que está hecho.

Busqué por todas partes un trabajo allí, pero lamentablemente descubrí que no podría conseguir un trabajo sin una visa de trabajo, lo cual no había considerado antes de salir de los Estados Unidos. Cuando me di cuenta de que no podría ganar dinero, decidí que era hora de vivir mi vida al máximo y explorar tanto como fuera posible con Lalo antes de tener que irme.

Lalo y yo vivimos locas aventuras mientras pudimos, él y su familia me llevaron a playas privadas, lugares que sólo los lugareños conocían, ahí pescábamos y cocinábamos en una fogata en la playa. Él tenía un amigo con una lancha rápida que nos llevó a otra isla cercana donde exploramos ruinas antiguas. Lalo me llevó a una fiesta de barrio donde todos bailamos música en vivo toda la noche. Cogimos el ferry para un viaje de cuarenta y cinco minutos hasta tierra firme, donde exploramos más ruinas y lugares escondidos. Jugamos billar en todos los bares donde los lugareños jugaban también.

Lalo y yo nos hicimos nuestros primeros tatuajes juntos, que eran palmeras que combinaban con puestas de sol a su alrededor en un pequeño diseño de círculo en el medio de nuestros muslos derechos. Su mamá nos preparó cenas caseras con sus manos preciosas varias veces mientras me quedaba con ellos. Mi cabello era tan largo que colgaba hasta mi cintura y Lalo me convenció de hacerme trenzas. Entonces, mi cabeza estaba llena de trenzas y todavía colgaba hermosamente casi hasta mi cintura. Me ponía un pañuelo que hacía juego con cualquier blusa que escogía cada día y montábamos motocicletas por toda la isla con mis trenzas que bailaban al son del viento, viento del cual nunca, nunca se me olvidará el olor, yo le pertenecía y era heredera de su libertad.

Hasta que un día, solo me quedaba suficiente dinero para un boleto de vuelta a mi país. Lalo y yo nos despedimos entre lágrimas mientras desaparecía en la sala de seguridad del aeropuerto. Me estaba esperando una sorpresa cuando los oficiales de inmigración comenzaron a solicitar un papelito que me habían dado cuando entré al país, me di cuenta entonces que había tirado ese papel a la basura el día anterior mientras empacaba, sin saber que lo necesitaría. Los hombres detrás de la ventana de vidrio no encontraron tan chistosa la situación como yo lo hice y me llevaron a una habitación con más oficiales.

¿Por qué estaba sola en México? ¿Dónde me estaba quedando? ¿Cómo podía probar mi fecha de entrada? ¿Cómo era mi español tan bueno? Dijeron que no me dejarían subir a ningún vuelo si no les mostraba prueba de cuando entré al país.

"Eso está perfecto para mí, porque no quiero irme." les dije.

Nunca me puse nerviosa ni me asusté, pensé todo era muy gracioso y secretamente esperaba que no me dejaran tomar mi vuelo para volver a los Estados Unidos, de todas maneras no quería volver allí.

No tuve tanta suerte, abordé mi vuelo y lloré todo el camino de regreso a casa. La idea de volverme a conectar al sistema de allí y ser un hámster en una rueda me dio ganas de que el avión se cayera en el mar en ese mismo momento, quería más que eso para mi vida.

Mientras lloraba, me prometí a mí misma que encontraría la manera para seguir viviendo este sueño, haría todo lo necesario para encontrar ese lugar de felicidad. Me prometí a mí misma que encontraría algo que hiciera mi luz brillar como brillaba cuando estuve viajando, no dejaría que nada ni nadie la atenuara. Me prometí a mí misma que sería valiente, tomaría riesgos y trabajaría tan duro como tuviera que hacerlo para volver realidad mi sueño.

Regresé en el momento perfecto porque mi mamá estaba haciendo la transición de su apartamento de un dormitorio a uno de dos dormitorios. Regresé a tiempo completo a mi trabajo en Albertson's y también me inscribí en clases de tiempo completo nuevamente.

Un día después del trabajo, tuve el impulso de ir al refugio de animales para obtener una estimación de cuánto costaría adoptar un gatito. No tenía los recursos para hacer todo en ese momento, pero quería un presupuesto para poder reservarlo de mis próximos sueldos.

"Disculpe, señorita, ¿está aquí para adoptar un gato?" Llegó una voz detrás de mí en el estacionamiento mientras me acercaba a la puerta del refugio.

Me di la vuelta para ver a la joven pareja que me había detenido, les expliqué que solo estaba allí para consultar precio de tarifas de adopción y que necesitaba ahorrar algunos sueldos antes de que pudiera invertir en todo lo que necesitaba para tener una nueva mascota.

Dijeron que habían encontrado una gatita gris de raza ruso azul en su granja, su madre había desaparecido y el hijo de ellos tenía alergia a los gatos. Estaban allí para dejarla en el refugio, pero me preguntaron si estaría interesada en adoptarla. Dijeron que me llevarían a la tienda a comprar todo lo que necesitaba, me dieron su número de teléfono pues estaban dispuestos a pagar para que ella fuera operada y vacunada más tarde. Tuve que decir que sí, era el destino. Compraron todos sus suministros e incluso me dejaron un billete para conseguir su comida, arena y juguetes durante las próximas dos semanas, era tan pequeña que apenas comía comida y la alimenté con biberón las primeras dos semanas.

Fue amor a primera vista para nosotras. Fuimos como carne y hueso a partir de ese momento. Por la noche, se acurrucaba sobre mi hombro y se quedaba dormida chupándome el lóbulo de la oreja, hasta que un día, llegué a casa con un cordero de peluche que había encontrado en una exhibición de Pascuas mientras almacenaba productos en los estantes de mi trabajo. Algo al respecto me recordaba a ella, así que lo traje a casa, renunció definitivamente a chupar el lóbulo de mi oreja y después solo chupaba su cordero. La llamé Gracie Ann.

Esas personas tenían que ser ángeles cruzando mi camino con esta bebé. ¿Por qué habían insistido en que me la llevara cuando podrían haberla dejado en el refugio y el refugio hubiera cubierto sus gastos? En ese momento no entendí que había sido la intervención divina.

Justo antes de irme a Cozumel, estaba trabajando en servicio de atención al cliente cuando conocí a un guapo latino que vino a enviar un giro, él me invitó a salir antes de irme y le dije que si volvía a los Estados Unidos lo haría. Un día me vio trabajando y me recordó mi promesa. Salimos un par de veces, pero después de algunas salidas, separamos caminos por varias razones.

Éramos Gracie y yo haciendo las tareas, los quehaceres de casa y cantando karaoke, siempre lo pasamos muy bien y ella pensaba que todo lo que yo hacía era genial. No tenía ni idea que ella sería mi gracia salvadora de las cámaras de terror que se abrirían menos de un año después de experimentar el paraíso en aquella isla.

Capítulo 5

Cuando los pájaros cantan al amanecer

"Te voy a matar," gruñó mientras rechinaba sus dientes, sus dedos estaban aferrados en un apretón de muerte alrededor del volante.

Después de dar vueltas y más vueltas toda la noche, salí de la casa de mi amiga a las cinco y media de la madrugada para ir a comprar unas cosas sencillas. Tal vez perder una hora en la tienda me ayudaría a apartar de mi mente las malas noticias de la semana anterior, las cuales habían roto mi corazón.

En ese momento, no tenía idea de que un exnovio me estaba acechando allí.

Nunca he sido el tipo de persona que se asusta de cara a una emergencia. Una voz tranquila en mi interior me dijo que debía empezar a tomar fotografías mentales de mi entorno, árboles, letreros de las calles, casas ubicadas a la distancia, cualquier cosa que pudiera ayudarme a traer a la policía de regreso a este lugar, dado que sobreviviera a lo que estaba a punto de suceder.

Sus ojos estaban oscuros y enojados, se movían rápidamente de derecha a izquierda buscando entradas a caminos y terrenos a cada lado de la carretera. Conducía muy rápido, alejándose de la ciudad con cada segundo que pasaba, dirigiéndose hacia grandes lotes de campo.

Inesperadamente, giró a la izquierda en una entrada de un lote, mis mejillas empezaron a mojarse con mis lágrimas.

Sentí piedritas debajo de los dedos del pie en el piso de la camioneta. ¿No había salido de la casa en chanclas para ir a la tienda? En algún momento cuando me secuestró y me metió en su camioneta deben haberse caído. Si no hubiera ido a la tienda, o si no hubiera usado chanclas, ¿habría sucedido esto? Si tuviera zapatos, ¿podría haberlo pateado para escapar? Por supuesto, esto era de alguna manera mi culpa.

¿Serían estos momentos los últimos? ¿Sería una muerte lenta? ¿Sería rápida y sin dolor? ¡Solo tengo 20 años y no he cumplido mi sueño todavía!

Dio otro giro a la izquierda con tanta fuerza que la camioneta solo tenía dos llantas en el suelo. No podía dejar de pensar en cosas que había dicho y hecho y que ahora no podría volver a hacer.

¡Gracie! Ella no entendería por qué yo había desaparecido. Jesús, ¿quién se llevaría a Gracie?

Con otro fuerte giro a la izquierda, la camioneta se levantó ligeramente hacia arriba quedando en dos llantas de nuevo, pero esta vez las cubiertas se encontraron con pasto. Estábamos fuera de la carretera y aceleró el motor mientras volábamos por un terreno, atravesó el follaje y condujo a toda velocidad a través de una cerca de alambre de púas. Escuché las puntas de metal del alambre hacer un chirrido horrible mientras rayaban la nueva camioneta Ford. No he escuchado un sonido como ese desde esa madrugada.

Esa camioneta era su mundo entero, su orgullo y alegría. Ahorró dinero durante años para comprársela y la lavaba diligentemente al menos dos veces a la semana. Si esto es lo que estaba dispuesto a hacer con su preciada camioneta, ¿qué iba a hacerme a mí?

El vidrio se agrietó donde la cerca se había detenido y empezó a formar una telaraña en todo el parabrisas, apagó el motor y exigió que me bajara.

No lo hice, me senté allí temblando con los ojos cerrados. En mi cabeza tenía el clip de *Forrest Gump* cuando Jenny estaba con Forrest y se arrodillaron en el cultivo de maíz para rezar.

Por favor, Dios, conviérteme en pájaro así puedo volar muy, muy lejos.

El tiempo que le tomó caminar alrededor de la camioneta y llegar a mi puerta me pareció una eternidad. No tenía idea de lo que vendría, sólo sabía que estaba descalza, que él era increíblemente fuerte y que estábamos en el campo, lejos de cualquier signo de vida.

Luchar contra él significaría perder, si me defendiera, se enojaría aún más y haría algo peor de lo que ya había planeado. La puerta de la camioneta se abrió y se inclinó para sacarme, hice lo único que pude pensar en ese momento y lo mordí tan fuerte en el hombro que sentí su piel romperse. Ni siquiera hizo una mueca, era como si estuviera hecho de hierro.

Con sus manos tiró de mi cabello para sacarme de la camioneta y luego me llevó a la parte de atrás, abrió el maletero y dejó caer sus pantalones cortos al suelo.

"Chúpame la verga." instruyó.

Su pene estaba medio duro. ¡Jesús! ¿Cómo podía alguien excitarse en un momento como este? ¡Estaba caliente este hijo de puta! Cerré los ojos y fingí que no lo escuchaba, aunque sabía que vendría la reacción.

"Dije, 'chúpame la verga.'"

Empujó mi cabeza hacia su pene. En mi mente, usé un truco que aprendí en mi niñez siempre que lo necesitaba para escapar de una realidad dolorosa y dejar que mi mente trascendiera a otro lugar.

Tomó un puñado de mi cabello de nuevo y lo usó para dirigir mi cabeza y complacerse en múltiples ocasiones, me levantó para que pudiera respirar y me llevó a la caja de la camioneta. Estaba asustada y sabía que no podía escapar descalza, él iba a conseguir lo suyo sin importar lo que yo hiciera. Me sentía impotente mientras me acostó con el culo puesto el borde de la caja de la camioneta y usaba ambas manos para quitarme mis pantalones cortos y calzones.

Y me violó.

Podía sentir su aliento por toda mi cara, olía a alcohol agrio, aparentemente había estado bebiendo toda la noche. *¿Dónde había estado? ¿Qué lo había impulsado a hacer esto? ¿Con quién había estado? ¿Había consumido drogas?* Él nunca había consumido drogas, incluso ni había hablado de drogas durante los meses de nuestra relación. Todo en él ahora indicaba que era un desconocido total.

"Mírame," dijo.

Lágrimas silenciosas corrían por mi rostro y aunque intenté acceder con todas mis fuerzas a ese lugar lejano de mi mente, no pude. Me di cuenta de que verme llorar le agradaba.

¿Me iba a matar después de la violación? ¿Tenía un arma o un cuchillo? ¿Sería una muerte sangrienta?

Se enojó porque me había secado las lágrimas y detuvo la violación repentinamente.

"Ni siquiera mereces el maldito esfuerzo." Y así, se acabó.

¿Me iba a dejar allí? ¿Me iba a matar?

Me bajé rápidamente de la caja de la camioneta mientras buscaba mis pantalones, sentí la hierba mojada y las piedras debajo de mis pies. Encontré mis pantalones a unos pocos metros de distancia, aún no tenía idea dónde había perdido mis chanclas.

En su borrachera, intentaba ponerse los pantalones que estaban atrapados en sus pies, su incapacidad era obvia y de repente tuve una visión de mí matándolo. ¿Podría subirme a la camioneta y atropellarlo?

Dios mío, esto era todo, yo ganaría, terminaría la pesadilla. Estaba tan aterrorizada, desgarrada, sangrando, magullada, descalza, rayada y temblando como una hoja, pero las llaves estaban en el suelo. Me metí dentro de la camioneta y cerré las puertas, me incliné para coger las llaves.

Con manos temblorosas, traté de encontrar la llave que encajaba en el encendido, pero había cinco llaves en el anillo y todas se veían parecidas.

Encontré la llave indicada y tan pronto la metí en el encendido la camioneta se prendió, sin embargo, mi violador apareció a la vista en la ventana del lado del conductor con una sonrisa amenazante. Cuando él metió la mano dentro de la ventana para abrir la puerta, me di cuenta de que había recordado cerrar las puertas, pero no subir las ventanas. Abrió la puerta y me obligó a deslizarme a la derecha, a mi asiento.

Tenía esta horrible sensación de hundimiento en el estómago, como ácido comiéndome viva. ¿Cómo pude ser tan estúpida? Había empeorado todo, ahora estaba realmente encabronado.

Quería correr, pero no tenía zapatos, tenía que ser estratégica sobre cómo manejar cada pequeño detalle. Mis ojos escaneaban todos los rincones de su camioneta, quizás tenía una navaja en algún bolsillo. Imaginé cómo se sentiría apuñalarlo en el cuello, todo lo que necesitaba era una hoja un poco más corta que una pulgada para perforar su yugular y podría matarlo. Nunca imaginé que sería capaz de asesinar, fue ahí donde aprendí que nunca sabemos de lo que somos capaces hasta el momento en que se nos presenta un raro conjunto de circunstancias. Salió en la camioneta y retrocedió hacia la carretera principal, estábamos deslizándonos sobre grava de nuevo.

"¿Por qué me hiciste esto?" Pregunté mirándolo.

Solo miró hacia adelante a través del parabrisas roto, rechinando su mandíbula adelante y atrás.

Finalmente dijo, "Porque te odio y quiero que me odies para siempre."

No podía soportar más y ya no me importaba si él estaba lo suficientemente loco como para matarme, y si me matara, no tendría que vivir las pesadillas internas que se habían acabado de crear.

Tomamos un tramo de la carretera Garth Brooks Boulevard a toda velocidad volviendo hacia Yukón, cuando finalmente vi faros en la carretera. Si me tirara de la camioneta sabía que podría sobrevivir al impacto de la carretera, sería nada en comparación con el daño que tenía ahora dentro de mí

Empecé a abrir la puerta del pasajero, pero se dio cuenta e inmediatamente agarró mi camisa y brasier y los retorció entre su mano. Mientras empujaba con los pies para intentar escapar me di cuenta de que su agarre era bastante fuerte y no podría escapar, sin embargo, podría tratar de conseguir la atención de alguien.

"No hagas eso."

Usé mi mano izquierda para sacudir su volante, haciendo que se desviara hacia el otro carril donde había un auto viniendo hacia nosotros justo en ese momento. Oscar retomó el volante y por poco casi pierde el control del vehículo, el conductor tocó la bocina y se desvió a nuestro alrededor, pero Oscar sabía que lo habían visto y el juego había terminado.

Regresamos a la ciudad en este punto, acercándonos al semáforo principal frente al Walmart, repentinamente giró a la izquierda en el estacionamiento y se detuvo a unos treinta metros de mi auto.

"Nadie te creerá jamás, espero que te duela por el resto de tu vida." dijo mientras soltaba mi camisa.

Me senté allí por un breve momento, aturdida y mareada. Al bajarme lentamente de su camioneta con mi cuerpo golpeado, él arrancó de repente, yo sentía las piernas como si fueran de goma, sentí gusanos dentro de mis huesos y cómo ellos me devoraban de adentro hacia afuera.

Estaba viva.

Estaba viva. ¿Por qué me dejó vivir? No quería estar viva, no quería enfrentar mi nueva realidad.

¿Cómo estaba mi auto tan lejos? ¿Podría llevarme a mí misma hasta allí? Vi a una dama sentada en su auto, simplemente comiendo su desayuno que había comprado cerca, el olor a grasa de las patatas fritas me revolvió más aún el estómago. Cuando me miró, tomó un trago de jugo de naranja para bajar sus papas y me brindó una sonrisa, miró hacia abajo y notó mis pies descalzos, lo cual la hizo escanearme desde la cabeza hasta los pies, ella estaba tratando de entender porqué estaba así. No quería que me mirara, de hecho, no quería que nadie me mirara nunca más en mi vida.

Un paso descalzo tras otro me llevó a mi auto, que estaba exactamente como lo había dejado: la puerta abierta, mis llaves en el suelo cerca de la llanta delantera, mis comestibles en el asiento del pasajero, la bolsa intacta justo donde la dejé, champú, bálsamo labial y huevos perfectamente intactos.

Yo, sin embargo, no estaba perfectamente intacta, estaba destrozada, un camión monstruo había atravesado mi vida y había demolido cada parte de mí, así como todo mi alrededor.

¿Cómo pudieron sobrevivir una docena de huevos a un camión monstruo?

Si no llamaba a la policía en ese momento, nunca lo haría, si no hacía esa llamada, tal vez volvería para terminar lo que empezó y muy probablemente se lo haría a otra persona. Tenía que llamarlos inmediatamente mientras su ADN todavía estaba en mí.

¿A quién llamas después de que te violan? Creo que la mayoría de las chicas llamarían a sus madres, pero no tenía a la mía. Esto era lo que me había estado dando vueltas en la cabeza cuando desperté en la madrugada en la casa de una amiga solo un par de horas antes de ir a la tienda.

Eso solo me dejaba a mi papá. Odiaba que él fuera mi única opción, odiaba ser tan vulnerable con alguien mientras estaba en medio de una tragedia, especialmente, alguien que ya había dejado innumerables y profundas heridas a lo largo de los años. Sabía que necesitaba estar en un lugar en el que me sintiera segura, pero no tenía tal lugar, no tenía a nadie más a quien llamar y tal vez él podría ser de ayuda para tomar decisiones.

Me sentí completamente sola en el mundo. *Solo una pequeña cosa a la vez, una respiración a la vez. Encuentra tu celular.*

¿Dónde estaba mi celular? Lo vi sobre mi portavasos justo donde lo había dejado, lo abrí y presioné "llamar" para ver mi registro de llamadas, luego presioné el botón verde para marcar el número de mi papá.

Respondió en un tono perplejo, diciendo "Hola" sabiendo que era muy extraño recibir una llamada mía a las siete y media de la mañana un sábado.

—¿Hola? —dijo de nuevo.

No pude hablar. ¿Qué podía decir? ¿Cómo se pueden decir esas palabras?

Solo di hechos, empuja suficiente aire a través de tu garganta
para hacer ruidos que formen las palabras, una palabra a la vez.

—Jen, ¿estás bien?

Tragué saliva y empujé aire a través del papel de lija
que sentía en mi garganta.

Con voz temblorosa dije:

—Me acaban de violar.

—¿Qué? ¿Quién? ¿Dónde estás?

— Oscar, en el estacionamiento de Walmart de
Yukón.

—¿Has llamado a la policía?

—No.

—Voy en camino.

Mi papá y la policía aparecieron. Él caminaba de un
lado a otro mientras la policía me hacía docenas de
preguntas y grababan toda mi historia.

Los oficiales me preguntaron si quería presentar
cargos y dijeron que, si había suficientes pruebas para un
juicio, significaría que tendría que testificar contra él en la
corte. ¿Estaba yo dispuesta a hacer eso? Sabiendo que era
una idea aterradora, dije que sí.

Sabía dónde encontrar a Oscar, vivía con una
compañera de trabajo a solo un par de kilómetros de
distancia. Le di a unos policías su dirección y fueron con
mi padre a interrogar a Oscar, mientras el otro policía me
llevó al hospital para recopilar pruebas, incluido un kit de
violación.

Había dos enfermeras en la sala de exámenes del
hospital, una para hacerme el examen y la otra,
principalmente, para estar conmigo. Tomó mi mano y me
hizo preguntas, aunque nunca hubo una sincera empatía
por parte de ninguna de ellas. La que tomaba mi mano
solo lo hacía como parte de la descripción de su trabajo,
pero no porque su alma se conectara con la mía. Me puse

encima de la mesa de exámenes como un cordero en un matadero.

La enfermera me dijo que respirara hondo y de repente sentí una fuerte presión que subía a través de mi cuello uterino debido a lo que estaba haciendo la enfermera. Me pregunté qué carajo me había hecho ese tipo para que me doliera tanto.

—Cariño, respira hondo, tengo que hacer esto para recolectar evidencia, te prometo que ya casi termino.

¿Cómo había terminado aquí?

Por el amor de Dios, no podía respirar, solo había salido del apartamento de mi amiga para comprar bálsamo labial, champú y huevos después de una noche de insomnio y ahora estaban buscando pruebas en mi para presentar cargos contra mi violador.

No había semen como prueba, porque Oscar nunca eyaculó, pero había otras raspaduras, hematomas y cortes para documentar. Terminaron y me dejaron vestir mientras todos esperaban afuera.

Mi papá y los oficiales de policía habían vuelto, pero el oficial que me había llevado al hospital se había ido, había sido reemplazado por una mujer policía. La recuerdo a ella y su cabello rubio recogido como si fuera ayer.

Me llevó a otra habitación donde le conté nuevamente mi historia a ambos, a ella y al otro oficial. Su empatía me impactó porque conectó conmigo de una manera más íntima que cualquier otra persona, a pesar de su exterior endurecido, podía sentir que mi historia era personal para ella.

Durante esos diez minutos no me sentí totalmente sola. Esta era la tercera vez que contaba mi historia y cuando terminé, todos compararon historias para asegurarse que todos los detalles encajaban.

El oficial de policía que había ido con mi papá para buscar a Oscar me dijo que Oscar respondió a los golpes en la puerta y que negó haberme visto ese día. El oficial dijo que enviaría el informe y se pondría en contacto con el fiscal del distrito si aun yo quería testificar en su contra. ¿Estaba todavía dispuesta a presentar cargos?

Sí, mi respuesta fue que sí. Todo estaba hecho y era el momento de volver a "casa", que en ese momento era el sofá en la casa de una amiga.

Nunca encontré mis chanclas.

Capítulo 6

Corazón roto, un arte dominado

Seis días antes de mi secuestro y violación, todo mi mundo ya se había hecho añicos cuando descubrí que mi mamá y el chico con quien yo estaba saliendo estaban teniendo una relación a mis espaldas. Él se había mudado a mi habitación temporalmente ya que su contrato de arrendamiento había terminado y estábamos esperando mudarnos juntos a nuestro apartamento en Edmond, cerca de la universidad en donde yo estaba estudiando para que pudiera ir caminando a clases.

Después de que me enteré, estaba desesperada por irme del apartamento antes de que ellos llegaran a casa, no quería ver a mi mamá de nuevo. Empaqué una mochila con ropa, principalmente uniformes de trabajo, mi mente y mi corazón estaban acelerados. ¿Tenía que seguir yendo a trabajar? ¿Cómo se suponía que funcionara para hacer algo? No estaba segura de adónde ir, todo lo que sabía era que tenía que desaparecer.

Mi mejor amiga Lisa estaba estudiando fuera del estado en ese momento y no había sabido nada de ella en meses. Revisé una lista de opciones a las que podía ir hasta que mi apartamento estuviera listo y de repente el nombre de mi amiga Nancy apareció en mi cabeza. Vivía cerca con sus hijos, sabía que ella tenía un sofá y estaría feliz de dejarme quedar por unos días. Le envié un mensaje de texto e inmediatamente tuve un lugar a donde ir.

Dios, cómo ansiaba que estuviera listo mi apartamento lo antes posible. No sabía que decirle a mi amiga acerca de los eventos recientes de mi vida, los cuales me habían destrozado y me habían hecho sentir realmente humillada.

Antes de irme de ahí, me agaché para recoger a mi gata, mi bebe y mi hija, Gracie Ann. Le prometí que volvería por ella muy pronto.

Cuando llegué a la casa de Nancy, me recibió con los brazos abiertos. Ella sentía que algo estaba mal dentro de mí, pero yo aun no podía hablar con nadie acerca del engaño que había acabado de suceder. ¿Era yo tan despreciable e imposible de follar que mi novio recurrió a dormir con mi madre? Era un secreto humillante que guardaría todo para mí durante mucho tiempo.

Nancy sintió que yo no estaba lista para hablar y no me preguntó sobre mi tormenta interior, me dijo que había llamado justo a tiempo, el día siguiente ella y sus hijos se irían a otro pueblo a pasar una semana de vacaciones de verano, tendría la casa para mí y eso es exactamente lo que necesitaba; un lugar para derramar mis lágrimas sola.

Después de que Nancy se fue, me di cuenta de que había dejado atrás algunos artículos esenciales en casa de mi mamá. Fue entonces que después de una secuencia de noches de insomnio, llenas de lágrimas, solo seis días después de haber sido traicionada de una manera tan cruel por la persona que me había enseñado acerca de la integridad y la pureza, que me encontré en esa tienda en la madrugada, luego secuestrada y violada.

Aunque Oscar había negado haberme visto, después de mi examen de violación la policía regresó a su casa y lo interrogó nuevamente. Encontraron alambre de púas en el hueco de la rueda de su camioneta y una marca de mordedura en su hombro izquierdo, además, recopilaron los videos de vigilancia del estacionamiento de esa tienda, los cuales mostraban mi secuestro. Pudieron reunir pruebas suficientes para ponerlo bajo custodia y mantenerlo en la cárcel hasta que fuéramos a juicio.

***

Mi historia era noticia de primera página del periódico de Yukón y yo todavía no había salido de ahí. Estaba poniendo combustible en mi auto el lunes siguiente, dos días después de la violación, cuando fui a la tienda a pagar mi gasolina y lo vi allí, justo en el mostrador junto a una exhibidora de compras impulsivas, había una pila de periódicos y la cara de Oscar mirándome directamente. Su foto policial, su ceño fruncido y sus ojos oscuros y enojados mirando a la cámara, mientras estaba vestido con un overol anaranjado.

Sentí el latido de mi corazón en mi entrepierna herida, aunque no estaba segura si era debido a la violación o al examen que me hicieron después. Me sentía fría y sin vida en mi interior, lo cual confirmaba aquello de lo cual me había dado cuenta cuando llegué a casa ese sábado por la tarde después del hospital: algo había cambiado dentro de mí, algo había muerto.

Miren mamá y papá, ¡aparecí en la portada del periódico! Pensé. Estarían tan orgullosos. Tomé varias copias del periódico y un paquete de chicles, deslicé mis compras por el mostrador a la cajera.

—Toda una historia, ¿eh? —dijo la jovencita detrás del mostrador, mascando fuertemente su chicle—. ¿Aquí en este pueblo pequeño de Yukón? El mundo se volvió loco, este tipo de cosas solo ocurren en las grandes ciudades, al menos sabemos que este monstruo está tras las rejas. Pobre chica.

No respondí, ni siquiera miré hacia arriba para reconocer que ella estaba allí, quería decirle que se callara y dejara de mascar su chicle de esa manera. ¿Qué carajo sabía ella sobre lo que había pasado en Yukón? Ni siquiera podía hablar sin mascar su estúpido chicle.

Imaginé cuántos miles de periódicos habían sido impresos y estaban en exhibición en todas las tiendas y estaciones de servicio en Yukón. Afortunadamente, mi nombre no estaba en el periódico, solo el suyo. No había ninguna duda en mi mente de que cuando se filtrara quién había sido la víctima mi vida allí estaría acabada.

Tenía que salir de Yukón.

***

Cuatro días después, *finalmente* tuve noticias del gerente que estaba alistando mi apartamento. Volví al apartamento de mi mamá cuando no había nadie en casa para recoger mis pertenencias, no tenía mucho, el artículo más valioso era mi bebé, mi gatita Gracie.

Cuando salí del apartamento de mi mamá, solo traía conmigo algunas mudas de ropa, un par de zapatos y una canastilla de aretes y maquillajes. Siempre he sido una chica sencilla y recuerdo haberme dado cuenta de eso durante mi viaje a Cozumel donde había estado contenta y tan satisfecha mientras vivía con una maleta sencilla.

El administrador del apartamento, Randy, me recibió amablemente antes de llevarnos arriba a mi nuevo lugar. Examinó el pequeño montón de pertenencias que saqué de mi auto.

—¿Necesitas ayuda para cargar algo? —. Él estaba acariciando a Gracie hasta que ella miró hacia atrás con ojos oscuros y él era lo suficientemente amante de los gatos para saber que eso significaba "tócame de nuevo y te doy un golpe."

—Esto es todo lo que tengo.

—¿Qué tal una cama? ¿Un colchón? ¿Almohadas, muebles?

Se quedó en silencio por un momento estudiándome, también me quedé en silencio y solo me encogí de hombros.

—Tengo un apartamento que uso para almacenar cosas abandonadas por los inquilinos, puedo ver si hay algo allí que te sirva. El colchón no es nuevo, pero solo guardo cosas que están en muy buenas condiciones y, por tanto, limpias. Tengo una almohada extra si la necesitas.

Estuve de acuerdo de que viera, principalmente porque no tenía ninguna otra opción. Esa noche regresó con un colchón y una almohada donde Gracie y yo pudiéramos dormir en el piso.

—Esto te servirá esta noche, chica, al menos para dormir. En los próximos días veremos qué más podemos encontrar.

Finalmente había encontrado a alguien amable, a quien conocería hasta volvernos grandes amigos. De hecho, fue la única persona con la que conté durante ese período de mi vida y más tarde comprendería que fue colocado divinamente en mi camino para cuidarme durante ese terrible momento.

***

Al día siguiente, llamó el fiscal, el juicio estaba listo. Estaba preparada para verlo, mi violador. Una vez más contaría mi historia, solo que esta vez sería frente a una sala y un jurado lleno de desconocidos.

Mi papá llamó dos veces la semana antes del juicio, compartiendo conmigo que mi madre quería apoyarme y que, en tiempos como estos, las chicas necesitaban a sus madres. Le pedí que le dijera que no era bienvenida en mi juicio, no era bienvenida a saber dónde vivía, o incluso a estar cerca de mi vida.

El día del juicio, usé un suéter rosa y zapatos negros, subí al estrado y Oscar fue guiado a la sala del tribunal esposado, vestido en el overol anaranjado que había visto en la portada del periódico de Yukón. Se sentó con su abogado y me miró directamente con un aire engreído y una sonrisa sarcástica en su rostro, había dicho que yo no tendría el coraje para presentar cargos, pero lo hice y aquí estábamos ante un jurado, también dijo que nadie me creería si yo hablaba, ahora sabríamos si eso era verdad.

Tuve que hablar, tuve que contar mi historia delante de toda esa gente, mi papá estaba allí con el pastor de jóvenes de la iglesia donde asistimos por años, el jurado estaba listo y el resto de las personas en los asientos eran todos desconocidos. Era hora de hacer lo que vine a hacer. Siempre me pregunté quiénes eran las personas desconocidas ahí y por qué vinieron al juicio, me quedé con la duda.

El fiscal del distrito me interrogó primero y le di mi testimonio. Fue entonces cuando el abogado de Oscar me interrogó.

—¿Usted y el acusado salieron una vez?

—Sí.

—¿Alguna vez tuvo relaciones sexuales durante el curso de esa relación?

—Sí.

—Entonces, ¿cómo es esto una violación? ¿Cómo podría probar que fue en contra de mi voluntad?

Pero su última pregunta fue la peor.

—Señorita Reavis, ¿es cierto que fue violada por un hombre de su iglesia en el último año?

Mi corazón dio un vuelco y la habitación se puso patas arriba, sentí que mi pecho comenzaba a cerrarse y las paredes de la sala del tribunal comenzaron a asfixiarme. Sí, era verdad, la violación anterior había pasado.

Oscar era el único al que le había contado, una noche después de beber demasiado vino mientras estábamos saliendo. Luego de eso, puse la conversación y el trauma en una caja y lo escondí realmente profundo dentro de mí, nunca volví a esa iglesia. Jamás imaginé que cuando fueraa juicio para enfrentar s mi exnovio, secuestrador y violador, no tendría que hablar solo de una violación frente a un tribunal de desconocidos ese día, sino que tendría que hablar de dos.

—¿Y si eso es verdad, por qué no la reportó? ¿Por qué reporta esta violación y no la otra? ¿Tiene una larga historia de acosos falsos para atrapar a los hombres?

Oscar se reía frente a mí y lo único que pude responder a la pregunta del abogado fue un silencioso —No sé—mientras me miraba las manos dobladas en mi regazo. Me encontré deseando que el juez me mandara a ahorcar para que no tuviera que pasar por más humillaciones.

—No más preguntas, Su Señoría—. El juicio se suspendió.

Todo lo que quería era acostarme en el colchón usado en el piso de mi apartamento mohoso y escuchar a Gracie ronronear en mi oído, la suavidad de su pelaje siempre arreglaba todo.

***

Los dos trabajos que tenía cuando me mudé a Edmond eran solo trabajos de verano y terminaron cuando me mudé a mi apartamento. Esta era la primera vez que estaba completamente por mi cuenta y además de todo el trauma que acababa de sobrevivir, también me enfrentaba a una tremenda presión financiera pensando cómo pagaría mi apartamento y las facturas que venían con él.

Dado que Randy era el único que trabajaba en el complejo de apartamentos, le planteó a su jefe la idea de contratarme para ayudarlo a limpiar y arreglar la propiedad que había estado en ejecución hipotecaria y había mucho trabajo por hacer para poder alquilar todas las unidades. Afortunadamente, su jefe dijo que sí y comenzamos nuestra nueva aventura.

Hasta el día de hoy, trabajar con Randy en ese complejo de apartamentos fue uno de mis trabajos favoritos. Encontré plenitud y alegría en trabajar para mí. Aunque técnicamente trabajaba para un hombre en California que era dueño de la propiedad, tenía el control de mi propio horario de trabajo.

Randy y yo nos divertíamos mucho juntos y pronto aprendí que me encantaba ensuciarme, hacer trabajos pesados y usar mis manos todos los días. Randy era un genio cuando se trataba de... bueno, todo lo relacionado con reparaciones. Me enseñó a poner azulejos, cómo cambiar las placas de los interruptores de luz y enchufes y cómo instalar plomería y pisos. Él asumía el papel principal del trabajo y me enseñaba todo lo que sabía mientras yo lo ayudaba. Me enseñó a pintar y limpiar profesionalmente a un estándar militar, lo cual había aprendido cuando pasó seis años en el ejército de los Estados Unidos.

Una vez, organicé una comida para los inquilinos donde todos trajeron un plato tradicional de su país de origen para que todos pudiéramos experimentar algo de cada cultura. La mayoría de los inquilinos de ese complejo de apartamentos eran estudiantes internacionales de Kenia, Ghana, Irán, Arabia Saudita, Japón, Turquía, China, Marruecos y Kuwait.

Juntos, Randy y yo, construimos una comunidad muy unida allí, era seguro tanto para Gracie como para mí. Siempre dejaba las puertas abiertas de mi apartamento y de cualquier apartamento en el que estuviera trabajando para que Gracie pudiera salir y entrar cuando quisiera. Ella era parte de todo lo que hacía, incluso cuando limpiaba y pintaba, a menudo pasaba el rato en el apartamento en el que estaba trabajando y se tiraba en el suelo para echarse una siesta o husmeaba en los nuevos rincones.

A veces, otras personas en nuestro complejo de apartamentos tenían golosinas solo para ella y la dejaban pasar el rato adentro cuando pedía entrar en sus espacios. Era la mascota del complejo de apartamentos.

Después de un largo día de trabajo, regresaba a mi apartamento para prepararnos la cena a Gracie y a mí. Mientras el trabajo no pagaba mucho y Gracie y yo teníamos hambre a menudo, Gracie siempre se alimentaba antes que yo. Estábamos siempre juntas a cada paso sin importar ningún obstáculo, comíamos juntas y a ella le encantaba todo lo que le cocinaba. Todos los días le prometía que trabajaría duro para ofrecerle la vida que se merecía. —Un día te construiré un castillo de gatitos, — le prometí.

De momento, sentí que estaría bien si ponía todos mis pedazos rotos en el fondo de mi ser, mientras pudiera dedicarme solo a trabajar todo el día, todos los días. Realmente me encantó trabajar con Randy y era raro que no nos divirtiéramos. Cuando los inquilinos se mudaban, a menudo dejaban cosas útiles. En solo un par de meses, mi apartamento estaba bellamente amueblado con una cocina completa, una mesa de comedor con un banco, un sofá suave de imitación de cuero, un televisor, lámparas y un soporte con estantes para mis libros.

Una noche, Randy vino a cenar y vio *EL* periódico sobre la mesa de la cocina.

—Jesucristo, ¿qué diablos le pasa a la gente? —Dijo con incredulidad después de leer el artículo— Este loco hijo de puta acaba de arruinar la vida de una persona inocente.

—Sí, esa chica era yo, confesé, él se atragantó con su sándwich.

— ¿Eres la víctima de este artículo?

Le conté la historia de horror al testificar delante de toda esa gente desconocida.

Randy me prometió que estaría sana y salva sin importar cuál fuese el veredicto del jurado.

Esperaba que eso fuera cierto.

Capítulo 7

Sexo, drogas y a la mierda con
tu rock and roll

—No creo que tengamos un caso sólido, Jenni —el fiscal de distrito me confesó—. El video de vigilancia estaba demasiado lejos para ver realmente con suficiente detalle y confirmar que fue un secuestro. La sodomía forzada es su palabra contra la de él y como no eyaculó dentro suyo, no hay suficiente ADN del kit de violación para tener un caso sólido. Solo quiero que sepa que es muy posible que él salga libre.

Estaba en casa de Randy, acariciando a sus siete gatos cuando contesté la llamada. Ahora Oscar seguro me mataría. ¿Cómo era esto posible? Mi rostro se cubrió de lágrimas, Randy vio que había recibido malas noticias y apagó la televisión.

— ¿Qué pasa con la piel debajo de mis uñas? ¿Qué hay sobre mi cuello uterino jodido y los rasguños y moretones en todo mi cuerpo y el alambre de esa cerca del campo en sus llantas?

Escuché el suspiro del fiscal de distrito por teléfono.

—Mire, como padre yo mismo, puedo decirle que estoy indignado, solo le estoy contando lo que sé. Si él sale libre, usted puede llenar una orden de protección de víctimas en su contra que lo previene de acercarse a usted. Esperemos lo mejor.

Oh, sí: el programa de protección de víctimas, seguro, vaya eso me protegería. Colgué el teléfono y le dije a Randy lo que me habían dicho y, si bien sabía que Randy me ayudaría a sentirme segura de todas las formas posibles, él no podía protegerme de mis pesadillas. Nadie conocía el miedo ardiente que me causaba el simplemente caminar a la esquina, una orden de protección no me salvaría de las posibilidades que pasaban por mi cabeza cada vez que cerraba los ojos, así como no me protegería de despertar todos los días con la rabia y el dolor que llevaba en contra de mi madre y mi violador. Odiaba estar dentro de mí y cada vez que bajaba la velocidad de mi rutina cotidiana de tanto trabajo, podía sentir el ácido que corría a través de mi cuerpo y de mis venas. Al día siguiente, el fiscal me llamó de nuevo, obviamente esperaba saber que Oscar había sido liberado, en cambio, el universo me dio una luz verde muy sorprendente.

El día anterior, justo después de nuestra llamada telefónica, Oscar había llamado a su abogado solicitando una reunión. Se derrumbó y lloró delante de las autoridades diciendo que había tenido un ataque de conciencia y que era culpable, confesó sus crímenes. Le dieron quince años con posibilidad de salir después de diez años bajo libertad condicional. Fue acusado de secuestro, sodomía forzada y violación en primer grado, estaría en prisión durante al menos diez años.

—Tiene un ángel —me dijo el fiscal—. Si Oscar hubiera sabido que no era un caso sólido, no habría confesado. Dios le concedió un milagro, jovencita.

Sí, gracias a Dios por sus maravillosos y jodidos milagros.

***

Inmediatamente después de la condena, fui a una psicóloga gracias a un servicio que ofrecía mi universidad y que le daba a los alumnos dos sesiones gratis. No tenía medios para pagarle a nadie más y definitivamente no tenía la voluntad necesaria para ahondar en el proceso de encontrar a alguien. Aparentemente hacer las tareas más simples en mi estado de existencia era prácticamente imposible.

Solo estuve en la oficina de esta psicóloga del campus durante unos 10 minutos, mirando en silencio todos los libros que cubrían la oficina de pared a pared. Vestía un traje beige con tacones altos en juego con el traje.

—¿Alguna vez ha sobrevivido a una violación o cualquier tipo de trauma? —le pregunté.

—No —respondió con mala gana, sorprendida por la pregunta directa—. Pero tengo un doctorado en psicología con especialización en ayudar a mujeres que han sufrido traumas sexuales.

Podía abanicar su cara con su diploma de doctorado y haber estudiado mucho, pero alguien con solo un título no podía ayudarme y yo sabía que nunca confiaría en ella. Solo podía imaginarme siendo capaz de conectarme con alguien que hubiera pasado y superado una situación parecida a la mía, así que metí todo muy en el fondo de mí, esperando que tal vez un día conocería a alguien que pudiera ayudarme. Me levanté y me fui sin decir una palabra y nunca más miré hacia atrás, después de eso, no volvería a buscar ayuda otra vez hasta que, más tarde, mi autodestrucción me llevó a un pozo infernal. Incluso aunque me había matriculado en un par de cursos avanzados de español para ese semestre, no había manera, psicológicamente, de que pudiera ir a clases. Ni siquiera tenía la fortaleza mental para procesar dónde ir para retirarme de ellas, así que no lo hice y ese fue el primer semestre que suspendí, muy lejos de mi promedio perfecto de la universidad.

✳✳✳

Mi papá vino un par de veces para llevarme a la tienda para comprar comestibles, no sabía exactamente de qué hablar con él, no estaba lo suficientemente segura emocionalmente con él para decirle la verdad sobre mi condición, ni cuando era pequeña, ni en ese momento tan terrible, aunque apreciaba que me llevara a hacer las compras. Mi agradecimiento fue interrumpido cuando me golpeó con su larga lista de preguntas sobre por qué reprobé mis clases, me recordó que él pagaba mi seguro de automóvil y que eso dependía de que estuviera inscrita en un programa de la universidad, además de ello, me dio un sermón sobre cómo necesitaba averiguar bien hacia dónde iba con mi vida.

Luego, me recordó que su oferta de ayudarme todavía era válida y que podía ir a vivir con él en su cuarto extra para poder concentrarme en las clases y no trabajar tanto para pagar el alquiler, también me recordó que era mi elección si quería tomar la ruta difícil. *Sí papá, todo ha sido siempre mi culpa.* La gota que derramó el vaso fue cuando me dijo que mi mamá había estado tratando de contactarlo para preguntar por mí pues quería ver mi nuevo apartamento y compartir este difícil tiempo conmigo; no quería ser el intermediario entre nosotras.

Me maravillé de cómo era posible que otro humano no pudiera entenderme y mucho más siendo mi padre. Agregué unas cinco razones más a mi lista de mil para no permitirle volver a acceder a mi vida. Durante el camino me quedé en silencio, escuchando sus ofertas sin compasión, vacías de empatía y que invocaban condiciones. Coloqué más piedras en mi pared interna para evitar la entrada de más dolor.

***

Randy y yo tuvimos tantos apartamentos listos en los dos meses que trabajamos juntos que todos, excepto dos, fueron alquilados. El dueño decidió que Randy podía manejar las cosas por su cuenta, pero que yo podía seguir ayudando medio tiempo. Acepté la verdad, era hora de encontrar un trabajo de tiempo completo. Para mí era obvio que, si dejaba de moverme, me hundiría y luego Gracie y yo nos quedaríamos sin hogar. Encontré un trabajo de tiempo completo en una clínica médica concurrida cerca de donde vivía, trabajando como recepcionista bilingüe.

Randy me dio un regalo durante el tiempo que pasamos juntos, me enseñó a correr. Le dije que siempre había odiado correr, era una corredora lenta y que cuando estábamos obligados a correr en clase de gimnasia en la escuela siempre era la última, era miserable, me dijo que él también era un corredor lento, que estaba bien correr a mi propio ritmo. Luego me enseñó un patrón de conteo que había aprendido en el ejército, eso me ayudaría a medir el ritmo de mis pies mientras corría. Un día corrí un kilómetro completo, luego pude correr cuatro kilómetros y en poco tiempo pude correr diez kilómetros sin parar, esto me dio poder para sobrevivir y seguir avanzando.

Casi al mismo tiempo, encontré un anuncio de un programa de pregrado en un colegio comunitario local para interpretación y traducción de español. Me animé a inscribirme en clases para el semestre de primavera de 2007, pensé que siempre que pudiera estar donde se hablaba español y participar con la comunidad latina local, podría estar conectada con los latidos de mi corazón de alguna manera. Si podía mantenerme ocupada cada minuto del día, no tendría tiempo para pensar ni sentir el desastre de lo que pasaba en mi interior.

De la forma en que funciona la ayuda federal para estudiantes, todavía estaba considerada como dependiente de los impuestos de mi madre para poder aplicar para una beca del gobierno. Desde que la había sacado de mi vida debido a su traición, ya no estábamos en contacto y no podía usar su información para mi ayuda financiera. Trabajé horas extras para ahorrar suficiente dinero para mi matrícula y mis libros. Solo éramos Gracie y yo en este mundo que me había mostrado el frío y la crueldad y que me había convencido de que estaba en contra mía. *No confío en nadie*, pensé. *La gente que debería haberme cuidado y protegido más en mi vida me hicieron el daño más grave que uno puede hacer.*

***

Un par de meses después de comenzar mi nuevo trabajo, las heridas de mi trauma todavía supuraban dentro de mí y comenzaron a manifestarse como ansiedad severa, trastorno de estrés postraumático y depresión. No sabía en ese momento qué era el trastorno de estrés postraumático, pero la comprensión de eso llegó después.

Ahora que mi violador estaba tras las rejas, la miseria de vivir las secuelas comenzó. Tenía pesadillas nocturnas que me despertaban con sudores fríos, tenía ataques de pánico que calmaba poniéndome sobre el fregadero a respirar en una bolsa de papel. Con o sin ayudas para dormir, podía estar despierta durante días y en ocasiones estuve a punto de tener una sobredosis de somníferos, desesperada por conseguir algún tipo de descanso.

Ambos extremos afectaron drásticamente mi capacidad para funcionar en el trabajo.

Lidiar con la pérdida de memoria a corto plazo asociada con mi condición y aprender nuevas tareas en el trabajo era casi imposible. Mis compañeros de trabajo y pacientes se llevaron la peor parte de mis errores, ellos me explicaban las cosas una y otra vez, pero mi mente no podía retener nada.

Algo tan simple como entrar a una tienda para comprar cigarros y oler a alguien que olía a mi violador me causaba un desmayo. Estaba aterrada de que mi mamá o su nuevo novio (mi ex) se enteraran dónde trabajaba y entraran por la puerta principal. Siempre me sentí en peligro, nunca me sentí segura al salir de mi apartamento o conducir al trabajo, no podía ir a la tienda sin sentirme en peligro. Nunca me sentí segura despierta ni dormida, no tenía adónde ir, no estaba segura en ninguna parte en el exterior de mí y menos dentro de mí.

***

Un día estaba en el trabajo sacando unas copias y de la nada tuve un recuerdo de la violación. Estaba en ese campo, el aire olía como ese día en ese terreno baldío, estaba de espaldas siendo violada y el olor de su sudor y su aliento de alcohol agrio estaban por toda mi cara.

"Te voy a matar."

Las palabras resonaban en mis oídos, armonizando con la impresora.

—Jenni.

De repente volví a la realidad. ¿Dónde estaba? Estaba en la sala de fotocopias del trabajo, alguien me necesitaba y tenía que hacer mi trabajo. Espera, ¿cuál era mi trabajo?

—Jenni —dijo la voz de nuevo. Miré hacia la puerta donde una compañera de trabajo asomaba la cabeza por la esquina—. No podemos retirar a nuestro próximo paciente hasta que tengamos esos formularios de privacidad. Cualquier día sería genial. También tenemos una paciente hispana esperando hablar con alguien en español, ella ha estado en espera por un tiempo.

Oh, mierda. ¿Cómo podría hablar en español con una paciente ahora? Recogí la pila de papeles que se estaban terminando de imprimir, estaban calientes en mis manos.

Me acababan de volver a violar, las paredes se estaban cerrando, mi garganta se estaba cerrando, todo se estaba cerrando. Sentí gusanos arrastrándose a través de mí, tanto dentro como fuera, esos malditos gusanos, necesitaba vomitar. Corrí al baño, me atraganté en mis lágrimas y vomité antes de convencerme de que podía enfrentarme al público. Me limpié la cara y luego puse una sonrisa porque no podía revelar a nadie mi secreto.

Cuando llegué a mi escritorio, mi celular estaba sonando como loco, tenía varias llamadas perdidas de mi mamá. Entre todas esas llamadas y los horribles recuerdos en ese día caluroso en un terreno baldío, era demasiado a la vez, la bloqueé inmediatamente

Dejé de comer, de igual manera me sentía mal todos los días, pero también mi alimentación se sentía como una cosa que podía controlar en un mundo de caos. Todos los días sentía que tenía ácido dentro de mí, en mi corazón, estómago, cabeza e incluso en mi sangre. Odiaba dormir debido a los demonios que me esperaban en mis sueños, pero odiaba estar despierta porque mi realidad también era una pesadilla. Me acostumbré a padecer los dolores del hambre durante días y observé cómo mi cuerpo se desvanecía lentamente.

Pronto encontré liberación donde muchos lo hacen, en las botellas de licor que traía a casa después del trabajo. Finalmente encontré una manera de adormecer el dolor en mi interior. A la versión anterior de mí misma nunca le había gustado el sabor o el efecto del alcohol, pero ahora parecía el momento perfecto para volver a intentarlo. Los experimentos iniciales se convirtieron en un hábito y pronto en un ritual, todas las noches cuando llegaba a casa, encendía velas, bebía vodka barato de una botella de plástico con el estómago vacío y me cortaba mientras escuchaba música oscura.

Imaginaba que cada nuevo corte me hacía sangrar desde adentro hacia afuera. Tal vez si me cortaba lo suficiente y bastante profundo, eventualmente toda mi ira y dolor sangrarían y se irían fuera de mí. Me ponía mangas largas debajo del uniforme del trabajo para cubrir mis heridas.

Iba a trabajar con resaca todos los días y sabía que solo podría mantener esa realidad detrás de la cortina por poco tiempo más.

***

Mi mejor amiga Lisa llegó a la ciudad de Oklahoma sin un lugar donde alojarse, ella y yo nos habíamos conocido en la secundaria hacía años cuando ella se sentó a mi lado en la clase de economía y me pidió prestado un lápiz, desde ese momento nos volvimos mejores amigas.

Se estaba quedando en mi sofá, recogiendo los pedazos de su vida que había sido devastada por sus propios traumas. Era abrumador compartir espacio con alguien que lo necesitaba, pero también era un consuelo que ella estuviera allí, de alguna manera, saber que alguien dependía de mí para mantenerse viva también me ayudaba a mantenerme viva.

Éramos la única familia que teníamos y mientras nos mantuviéramos unidas, tal vez podríamos salir adelante. Traté de darle lo que yo más necesitaba: un escudo contra la crueldad de los golpes de la vida. Asumir el papel de cuidadora era algo que conocía bien y me dio una excusa para aferrarme y evitar hundirme más profundamente en un mar de oscuridad.

Fue en las vacaciones de Navidad de 2006 cuando Lisa y yo nos mudamos juntas a un nuevo lugar. Debido a que había reprobado mi semestre de otoño de 2006, tuve que encontrar un nuevo programa de pregrado y tenía planeado comenzar las clases en enero. Tenía sentido mudarnos cerca de mi nueva escuela, así que encontré un apartamento barato en una zona con una horrible reputación, pero que era todo lo que podíamos pagar. El apartamento estaba a un par de cuadras de una parte de la ciudad de Oklahoma más conocida por las drogas, las fiestas y los clubes donde las mujeres bailan desnudas en todas las esquinas.

Una noche, conocí a un chico en línea y lo invité a casa para hacer una fiesta. Al comienzo de la noche no sabía que éste sería el día en que tendría mi primera experiencia usando éxtasis. Una vez que el beber se convirtió en mi nueva normalidad, beber todos los días ya no era suficiente para matar el dolor en mí, necesitaba algo más. Es por eso que empecé a decir que sí a cualquier cosa.

El éxtasis me llevaba a una tierra mágica sin angustias, mi realidad actual y todos los monstruos dejaban de existir. Por veinte dólares podía comprar suficiente éxtasis para que mi paseo en alfombra mágica durara todo el fin de semana. Lo que empezó como una divertida noche de viernes se convirtió en una fiesta de fin de semana, lo cual se convirtió en una manera de vivir que me ayudaba a pasar la semana. Finalmente, lo usaba casi todos los días.

Me amaba cuando estaba en éxtasis. Cuando golpeaba mi sistema, era como ponerme un par de anteojos nuevos y mirar al mundo. Esos anteojos me quedaban perfectamente y necesitaba un par que combinara con cada uno de mis atuendos. Estrenar nuevos accesorios significa usarlos tanto como sea posible hasta que se vuelven parte de ti y eso es lo que hice, me "ponía" mi nueva droga cada minuto que podía.

Estaba perdiendo mucho peso, incluso se podría decir que estaba muy delgada. Pasaba horas mirándome al espejo, me encantaba ver mis mejillas hundidas y adoraba mis nuevos hombros femeninos y delgados.

Mis hombros parecían los de una dama elegante en un comercial de diamantes, con piel resplandeciente cubierta sólo con un exquisito y ceñido vestido negro. Mis hombros eran el tipo de hombros a los que un elegante caballero cubriría con su chaqueta para proteger a su dama del frío mientras la guiaba por la pista de un opulento salón de baile. Cuando estaba jodida por el éxtasis, era la elegante, la mujer respetable a la que un príncipe se abalanzaría para salvar, no el tipo de perdedora imbécil de la vida que los hombres violan y cuyos novios follan a su madre.

Cuando estaba drogada, me ponía todo el maquillaje y me vestía elegantemente, soñando cómo se sentiría vivir la vida de una mujer de esa calidad. ¿Cómo sería despertar dentro de su vida? Fingía ser mi actriz favorita con millones de dólares o cantar para una audiencia de un millón de personas esperando en el borde de sus asientos para que cantara una última canción, era Adele. Cuando consumía éxtasis, podía teletransportarme a cualquier realidad que quisiera, vivir cualquier vida y en ese momento, quería ser cualquiera menos yo, por eso odiaba la bajada. El bajón se sentía como mudarme de una mansión ubicada en mi pedazo de paraíso favorito a un remolque pequeño en un parque de metanfetamina con cucarachas. Cada bajón me pegaba más fuerte, tanto que me dejaba en lugares más oscuros de los que había comenzado.

Milagrosamente, todavía asistía a mis clases y me encantaba estar en ellas. Traducir material difícil y aprender nuevas cosas de mis instructores me hacía cosquillas en lo que me apasionaba. Durante una de esas clases, conocí a la Dra. Dearner, era tan amable y apasionada por impartir sus conocimientos como traductora. Su doctorado era en lingüística y era traductora profesional de seis idiomas.

En clase, soñaba despierta con Cozumel, sabía que el propósito de mi vida era viajar y amar a la gente de diferentes culturas, pero esa aventura radical que había emprendido cuando tenía diecinueve ya parecía como si hubiera sido hacía toda una vida. Ahora, el simple hecho de salir de la cama parecía imposible, ni qué hablar de encontrar el coraje para viajar al extranjero de nuevo, pero ese sueño era una brasa ardiente en lo más profundo de mí a la cual no pude darle vida durante mucho tiempo. Gracie a mi lado y las clases eran lo único que me mantenían viva. Siempre me presentaba a clase borracha, drogada con algo y, por esa razón, agotada, pero siempre llegaba.

Capítulo 8

Intervención, Rehabilitación y Alex

Unos meses después, estaba en mi cama enferma, recuperándome de una fiesta super intensa que había durado más días de lo que recordaba. Lisa entró en mi habitación y se sentó en mi colchón (yo todavía dormía en el piso), pero no la miré.

—Estás enferma — dijo—. Jenni, no puedo ver otra persona morirse a causa de las drogas y el alcohol, toma una decisión, elige hacer un cambio y estaré contigo en el camino de ese cambio. Elige cambiar o me voy.

Ya me habían despedido de mi trabajo por llegar tarde, aparecer borracha o drogada. Nunca era capaz de cumplir con mis deberes laborales porque estaba muy cansada. Por meses tuve sexo interminable y vacío con otras personas totalmente inmersa en el mundo de las drogas.

Elegir entre la vida y la muerte en ese momento parecía demasiado grande para mi fuerza interior. Todo lo que sentía adentro era un vacío tremendo bastante lejos de cualquier tipo de realidad. Estar sobria y presente era insoportablemente doloroso, pero querer permanecer fuera de mi piel por medio de las drogas y el alcohol tenía consecuencias graves. Todo lo que quería era estar drogada y desvanecerme poco a poco, eventualmente ir convirtiéndome en polvo que el viento llevaría a algún lugar lejano, a alguna tierra nueva o a nuevas aventuras. ¿Cómo había llegado a tocar fondo?

Lisa estaba esperando una respuesta. ¿Quería que ella llamara a mi mamá? ¿Necesitaba ayuda para tomar una decisión? ¿Estaba dispuesta a ir a rehabilitación?

No había hablado con mi madre en un año y no podía pagar la rehabilitación, así que me tomé unos días para pensar en qué quería hacer, quedándome en el apartamento sucio del hombre que vendía drogas, fumando cigarros uno tras otro, follando y estando jodida. La gente entraba y salía, compraba su droga, algunos se quedaban para fumar, oler, inyectar, tragar, follar y luego se iban.

¿Qué pasaría si dejara todo y me quedara aquí? ¿Podría vender mi cuerpo para vivir y consumir drogas todo el maldito día, todos los días? Si me mantuviera adormecida debido a tantas drogas, no sentiría la consecuencia de mis decisiones de todos modos. ¿Cuál era el punto de mantener un trabajo solo para vivir y pagar las facturas? No, ya no podía, no me importaba. Los humanos son la única especie que tiene que pagar para vivir y quería más para mi vida que perseguir un plan de estudios para un trabajo fantasma. ¿Quién sabía si el trabajo fantasma podría pagar facturas y darme una mejor calidad de vida de todos modos? Nada sobre ser un hámster en una rueda parecía una mejor calidad de vida para mí.

Cuando no volví a casa durante unos días, Lisa llamó a mi mamá sin esperar mi respuesta, sentí que era una gran traición en ese momento, pero más tarde entendí que fue un acto de amor, salvó mi vida. Cuando habló con mi mamá, le contó absolutamente toda la cruel realidad de lo que había sido mi vida durante ese último año. Por supuesto, mamá se había estado preguntando por meses dónde vivía, lo que hacía e incluso había llamado a mi papá. Fue entonces cuando recibí el mensaje de voz de mi papá recordándome que su nombre estaba en el título de mi auto y dado que yo estaba involucrada en "comportamientos nefastos" esto podría dañar su imagen. Vendría a llevarse mi auto.

***

Resulta que mi mamá se acercó a mi papá para pedirle ayuda financiera para ingresarme a un programa de rehabilitación, entonces él le dijo que estaba cansado de tratar de ayudarme y le dio la espalda. Fue entonces cuando ella se acercó a algunos de los miembros de su familia que tenían recursos para ayudarme y me registró en un programa de treinta días en un lugar llamado Valle de Esperanza, el cual quedaba en medio de la nada a una hora al norte de la ciudad de Oklahoma.

Decir que la rehabilitación fue una experiencia intensa es poco decir. Ya estaba entumecida y muerta por dentro, pero siempre había sido la torre de poder para todos en mi vida, incluso para mi madre durante toda mi infancia. Estar en su asiento del pasajero, enferma como la mierda, siendo transportada a rehabilitación, estaba más allá de lo surrealista. Los paisajes pasaban zumbando y realmente no tenía ganas de vivir, sabía que estaba en una encrucijada, pero no tenía las fuerzas para elegir un camino, ni me importaba.

Después de registrarme, inspeccioné mi habitación, la mesita de noche tenía folletos sobre adicciones con el nombre del lugar impreso sobre ellos: "Valle de Esperanza," decía. *Esperanza, mi culo.* Aunque no lo supe en ese momento, llegué a aprender más sobre drogas y adicción estando ahí adentro de lo que aprendí estando afuera. Lo odiaba, en ese punto odiaba a todos y todo, pero, sobre todo, a mí misma.

Durante mis primeras veinticuatro horas allí, me hice una con mi litera y me negué a dejarla. Dormía, escribía e ignoraba cualquier señal de vida a mi alrededor, odiaba la comida y odiaba comer, odiaba a la gente hablando y el sol brillando a través de mi ventana, odiaba sus consejos sobre adónde ir y cómo vivir mi vida, como si supieran algo de mí.

Déjenme hacer las cosas a mi manera, idiotas.

Sabía que mi propio camino me estaba matando y sabía que necesitaba una intervención y también eso odiaba.

Después de veinticuatro horas de esconderme bajo mis sábanas, mi consejera asignada golpeó fuerte a mi puerta. Ella me informó que habría terapia de grupo todos los días y tres comidas por día y hasta ese momento, parecía que yo había estado ausente de ambas cosas. Si continuaba haciéndolo, no cumpliría con las expectativas requeridas para salir de mi programa después de treinta días. Sorpresa, también la odiaba a ella.

Probé terapia grupal e incluso intenté hablar cuando era mi turno, miré a mi alrededor y me di cuenta de que había pasado un año desde esa horrible semana de julio cuando mi vida se quebró en un millón de pedazos. Mi vida consistió en convertirme en una adicta a las drogas y allí estaba yo, en un metafórico choque de trenes, en una rehabilitación llena de campesinos sureños con boca de metanfetamina. ¿Cómo diablos fue que llegué aquí? ¿Cómo salgo de aquí? ¿Cómo se suponía que iba a hablar sobre lo que había pasado con esta gente desconocida?

Cuando fue mi turno de hablar, tuve un ataque de pánico y corrí, después de eso, me sentaba en silencio en las sesiones de grupo para que la enfermera de la esquina comprobara con sus gafas encaramadas en su nariz mi asistencia.

Iba a la cafetería y removía la comida en mi plato lo suficiente para que mis niñeras apuntaran en su papeleo que había comido. Cuando la gente de mi mesa se levantaba para ir a fumar, después de las comidas, iba con ellos. Siempre me quedaba callada e incluso cuando alguien del grupo me indicaba para que participara en la conversación, ignoraba las señales de otros y me quedaba mirando al suelo. Solo quería fumar con ellos y escuchar sus locas historias, las dos chicas que estaban allí por la adicción a la metanfetamina bajaban hasta la cerca de la propiedad para drogarse.

Una de las dos ya estaba muerta, podía verlo en sus ojos. Era solo cuestión de tiempo antes de que su cuerpo físico se rindiera, se veía terrible y no podía dejar de mirarla, su piel amarilla, los dientes pudriéndose en su boca y los ojos hundidos. Estaba aquí por una orden judicial para asistir a rehabilitación.

La segunda niña era adicta a la ketamina, se veía tan mal como la chica de la metanfetamina. Tenía marcas púrpuras arriba y abajo de sus brazos, pies y cuello. La muerte también se la había llevado, pero se veía diferente, ella tenía solo veinticinco y ya se veía tan vieja como si estuviera pudriéndose de adentro hacia afuera. Me preguntaba qué tipo de heridas tenía en su ser que permitía que la muerte se apoderara de ella a una edad tan joven. Sabía cuáles eran algunas de las mías y cómo dolían, las suyas tenían que ser peores.

Otra paciente compartió sobre su adicción a los opiáceos, que comenzó con una lesión deportiva y una receta de hidrocodona. Cuando tocaba fondo, enviaba a su hijo a jugar con sus amigos con instrucciones de revisar los botiquines en los baños de sus casas para ver si había pastillas ahí.

Fumé mis cigarros mentolados uno tras otro mientras los escuchaba alardear de sus locas historias de drogas, cuando me di cuenta de que alguien había estado vomitando violentamente en el fondo durante toda nuestra conversación. Comencé a preguntarme qué era eso, pero me ahorré el acto de abrir la boca cuando alguien mencionó que a la nueva persona se le estaba pasando el efecto de la heroína.

Mierda, nunca había estado cerca de la heroína ni de nadie que usara eso, solo la había visto en películas. De una cosa estaba segura: nunca había escuchado a alguien tan jodidamente enfermo en mi vida. ¿Qué podría enfermar TANTO a alguien? Me di cuenta de que eso era lo que Lisa había visto en mí y por eso se había asustado tanto. La muerte también me estaba acechando, por eso solo me sentía fría y dura por dentro, me había adormecido para no sentir a esos malditos gusanos devorarme viva.

✳✳✳

A la mañana siguiente, mientras jugaba con mis huevos, noté a esta hermosa criatura sentada al final de mi mesa. Su cabello brillante y rizado caía en cascada alrededor de su rostro, mientras se enfrentaba a un bloc de dibujo en la mesa.

¿Quería desayunar conmigo? No. Él era la persona que había estado tan enferma por la heroína. Nos conectamos instantáneamente y pasamos los siguientes tres días sin dejar la compañía del otro, a pesar de su belleza exterior, no había atracción sexual entre nosotros. Nuestra conexión era puramente emocional y espiritual, estábamos destinados a cruzarnos.

Tenía veintiocho años y solo le faltaban tres clases para terminar su licenciatura en música, tocaba tanto la guitarra como el piano y su voz era la voz de un ángel. Había pasado un semestre en España, así que hablábamos solo en español, algo que nos hizo felices a los dos.

Imaginé lo hermoso que sería conocer a alguien como él mientras exploraba las calles de España. ¿Qué había abierto el abismo entre la hermosa vida que había vivido y la vida que estaba viviendo ahora mismo? No pasó mucho tiempo antes de que lo averiguara. Dos años antes de conocernos tuvo un accidente automovilístico. Su prometida, que estaba embarazada, había muerto. Ese mismo accidente lo dejó con profundos dolores crónicos en la espalda y el corazón, usó las pastillas que le recetó el doctor para tratar ambos dolores, lo que finalmente lo llevó a una adicción a la heroína.

Me encantaba mirar sus rizos, eran brillantes y atrapaban la luz justo cuando los tiraba hacia atrás para recogérselos en una cola de caballo. Compartía recuerdos de su prometida, cómo había sido ella su primer amor, sobre el embarazo de su primer hijo e incluso sobre la gran discusión que habían tenido la noche del accidente de auto, el dolor era su motivación para permanecer insensible. Por supuesto, él quería escuchar mi historia, pero por lo general me quedaba callada, me gustaba escuchar porque entonces mi mente no estaba sola, odiaba estar sobria, me dolía.

Además, estaba muy prevenida de contarle mis secretos, estaba segura de que no le agradaría. Yo me odiaba y seguramente si él sabía lo que había dentro de mí, vería todas las razones para odiarme también.

Era mi quinto día en rehabilitación y estábamos acostados en el pasto mirando las estrellas que llenaban el famoso cielo de verano de Oklahoma.

—Nunca dejaré la heroína —dijo con total naturalidad mientras se aclaraba la garganta. Suspiró y me miró. Su declaración tranquila y decidida rebotó en cada hoja del pasto alrededor de mi cabeza.

Pensé que tal vez lo había entendido mal.

—¿Eh?

—Solo estoy aquí porque me quedé sin dinero para drogas, aquí me dan pastillas para ayudar con el bajón, no hay forma de bajar sin ayuda.

Dijo estas palabras mientras estudiaba mi rostro, buscando retroalimentación o una respuesta, no le di ninguna por fuera, aunque los pensamientos de mi cabeza eran un torbellino.

—¿Entonces qué? —persistí —. ¿Vas a tener cincuenta años y aun vas a estar haciendo estas mismas pendejadas de mierda?

—No —respondió en voz baja —. Solo hay dos opciones para mí, este camino termina con la prisión o la muerte, pero dejar de usar heroína no es una de esas opciones, no puedo imaginar mi vida sin ella, preferiría morir.

Me quedé callada, dejando que esas poderosas palabras resonaran, me di cuenta de que él ya se había muerto.

—¿Alguna vez has visto a alguien inyectarse?

Negué con la cabeza.

—Un amigo vino a verme antes y me trajo algo de droga. ¿Quieres verme inyectarme, Jenni?

Un poco me intrigó el verlo hacerlo, no podía imaginar estar lo suficientemente desesperada como para pincharme el brazo con una aguja.

—Claro —respondí en voz baja, se levantó y me dio una mano para levantarme. En Valle de Esperanza, hombres y mujeres se quedaban en literas separadas, así que caminamos juntos hacia su dormitorio.

— Jenni, mi familia me odia, he robado todo lo que he podido de cualquier lugar que pude para conseguir droga. Mis padres acaban de pagar esta estadía en la rehabilitación, desesperados por cualquier intento de salvarme. Ellos piensan que algún día la dejaré, que algún día me salvarán. Mi amor por la heroína es mucho mayor que cualquier dolor que le cause a alguien más, es un monstruo que me ha superado, Jenni. Me odio a mí mismo por el dolor que le he causado a tanta gente, pero drogarme lo adormece todo.

Encendí un mentolado para compartir con él y escuché nuestros zapatos crujir en la hierba. Sabía que no debería estar allí, si un empleado de ahí me encontraba en los dormitorios de los chicos haría una anotación negativa en mi historia clínica y ya tenía muchas por evitar comidas y actividades grupales. Nos guió por un camino más escondido y me dijo con calma que sabía que su compañero de cuarto estaba cenando y luego recibiría una visita de un miembro de la familia, por lo que tendríamos al menos una hora. Me pregunté si el visitante de su compañero de cuarto también estaba llevándole drogas tal como lo había hecho antes el amigo de Alex.

Una vez dentro del dormitorio, me metió en el baño y cerró la puerta, luego usó una pequeña herramienta de su bolsillo para desenroscar la barra de toalla junto al fregadero, la respuesta a sus problemas estaba escondida ahí dentro: una jeringa y heroína. Sacó un cordón de su zapato y agarró una cuchara de la taza de café junto al fregadero, me pregunté si estratégicamente había colocado esa taza y cuchara allí horas antes, en anticipación de este momento secreto.

—Ya he perdido todo lo que alguna vez fue importante para mí en mi vida —explicó mientras preparaba su heroína. Lo vi mezclar heroína y agua en la cuchara y meterla en la jeringa, expulsando el exceso de oxígeno.

—Nunca has llegado a este punto, no eres como yo, no es demasiado tarde para ti, todavía tienes una salida, tú no estás destinada a esto, aún puedes salvarte.

Se sentó en el inodoro y me mostró dónde atar el cordón del zapato en su brazo, encontró la vena perfecta y se inyectó.

Sentí que una pesadez me golpeaba como una bolsa de ladrillos, sentí presión en mi pecho y como se me cerraba la garganta. Sus ojos rodaron hacia atrás mientras se desplomaba contra el inodoro y su cabeza golpeaba la pared. ¿Había tenido una sobredosis? Me retiré del baño lentamente, asimilando el horror de la escena que acaba de ocurrir directamente frente a mis ojos, me senté en la cama y lo miré temblar.

Él nunca tuvo intención de estar aquí, pero había tomado una decisión a la vez, una mentira a la vez y la muerte estaba llevándoselo cada vez un poco más. La habitación estaba llena de muerte y oscuridad en ese momento, la película *Destino Final* me vino a la mente, pensando en cuando la muerte se deslizaría para matar gente de forma aleatoria.

¿Cuántas mentiras me separaban de estar en ese momento, así como él? No creía que fuera demasiado tarde para mí, pero ¿lo era? Si yo realmente quería que mi vida terminara, ¿quería hacerlo así o en una manera más rápida? Me di cuenta en ese momento que no quería morir, vi a Alex y me di cuenta de que era hora de luchar por mi vida.

Le envié un mensaje de texto a Randy de inmediato. "¿Puedes venir, por favor? Valle de Esperanza en Cushing, desapareceré de la noche a la mañana."

Él respondió: "Estaré allí a las tres de la madrugada."

Me escabullí de regreso a mi dormitorio. Estaba agradecida de encontrar que mi compañera de cuarto se había ido por completo. *Ella debe haberse marchado*, pensé. Me duché, hice la maleta e hice mi cama exactamente como estaba cuando la encontré el primer día que llegué. A las dos y media de la madrugada, me escabullí por la parte de atrás del edificio con mi bolso en mi espalda y me escondí en el bosque que rodeaba la primera entrada de la propiedad.

Cuando vi los faros del auto de Randy, le hice un gesto para que se detuviera, arrojé mis maletas en la parte trasera de la camioneta y nos esfumamos en una estrellada noche de verano.

Cuando salí de rehabilitación, le dejé a Alex una nota con mi número de celular y nos mantuvimos en contacto durante aproximadamente un año. Luego supe que se estaba quedando en el sofá de su traficante, sirviendo como mula a cambio de drogas. Cuando hablábamos por teléfono, me contaba cuántas armas le habían puesto en la cara, que lo habían obligado a cometer un asesinato para su *dealer* y sobre todos los riesgos cercanos que había tenido con la policía.

Un día, dejó de responder a mis llamadas, no estoy segura de sí murió o finalmente fue a prisión, es muy probable que nunca lo sepa. Sin embargo, he pensado en él a través de los años y en mi corazón siempre llevaré la lección que me dio, de hecho, sus historias salvarían mi vida años más tarde cuando me enfrentaría a la adicción de nuevo, sola, en un país extranjero.

Capítulo 9

Post-rehabilitación

Randy me rescató esa noche y me llevó a su casa por unos días, era el lugar perfecto en ese momento. Vivía en un pequeño pueblo a treinta minutos al norte de la ciudad de Oklahoma en un lote de una hectárea a unas cuadras de la parte principal del pueblo. Había naturaleza y era tranquilo, al menos en comparación con lo que había estado lidiando últimamente.

No hubo tiempo para sentirme cómoda en casa de Randy, pues le habían notificado que solo tenía unos días para encontrar un lugar para vivir, ya que los dueños estaban ejecutando la hipoteca de la propiedad. Tenía que averiguar qué hacer con mi vida, mi alma necesitaba un lugar seguro para descansar durante mucho tiempo, pero no tenía ningún lugar para hacerlo. Si dejaba de moverme, la vida me pasaría por encima, la misma que ya me había demostrado que no podía depender de nadie más.

Casi un año después de esa semana infernal, aquí estaba yo, comenzando desde cero, sin automóvil, dinero ni trabajo, solo piezas dolorosas esparcidas dentro de mí que era un caos mayor debido a tanta fiesta sin fin y sexo vacío con desconocidos. Sabía que necesitaba empezar a ver a una psicóloga o alguien que me ayudara con todas mis heridas internas, no se trataba solo de elegir no consumir drogas, se trataba de dolores realmente más profundos que me llevaron al camino de las drogas.

Necesitaba abordar la raíz de esos dolores, pero no tenía tiempo ni dinero para nada de eso, si no empezaba a trabajar, me quedaría sin hogar. Tendría que tomarme el tiempo para sentir más tarde.

Mi papá seguía llamando.

—¿Dónde estás? —exigió saber—. Todavía tengo tu auto, tu hermano lo está usando mientras está en la ciudad, durante las vacaciones de verano, porque el suyo está en el mecánico. Solo da la orden y lo recuperaré para ti.

También me dijo que los miembros de la familia que me ayudaron a pagar mis gastos de rehabilitación estaban exigiendo saber si recuperarían el dinero, ya que renuncié antes de tiempo. Nadie estaba realmente preocupado por mí, ellos querían su dinero. Valle de Esperanza me había llamado cuando se dieron cuenta de que me había ido y me dijeron que estarían dispuestos a darme un reembolso parcial si les daba el nombre de la persona que tenía drogas en sus instalaciones. No había manera de que hablara, por lo que no hubo reembolso.

Nunca quise aceptar nada de mi papá de nuevo, sus regalos no solo estaban siempre unidos a condiciones, sino que ahora sabía que fácilmente me los quitaría si no aprobaba lo que yo estaba haciendo. Insistió en que me fuera a vivir con él, no pagaría el alquiler, podría quedarme con mi auto, ahorraría dinero y podría tomar clases. Siempre insistió en que necesitaba tomar ese camino, como si eso arreglara mágicamente todo. Le dije que lo pensaría para que me dejara en paz.

Necesitaba un lugar donde quedarme. Lisa estaba emprendiendo su propio camino, Randy era inestable, mi padre no era una opción que estaba dispuesta a tomar y no tenía amigos con casas o un sofá adicional donde pudiera quedarme con seguridad. Mi única opción era mi mamá.

Mi mamá insistió que me quedara con ella, quería un lugar en mi vida y se sentía con derecho a ello después de que había batallado para llevarme a la rehabilitación. Finalmente se había mudado a la casa que compró cuando me di cuenta de su traición con el que era mi novio en ese entonces, se mudó poco después de que mi vida se quebró en pedazos. De hecho, mi exnovio era pintor profesional, tenía clientes reconocidos de los barrios más ricos de la ciudad de Oklahoma y era quien había pintado de manera muy elegante la cocina y la sala de la casa nueva de mi mamá.

***

Recuerdo haber descubierto su traición después de que salí del trabajo a altas horas de la noche. Llamé a ambos teléfonos, pero ninguno respondió. Se me ocurrió que podría estar trabajando en la nueva casa de mi mamá y simplemente había perdido la noción del tiempo o tal vez tenían la música encendida y no podían escuchar sus teléfonos. Conduje hasta la casa y me alarmé cuando vi que los dos autos estaban allí, la casa estaba completamente a oscuras y nadie respondió a ninguno de los llamados a la puerta o al teléfono.

Supuse que debían haber ido a casa del vecino o algo, pero cuando descubrí la verdad, me sentí increíblemente estúpida. Era obvio que estaban allí y me habían ignorado, estaban en plena felicidad el uno con el otro y estaban bautizando la nueva casa de forma erótica. Sabía eso porque era lo que él y yo hacíamos cada vez que mi madre estaba en el trabajo. No había usado condón con él y me imaginé que él tampoco usó uno con ella, nunca imaginé compartir una cercanía tan íntima con mi mamá, me pregunté si al menos se lavó la polla antes de pasar de la una a la otra.

No quería vivir allí y nunca más quería visitarlos, no solo por los terribles recuerdos en esa casa, sino también porque Yukón sería siempre el hogar de mi violación y siempre estaría cubierto de periódicos con mi historia en primera plana. Todo el paquete era un barril lleno de detonadores para mí y no tenía idea de que haría para mantenerme lejos de las drogas.

***

Lisa había encontrado trabajo en la gasolinera OnCue en la esquina de Reno y MacArthur y podía conseguirme un trabajo si yo quería, lo cual sonaba mucho más interesante que repartir una pila de hojas de vida por todo el pueblo. Transitoriamente, me quedé en la casa de mi madre. Decidí que todos los recuerdos traumáticos serían una motivación para trabajar tan fuerte como pudiera para así poder irme de ahí. Por más que no quisiera hacerlo, tenía que ir a casa de mi padre y recuperar mi auto.

Unos días después, recibí una llamada para una entrevista en OnCue, así que las cosas estaban empezando a funcionar perfectamente. Tenía trabajo, había recuperado mi auto y era el momento de darlo todo. El gerente de la tienda había despedido recientemente a varios empleados por robar, así que tenía un horario fijo garantizado de cuarenta horas semanales y tantos turnos extra como yo quisiera tomar.

OnCue no solo me dio un sentido de autoestima y empoderamiento para volver a ser independiente después de la rehabilitación, sino que me dio la estructura para seguir una rutina saludable. Mientras más trabajaba, menos tenía que estar en la casa de mi mamá o en Yukón.

Hablaba tanto en español durante mis turnos como lo hacía en inglés y me encantaba ayudar a resolver conflictos a través de la interpretación. Me reconecté con mi amada cultura latina. Mis clientes y mi familia de trabajo eran la razón por la que me despertaba feliz todos los días para ir a trabajar. Eran mi manta de seguridad, mi escudo protector. Muchos de ellos entraban todas las mañanas para comprar un café grande, un paquete de cigarros y una dona, tener sus cigarros listos y comenzar su día con una palabra positiva y una sonrisa me hacía sentir importante para su rutina.

Uno de nuestros clientes habituales, que nunca olvidaré, fue Garvin, un veterano sin hogar que pasaba por la puerta trasera de la tienda. Había perdido las piernas, pero nunca tuvo un tratamiento adecuado para cuidar de sus amputaciones, los muñones se le estaban pudriendo, gangrenados, estaban cubiertos de gusanos que comían su carne viva. Mendigaba el tiempo suficiente para comprar una cerveza grande y un paquete barato de cigarro, dormía en un rincón entre dos negocios allí mismo en Reno y MacArthur.

Siempre estaba muy feliz y solía decir algo travieso para tratar de coquetear conmigo mientras tenía medio cigarro colgando de su boca sin dientes. Yo bromeaba con él, "Garviiiiiiinnnnn, ¡Ya estás borracho! ¡¿En dónde carajo has estado de fiesta sin mí?!" El gerente odiaba que entrara porque apestaba y obviamente alejaba a los clientes con sus muñones llenos de gusanos verdes y morados mientras daba vueltas en su silla de ruedas.

En ocasiones cuando era mi turno de limpiar la parrilla, guardaba en una bolsa de papel comida vieja que se suponía que tenía que tirar en la basura para poder llevársela a su escondite. Cuando acababa mi turno, llevaba comida vieja y un par de cervezas grandes y nos sentábamos a hablar sobre la vida. Era tan divertido, lleno de historias y tristeza.

Lo que deduje de sus historias es que sus heridas estaban relacionadas con el ejército. Cuando regresó de su misión en el extranjero, también regresó jodido de la cabeza por todo lo que vivió y no recibió ayuda. Empezó a beber y esto, con el tiempo, lo llevó a perder a su familia, lo que empeoró su adicción y finalmente se quedó sin un hogar.

Ninguno de los dos se dio cuenta en ese momento de lo mucho que teníamos en común, los gusanos que lo estaban comiendo vivo por fuera eran como los que yo había sentido por dentro. Nuestras historias se conectaban de manera abstracta, podía escucharlo y entenderlo de una manera que la mayoría no podía hacerlo debido a mi propio sufrimiento. En él pude ver las secuelas de lo que sucede dentro de un humano si no hay un proceso de sanación, sin embargo, no pude pensar en ello en ese entonces. No tuve tiempo para sanar o sentir, tenía que seguir trabajando duro o, de lo contrario, me volvería compañera de Garvin en la calle.

Después de tres meses de estar trabajando en OnCue, el gerente me llevó a la parte trasera de la tienda para preguntarme si estaría interesada en un puesto de supervisora de nivel dos en el lado sur de la ciudad. Esa área era mayormente hispana y estaban necesitando desesperadamente un supervisor bilingüe que le ayudara al gerente de la tienda durante el segundo turno del día.

Aproveché la oportunidad, no solo por los nuevos desafíos que tendría, sino también por el leve aumento de sueldo y los beneficios que me daría. El puesto estaba acompañado de un horario establecido, acordado de antemano, el cual me permitiría ser consistente con las clases que contribuirían a completar mi título técnico.

Aprendí a hacer inventario y pedidos de mercancía para la tienda. Disfrutaba supervisar y a los empleados que trabajaban durante mis turnos les encantaba ser parte de los mismos, éramos una familia.

Se me permitía hacer turnos adicionales si quería, lo cual hice para ganar ingresos extras. Hablaba en español todo el tiempo que estaba en el trabajo, mi sueño de viajar todavía estaba escondido. Aunque la diminuta brasa en mi apenas brillaba, todavía se sentía cálida en alguna parte. Conectar con los latinos y su cultura me ayudó muchísimo.

Mi moral era considerablemente más alta en comparación en donde estaba mentalmente solo tres meses atrás, parecía una eternidad desde que había estado al borde de la muerte en rehabilitación. Me mantuve lejos de las drogas y bebía de vez en cuando, pero esta vez tenía un impulso más fuerte en mi vida. Mis heridas seguían ahí, seguro, pero tenía una visión renovada de la vida.

La Dra. Dearner, quien era mi profesora favorita, me escribió con preocupación ya que no estaba matriculada en clases para continuar mi pregrado. Debido a que estaba trabajando tantas horas extra en OnCue, decidí que podría pagar clases durante el semestre de primavera y cuando se abrieron las inscripciones, me matriculé y pagué por adelantado.

Era el momento de buscar mi salida de Yukón e irme de la casa de mi mamá. OnCue ofrecía bebidas gratis a profesionales de servicio público tales como bomberos, policías y conductores de ambulancia. Me hice amiga de la mayoría de los policías y en ocasiones les ayudaba a interpretar en diferentes conflictos, ellos venían en grupos pequeños a la tienda cuando no tenían llamados y pasábamos el rato en mi mostrador. Después de estar trabajando un mes ahí, uno de los policías me compartió información interesante.

—Obama está ofreciendo un estímulo para las personas que están comprando casa por primera vez. Si tienes buen crédito, deberías considerar comprar tu primera casa. Tienes un salario fijo aquí y hay una gran posibilidad de que puedas obtener la aprobación de un préstamo hipotecario. Solo algo para pensar, mi esposa es agente de bienes raíces.

Arrojó la tarjeta de presentación de su esposa en el mostrador antes de salir con los otros oficiales para ir a atender un llamado.

Después de tener mi experiencia en el extranjero, nunca había considerado comprar una casa, al menos no en los Estados Unidos. Sabía que quería terminar mi título técnico antes de salir del país de nuevo y que necesitaba trabajar tan duro como pudiera para tratar de ahorrar para vivir en el extranjero. Comprar una casa ahora parecía algo demasiado grande.

¿Pero, lo era? No lo sabría a menos que lo revisara y descubrí que de hecho calificaba para un préstamo hipotecario. Empecé a buscar casas y encontré una casa cerca de mi tienda por un excelente precio. Era una casa de tres dormitorios y dos baños y estaba ubicada en un lote de esquina con un enorme patio que tenía un hermoso jardín. El pago estaba justo en el rango en donde quería que fuera por mis ingresos y mi presupuesto.

Sabía que, al firmar el papeleo, estaba comprometiéndome a trabajar tanto que nunca vería la luz del día. Temía arrepentirme si no lo intentaba. Finalmente tenía un trabajo estable y quería esa misma seguridad con el hecho de tener un hogar, especialmente después de tantas ocasiones de estar al borde de vivir en la calle.

Decidí dar el salto, iba a ser la dueña de una casa. Estaba preparada para hacer todo lo necesario para mantenerme a flote, sentí que estaba recuperando mi poder de alguna manera y por eso tuve esta fiesta de victoria interior por mi decisión.

Pero, el día de la firma, todo el camino a la oficina de la agente inmobiliaria no podía quitarme la sensación de que estaba cometiendo un gran error.

Capítulo 10

El nacimiento de mi primer negocio

A lo largo de un año, las cosas se mantuvieron tranquilas. Tomé algunas clases en la universidad y trabajé turnos extra. Mi papá y su nueva esposa obtuvieron un nuevo todoterreno, así que me hice cargo de su Jeep Liberty que tenían a la venta. Era mi primer automóvil "nuevo" y también mi primera vez teniendo que afrontar la obligación de un pago mensual por un vehículo. Financieramente no me sentía del todo bien entre el pago de mi hipoteca, el pago de mi auto y otras cuentas. Mi salario estaba siendo sobredimensionado. Sin embargo, tener un trabajo estable y un hogar me daba cierta tranquilidad en otro sentido. Por otro lado, y a pesar de lo que estaba viviendo, en la universidad logré obtener un cuatro. Me había aferrado a la universidad y sentía que estaba construyendo mi camino fuera de la oscuridad mientras me mantuviera lejos de las drogas.

Empecé a salir con un chico que venía con frecuencia a mi tienda solo para verme entre semana. Finalmente cedí a sus invitaciones para ir a la iglesia con él. Había decidido darle una oportunidad esperando tener algún tipo de refugio de la tormenta que aún se formaba profundamente en mi interior y que asomaba su cabeza durante momentos raros. Me tomé el tiempo suficiente para parar y estar tranquila, sola. Estar con él en una iglesia latina con todo en español y conociendo familias latinas de diferentes países hispanohablantes me mantuvo conectada con ese lugar en mi ser donde la llama de mi alma ardía. Sin embargo, ya no era tan brillante como antes, era más bien un brillo débil que no podía dejar apagar.

Las cosas en el trabajo parecían ir muy bien. Amaba los desafíos que venían con mi rol en la gerencia y amaba a mi familia del trabajo (Amanda, Candy y Morgan). Desarrollé amistades con clientes regulares como Judy, Angela, David, Ron, Danny y Wanda quienes venían todos los días. Tenía un horario organizado que hizo posible que pudiera sostener mi itinerario de clases. Por primera vez en mi vida tenía un plan diario, un salario fijo y un ambiente personal que podía llamar hogar y que me fortalecía para ser exitosa. Mis clientes regulares y mi equipo de trabajo eran mi familia.

El pago de mi hipoteca subió poco a poco debido al seguro premium del dueño de mi casa, así que para poder completar los pagos renté una de las habitaciones de mi casa a una de las chicas que trabajaban para mí en mis turnos. Tenía un bebé recién nacido y necesitaba un espacio económico al cual poder ir, con el objetivo de alejarse de la relación tóxica que tenía con el papá de su bebé. Nos divertimos mucho y formamos una amistad que duraría el resto de nuestras vidas.

Las cosas estaban fluyendo sin problemas hasta que mi jefe empezó a acosarme sexualmente. Al inicio, me hacía comentarios sutiles que pensé que eran un malentendido. Había mantenido mi hábito de salir a dar largas caminatas y a trotar en las mañanas antes de ir a trabajar. Incluso mientras había personas alrededor, mi jefe decía cosas como "Amo cuando te pones esos pantalones cortos color caqui," (Lo suficientemente suave como para que nadie más lo pudiera oír), o decía "esas trotadas están realmente dando sus frutos."

Una vez cuando el camión de carga vino a traer la mercancía, mi jefe me dijo que era la única en la que confiaba para almacenar lo más importante en la bodega trasera. Lo descubrí al acecho en las sombras viendo como subía y bajaba de la escalera mientras organizaba los estantes más altos. Me dijo que lo había hecho intencionalmente para poder verme parada de puntillas.

La gota que derramó el vaso llegó justo después de un turno de diez horas un domingo a la noche. Estaba lista para irme a casa y estudiar para un examen que tenía al día siguiente. Ese día un empleado nuevo del turno noche no se presentó. Bajo las políticas de la tienda, era responsabilidad del gerente de la tienda el cubrir empleados que se ausentaban de su turno, sin embargo, cuando llamé a mi jefe, él me dijo que no vendría a trabajar. Me informó que vendría en su turno normal a las 6 a.m., por lo tanto tenía dos opciones: Uno, podía quedarme y cubrir el turno yo misma. Dos, podía irme y dejar que el gerente de la noche se las arreglara por sí mismo.

Elegí quedarme porque no tuve el corazón de poner a un miembro de mi familia de trabajo en una situación peligrosa como la de cubrir el turno noche, solo. Sabía que algo grande tenía que cambiar, pero no estaba muy segura de qué hacer. Cuando mi jefe llegó a las seis a.m. para empezar su usual turno de lunes por la mañana, ya tenía el horario de la semana listo. Había cambiado mis horas y me había asignado un turno literalmente para ese mismo lunes, lo cual significaba que tendría que ir a clases, tomar mi examen, tratar de tomar alguna clase de siesta y volver al trabajo esa misma tarde. Además de eso, mi jefe también había cambiado todos mis turnos para el resto de la semana haciendo imposible que pudiera atender mis clases.

Este suceso fue la gota que derramó el vaso. Mi jefe y yo tuvimos una discusión bastante agitada en frente de los clientes y de mis compañeros de trabajo; todo el mundo estaba observando y a la expectativa de lo que pasaría después. El gran final del show fui yo diciendo, "vete al carajo" y mostrándole el dedo del medio sobre el hombro mientras agarraba mis cosas y salía por la puerta trasera.

Me senté atónita en mi Jeep enfurecida por la situación. Cuando me desperté al día siguiente, tenía tiempo libre por primera vez en mucho tiempo. Para ese entonces, hacía un año que vivía en mi casa y, sin embargo, ni una sola vez había tenido tiempo de sentarme en mi patio trasero para disfrutar el café de la mañana.

Carajo, había renunciado a mi trabajo. Tenía que pagar la hipoteca de mi casa y mi auto. Mi salario como gerente no era gran cosa, pero era más de lo que ganaría en una posición inicial en cualquier otro lugar. Apenas si llegaba a fin de mes.

Decidí tomarme un par de días para limpiar cuidadosamente mi casa, tomar un baño de espuma y solo estar en calma. Fue entonces que me di cuenta de que por los últimos diez años y desde que tenía quince, no había dejado de trabajar muy duro. No había tomado ni siquiera un solo día para mí, excepto por esas mágicas semanas que estuve de viaje, sola y vibrando con la llama sagrada de mi alma. Aunque estaba en una situación más estable que nunca, ¿lo era realmente? Oklahoma es un estado de empleo "a voluntad", lo que significa que alguien puede ser despedido en cualquier momento y sin razón alguna.

Había estado trabajando tan duro por tanto tiempo, invirtiendo mi tiempo y mi talento en el éxito ajeno.

Cuando dejé de trabajar en OnCue, estaba saliendo y asistiendo a la iglesia con José desde hacía ya unos meses. Mientras disfrutaba un momento de libertad en mi primer día libre, recibí una notificación de texto. Ahora era un momento tan bueno como cualquier otro para contarle a José lo que estaba pasando, así que vino a mi casa para tomar un café.

—Podríamos empezar un negocio de jardinería y exteriores —dijo José, brillantemente.

Trabajaba en el comercio minorista, pero me dijo que podría ayudar en sus días libres para así mantener sus ingresos del trabajo, mientras yo podría estar en el negocio de jardinería a tiempo completo y actuar como la dueña. Desde pequeña, siempre había amado trabajar al aire libre y ensuciarme las manos, es por eso qué decidí aceptar y dar el salto.

—Queremos empezar un negocio de jardinería y exteriores —le anuncié a Ron mientras entraba en su tienda.

Ron tenía una tienda de suministros de jardinería a unas cuantas calles de donde yo trabajaba en la estación de gas. Era uno de mis clientes regulares.

Se paró frente a mí mirándome muy detalladamente por un segundo, sorprendido por la noticia que le acababa de dar.

—Estás libre a mitad de semana y quieres empezar un negocio de jardinería ¿Tiene esto algo que ver con el hecho de que no te he visto en la estación de gas en los últimos días?

No veía propósito alguno en invertir energía hablando acerca de lo que ya había quedado en el pasado. Era eso, pasado, y de cualquier manera nada de ello importaba. Tenía que pensar en moverme hacia adelante y eso fue lo único que le dije a Ron.

—Pero ¿siquiera tienes algún cliente? —insistió. En ese momento sentí que no le debía ninguna explicación a nadie—. Mira, no estoy aquí buscando opiniones ni nada. Tú vendes equipo de jardinería y eso es todo lo que necesito. ¿Puedes ayudarme con eso, o puedes enviarme a algún otro lugar donde puedan ayudarme?

El empezó a reírse y solo dijo:

—Una mujer que no se deja joder por nadie, me encanta. Déjame comprobar tu crédito para ver si calificas para una tarjeta Toro.

Todo el financiamiento del negocio tendría que venir de mi parte ya que José no tenía crédito ni ahorros.

Toro era el nombre de una marca comercial que vendía equipo de jardinería. Ron comprobó mi información en el sistema y el reporte decía que una tarjeta Toro a mi nombre tendría un límite de 10.000 dólares. Basado en el hecho de que era la primera vez que hacía negocio con esta empresa, mi deuda estaba libre de interés durante el primer año. Ron indicó que mi Jeep tenía un gancho al que le podía adjuntar un remolque de jardinería. Por Dios, el universo estaba a mi favor.

José recogió todo el equipamiento que necesitaríamos para empezar con nuestro negocio. El equipo debía ser almacenado de manera segura hasta que pudiéramos obtener un remolque. Descubrimos que en la tienda Lowe podíamos abrir una línea de crédito lo suficientemente grande como para comprar otras cosas que también necesitábamos: un cobertizo, herramientas y un remolque de jardinería. No podía creerlo, en la mañana estaba tomando café en mi patio trasero; algunas horas más tarde era la propietaria de un negocio.

Mi mamá hacía algunos trabajos de arte gráfico, así que le encargué hacer algunos volantes con colores llamativos que tuvieran el nombre de mi negocio y mi número de teléfono.

—¿Jenni, tiene esto algo que ver con el hecho de que ya no estás en el trabajo en las tardes entre semana?

El siguiente día llegó a casa con una caja llena de volantes. Yo estaba muy orgullosa de esos volantes. Tenían claramente escrito "Jenni's lawn care" o "Cuidado de jardinería de Jenni," al igual que mi número de teléfono y los servicios que ofrecía.

José trajo a su amigo Nico para que nos ayudara a construir un portón en la cerca del patio trasero que daba a un pequeño callejón sin salida con acceso al cobertizo donde almacenaríamos los equipos y las herramientas. José sugirió mudarse a mi casa ya que el salario de su trabajo podría ayudar a cubrir algunos gastos mientras construíamos nuestro negocio. Le di luz verde para hacerlo, aunque tenía una sensación en mis entrañas de que algo no estaba bien. Había notado varias alertas rojas con José a las cuales nunca presté atención. Siempre había hecho un buen trabajo para argumentarlas, sin embargo, José siempre encontraba una explicación mejor o una excusa. Me di cuenta de que quizás lo estaba pensando demasiado y decidí ser positiva y esperar lo mejor.

Fui capaz de terminar mi semestre de primavera y empezar a trabajar en mi primera temporada de jardinería, la cual empezó a paso lento y se aceleró de la noche a la mañana. Era como si todo el mundo abriera sus volantes de jardinería al mismo tiempo en busca de las mejores ofertas. No tenía idea de cómo ofertar trabajos o cómo llevar este negocio, sin embargo, ahí estábamos. Era tiempo de aprender acerca de todo ello un paso a la vez.

El verano pasó volando en una bruma de sangre, sudor y lágrimas.

Capítulo 11

Haz el amor, no la guerra

Noté varias señales de alarma incluso antes de que José se mudara, sin embargo, las ignoré a todas para poder seguir adelante con nuestro negocio. La primera alerta que no pude ignorar fue en cuanto se mudó a mi casa. Me dijo:

—No tengo problema con que tengas un gato, pero Gracie no tiene permitido dormir con nosotros en el cuarto, no quiero un gato caminando por mi cabeza cuando estoy tratando de dormir.

Gracie era y siempre será mi número uno y no había motivo por el cual eso tuviese que cambiar, le dije a José.

Tan pronto como nuestro negocio despegó, la segunda alerta roja que no pude ignorar apareció. Una tarde, José llegó del trabajo anunciando buenas noticias: ya no trabajaría más allí. Había renunciado con el propósito de dedicarse a nuestro nuevo negocio, no obstante, nunca se molestó en consultarlo conmigo. Era muy extraño, era como si estuviera tramando algo y yo no confiaba en sus intenciones, sin embargo, trate de poner esas ideas de lado diciéndome a mí misma que era necesario parar con los pensamientos negativos y esperar lo mejor.

Empezábamos nuestras labores a las seis y media de la mañana y en muchas ocasiones terminábamos con la ayuda de las luces de mi Jeep a las nueve de la noche.

Mientras me ensuciaba trabajando en los jardines y me quemaba con el sol, encontré cierta felicidad y libertad personal, me recordaba al tiempo que compartí trabajando con Randy en esos apartamentos. Esperaba que las cosas empezasen a mejorar cuando comenzara el semestre dado que planeaba asistir a clases dos noches por semana y la jornada completa del sábado, sin embargo, fue ahí cuando comencé a notar grandes cambios en José.

Cuando yo llegaba a casa de las clases, él olía a perfume, después de un tiempo se volvió paranoico cuando se trataba de proteger su celular y a veces desaparecía para "ir a la tienda" por algunas horas, sin embargo, nunca regresaba con bolsas. Siempre tenía una manera bastante inteligente de explicar las cosas, tanto que en muchas ocasiones me cuestioné mi propia cordura. Cuando lo interrogaba, insistía que mis sospechas provenían de mis problemas de celos, que me estaba creando una película en mi cabeza.

Me di cuenta de que no había visto a mis amigos en meses, así que cuando le dije que iba a encontrarme con Lisa en un bar local para tomar algunas bebidas, se enfureció y me dijo que nosotros éramos cristianos y que los cristianos no bebían o iban a bares. De cualquier manera, fui a encontrarme con ella. Como resultado de esto José hizo acusaciones e insinuó que Lisa y yo teníamos algo romántico y que si las cosas terminaban por alguna razón, todo sería mi culpa por hacer cosas que no debía.

José era un manipulador narcisista excepcionalmente dotado y empecé a creer que yo estaba mal, por lo que tal vez si seguía cambiando cosas en mi vida o sobre mí misma, dejaría de amenazar con irse. En algún punto me di cuenta de que estaba reviviendo lo que había experimentado en mi casa mientras crecía. En muchas ocasiones, mi papá había llegado a casa oliendo a perfume o había sido sorprendido con prendas femeninas en su auto, siempre tuvo una mente maestra para convencer a mi mamá de que ella estaba loca y de que todas esas cosas solo estaban en su mente.

No me imaginaba manejando este negocio por mi cuenta. A pesar de que le pedí a José bastantes veces que me mostrara cómo usar los equipos, siempre me decía que yo ya estaba haciendo un buen trabajo en lo que estaba haciendo y que él podía encargarse del resto. No necesitaba saberlo todo, no obstante, me di cuenta que no quería que supiera todo pues no quería que tuviera poder, José quería que dependiera de él.

El fin de semana siguiente, algunos de sus amigos de la iglesia vinieron a casa para hacer un asado justo después de la misa de domingo. Estaban riendo mientras sus hijos trepaban los árboles de mi patio trasero como monos y de repente la conversación se centró en mí.

—¿Cuándo vas a tener los tuyos?

Todos los ojos estaban posados en mí.

Pensé que estaban jugando así que les seguí el juego y solo me reí, pero estaban preguntando muy seriamente.

— Oh, no quiero tener hijos. Las mujeres se quedaron mudas, esto era una abominación para la cultura latina—. Después de que me gradúe en mayo y obtenga mi título técnico, quiero seguir estudiando en busca de un título en negocios y eventualmente entrar al mundo inmobiliario.

Cuando la fiesta acabó, José quería tener una conversación muy seria acerca de cómo lo había dejado en ridículo frente a sus amigos.

—Nico y yo podemos manejar el negocio mientras tú te quedas en casa con nuestro bebé, tenemos todo

perfectamente arreglado para construir una familia —
concluyó —. El cuerpo de una mujer no está hecho para
el trabajo duro, está hecho para tener bebés, necesitas
alimentar tu feminidad y alinearte con el plan de Dios para
tu vida.

Siguió dándome explicaciones acerca de porqué
después de graduarme no necesitaba seguir yendo a la
universidad, ya que teníamos nuestro propio negocio.

Me di cuenta de qué había cometido un error al
involucrarme con él, pero ahora todo estaba entrelazado
de una manera muy complicada. Tenía que quedarme
tranquila y discreta hasta que la temporada de jardinería
terminara, fue por eso qué empecé a ahorrar dinero en
efectivo para asegurarme de poder pagar mi hipoteca y
mis cuentas cuando la temporada llegara a su fin.

Un día, lo escuché hablando por teléfono y riendo
con uno de sus amigos de la iglesia, no me había
escuchado entrar, estaba diciéndole a su amigo que iba a
meterse con mis pastillas anticonceptivas para que
pudiera embarazarme. Desde ese punto deje de tener sexo
con él por completo, no podía arriesgarme a quedar
embarazada y de todas maneras odiaba tener relaciones
sexuales con él.

Cada vez que teníamos intimidad, me rogaba que
tuviéramos sexo anal y aunque le dijera que no, lo
intentaba de cualquier manera y siempre terminábamos
en horribles peleas. Un día se me ocurrió un plan
ingenioso, después de negarle sexo por algún tiempo fui
a la tienda de juguetes de Christie y compré un vibrador
con correa que era gigante. Le envié un mensaje de texto
con una foto usando mi lencería sexi, el mensaje decía que
estaba lista para tener el mejor sexo anal de mi vida, pero
me faltó incluir la foto con ese gran vibrador que estaba
listo para enterrarse en su culo de niño dulce de iglesia.

Corrió a casa y cuando entró a la habitación sin ropa interior para hacer su aparición con su pene bien duro, estaba escondida detrás de la puerta esperando que entrara y la cerré tras él. Nunca voy a olvidar la expresión de su cara cuando me vio acariciar ese enorme pene negro atado a mí.

—¿Qué mierda es esto? —dijo con voz temblorosa—. Pensé que íbamos a hacer anal esta noche.

Trataba de mantenerse serio, sin embargo, su labio tembloroso lo hacía demasiado difícil. Iba a utilizar con él cada una de las frases que me había dicho.

—¡Lo vamos a hacer! Voy a ser cuidadosa, lo prometo.

—¡Pero no quiero un pene en mi culo! —dijo.

—¡Pero si me amaras, dejarías que yo te hiciera lo que quisiera y me entregarías tu cuerpo! ¡Hazlo para honrar a Dios!

—Pero eso no me gusta, me va a doler —protestó.

—Pero tengo fantasías con el sexo anal que necesito satisfacer, si no me las cumples, no tendré más opción que ser infiel y será tu elección destruir todo lo que estamos construyendo juntos.

Usaba esa frase bastante a menudo.

¡Yo era una genio!

—Oh, dale, solo déjame meter la puntita nada más —le supliqué—. Nunca sabrás si te gusta si no lo pruebas ¿No es eso lo que siempre me dices?

Lo agarré e intenté acercarlo a mi para poder frotar ese consolador duro contra él. Salió corriendo y empecé a perseguirlo por el cuarto rogándole, suplicándole mientras usaba todas sus frases de mierda hasta que se escapó de la habitación.

Le grité desde la puerta:

—¡Si me amaras, me dejarías intentarlo!

Agarró una pila de ropa y salió corriendo por la puerta, se fue llorando y se quedó fuera toda la noche. Era muy común para él eso de desaparecer misteriosamente durante noches enteras, sin embargo, esta vez, no me importó.

Después de eso, recibí una llamada de una de nuestras amigas en común. Me preguntó si yo tenía alguna idea de lo que estaba pasando con José. Había estado acechándola, había encontrado dónde trabajaba y le enviaba flores y chocolates e incluso, pasaba manejando por su trabajo para dejarle notas en su parabrisas. También le enviaba mensajes perturbadores con comentarios acerca de sus atuendos, los cuales veía cuando ella salía a fumar un cigarro. No tenía idea de lo que estaba pasando.

—Me siento muy mal —me dijo—. Le he dicho en varias ocasiones que tengo novio y que no estoy interesada en él en lo absoluto y que por eso quiero que pare. También le dije que eres mi amiga y que estaba siendo irrespetuoso hacia ti. Me dijo que tú le habías pedido que me escribiera ya que eres bisexual y quieres hacer un trio.

Le dije que no tenía idea de lo que estaba pasando y, definitivamente, no era algo que yo había instigado, me estaba siendo infiel. Le dije que necesitábamos ser inteligentes con todo esto, necesitaba terminar mi semana de finales que se estaba acercando y terminar todo el trabajo de jardinería que me fuera posible. También le dije que, por el momento, me iba a quedar callada y que en caso de que él le enviara otros mensajes, también me los enviara a mí para tener evidencia.

Mantuve toda esa farsa durante una semana. Mientras estábamos en el trabajo, constantemente me llegaban mensajes de ella a mi teléfono, eran mensajes que él le estaba enviando en el mismo momento en el que estábamos trabajando juntos. Incluso pasaba por el trabajo de ella en el mismo momento en el que yo estaba sentada junto a él en el auto. Esto estuvo pasando por varios días hasta que llegué a mi límite. Una noche, estaba en el cuarto estudiando para mis finales y él estaba sentado en la sala de mi casa, en mi sofá, viendo televisión en mi televisor de pantalla grande y enviándole toda clase de mensajes a ella, sin embargo, mientras hacía eso, ella me reenviaba todos los mensajes. Pasé por la sala pretendiendo que necesitaba ir a buscar un poco de agua y soltó su teléfono con bastante nerviosismo.

—¡Hola, bebé! —dijo—. ¿Te puedo ayudar con algo? Sabes que eres la mujer más inteligente que he conocido y estoy aquí para ayudarte como sea.

Era literalmente dos personas completamente distintas a la vez. Toda la experiencia con él desde el día uno había sido una farsa y es por eso que usé el resto de esa noche para reunir toda la evidencia que necesitaba para confrontarlo.

A la mañana siguiente, estaba haciendo el desayuno mientras él estaba terminando de cargar el remolque con el equipo de jardinería, cuando se sentó a comer, mordió un pedacito de su comida y la empujó lejos diciendo:

—No puedo comer esta mierda, está fría.

Sentí una flama tan fuerte de rabia que chispeó a través de mí y la cara se me puso color púrpura, sentí ácido en el estómago y sentí como fluía a través de mi sangre y por todo mi cuerpo. Imaginé cómo agarraba el bate de béisbol que estaba detrás del sofá, cómo le daba un golpe seco justo en la mitad de la cabeza y cómo lo enterraba en el patio trasero. Era tiempo de confrontarlo.

—Quiero la verdad, creo que estás viendo a alguien más —le dije cortantemente.

Se burló.

—Es absurdo, tú eres el amor de mi vida y estoy feliz contigo. Necesitas ver un doctor acerca de esa imaginación tuya.

—Te voy a dar una sola oportunidad para que me digas la verdad —le advertí—. Será mucho más fácil para ti de esa manera, ya sé la verdad y te estoy dando una oportunidad más para que tú mismo me la digas.

Continuó insistiendo que todo estaba en mi cabeza. Saqué a la luz la verdad sobre él y le mostré las grabaciones de teléfono y todos los textos que Stephanie me había estado enviando durante los últimos días. Empezó a sollozar.

—Pero ella no es especial para mí.

Le mostré el mensaje que me había reenviado literalmente la noche anterior: "mi vida, yo quiero estar contigo, eres tan especial para mí."

Mis palabras finales fueron: "vete a la mierda." Le envié un mensaje a mi amigo para que trajera nuevos cerrojos y mientras esperaba su llegada, José me seguía por la casa rogándome y suplicándome, mientras recogía todas sus cosas. Lo saque a él y a sus pertenencias por la puerta y, cuando su amigo vino a recogerlo, mi amigo llegó para ayudarme a cambiar los cerrojos de la casa.

Al día siguiente, me enteré de que José y sus amigos habían sido detenidos por pasarse una luz roja y cada uno de ellos había sido deportado. El karma es un hijo de puta, sin embargo, uno que siempre quiero tener de mi lado. Después de hacer una llamada, me di cuenta de que el hoyo secreto donde había estado guardando dinero no era tan secreto como pensaba. Se lo había llevado todo, cada billete y cada moneda del frasco de galón donde lo había estado guardando durante más de un año. Y ni siquiera podía denunciarlo.

No tenía tiempo de parar y sanar estas nuevas heridas. Tenía solo seis dólares con setenta y un centavos en mi cuenta de banco, tenía el pago de mi hipoteca pendiente y una pila de cuentas de la tarjeta de crédito que provenían de la deuda de mi nuevo negocio. La temporada de jardinería había terminado oficialmente, tenía que buscar un trabajo pues estaba en modo supervivencia de nuevo.

Tomé nota de que, en el futuro, en lugar de portar un arma como protección, tal vez sería una estrategia mucho más efectiva portar un vibrador ya que, probablemente, sería mucho más amenazante que un arma o un cuchillo.

Capítulo 12

Huy, gracias, ¡más nalgadas por favor!

Después de que José se fue, mi vida se convirtió en un infierno, sin embargo, descubrí otra capa de la que estaba hecha. Encontré un trabajo en Golden Corral en el turno noche y también otro trabajo en Home Depot desde las 4 a.m. hasta las 10 a.m. para abastecer estantes. Mi primera temporada de jardinería ya estaba oficialmente cerrada y había entrado en confianza suficiente con algunos de mis clientes más cercanos para contarles mi situación. Muchos de ellos me ayudaron a encontrar trabajos esporádicos para que pudiera incrementar mi flujo de dinero durante el invierno. La mayoría de mis clientes eran mujeres que elegían apoyar negocios que eran propiedad de mujeres, o mujeres que no confiaban que hombres ingresaran en sus propiedades.

Para muchas de ellas, mi visita de jardinería era la mejor parte del día, ellas hacían bocadillos o tenían cervezas frías que tomábamos juntas mientras charlábamos en sus portones. Me encantaba la libertad que tenía en MI negocio para proporcionar el servicio al cliente que estas mujeres merecían y ellas disfrutaban contratar a alguien que no trabajaba bajo el mando de un supervisor que no se preocupaba por el servicio al cliente en absoluto.

Al tiempo que mis clientas se convertían en mis amigas, a menudo era invitada a conocer sus familias y amigos para compartir ocasiones especiales como cumpleaños, bodas y funerales. Ellas impactaron en mi vida tanto como yo impacté en las suyas, estaba rodeada de ángeles y aunque las cosas no estaban realmente bien, me sentía mejor por ello.

Mi primera temporada de jardinería había terminado, el momento para que aprendiera a manejar el negocio por mí cuenta también había llegado. Solo pensar en ello parecía imposible, ni siquiera sabía cómo cambiar la línea de corte de mi guadaña o cómo afilar la cuchilla de mi cortacésped. No sabía qué hacer si algo se rompía mientras estaba trabajando, ni siquiera sabía cómo cambiar un neumático pinchado. Esas máquinas eran bastante pesadas y tendría que levantarlas sola, un trabajo después del otro, todo el día, todos los días. ¿Cómo podría hacer trabajos grandes de limpieza de jardín? ¿Cómo iba a utilizar la motosierra para hacer grandes trabajos de corte? El tiempo de crecer y expandirse había llegado, si cualquier tipo podía arreglárselas para hacer todo eso, por Dios que yo también lo haría y eso es lo que hice. Llegué al punto en que podía hacer hasta ocho trabajos por mi cuenta en un solo día, afortunadamente, ese año tuvimos una sequía bastante fuerte, así que no estaba desbordada de trabajo en el día a día.

Ese mayo me gradué y obtuve mi título técnico de la universidad comunitaria, había trabajado tan duro y finalmente había conquistado esa cumbre. No tenía la más mínima vergüenza de que un título de dos años me había tomado cuatro, cuando estadísticamente pude haber muerto más de una vez durante esos años. Solo yo sabía el sacrificio que había puesto para obtener ese diploma, solo yo sabía cuántos turnos extra había tenido que tomar, lo que había dado para estar allí y el tiempo que había invertido para asegurarme que llegaría a ese punto sin importar lo que me agobiara en mi vida. Siempre sentí que le debía fidelidad a la escuela, pues durante los momentos oscuros, fue lo único que me mantuvo viva. Bueno, eso y mi querida Gracie.

Mi mamá organizó una hermosa fiesta de graduación con bocadillos deliciosos para compartirlos con mis amigos. Invité a las personas que había conocido a lo largo de los años y con quienes compartí momentos llenos de amistad, así como a los clientes de mi negocio que se había convertido en una parte fundamental de mi camino para poder estar allí ese día. Estaba tan orgullosa de haber obtenido mi título técnico que ese mismo mayo me matriculé en una universidad con el propósito de continuar mi carrera.

***

Después de todas las brutales heridas que había recibido por parte de los hombres en mi vida, honestamente llegué a pensar que mi radar de amor estaba naturalmente roto, creí que no tenía poder y que nunca tendría ningún tipo de relación con un hombre que no me haría daño de una u otra forma. Tenía una larga y repetitiva historia de cortas relaciones con hombres que terminaron de manera muy similar y es por eso que algo dentro de mí sé cansó de estar abierta a nuevos hombres en mi vida.

Desde que tengo memoria, siempre me sentí atraída por mujeres, pero nunca tuve la suficiente valentía para explorar esa parte de mí debido a los años de adoctrinamiento de la iglesia, los cuales me causaban culpa y vergüenza de tan solo imaginarlo. Aun así, fue otra cosa que enterré muy adentro de mí para abordarlo más

tarde. Después de esto y después de tantas malas
experiencias con los hombres, pensé:

—Obviamente tengo una maldición con los
hombres, tal vez es porque nunca debería estar con uno,
¡tal vez es porque soy gay!

El mal sabor que me había dejado el
comportamiento abusivo y narcisista de José fue lo
suficientemente grande para abrir la puerta a la
exploración con mujeres.

Una noche, estaba trabajando afuera con una de mis
máquinas cuando una de mis clientas del negocio de
jardinería me llamó para invitarme a cenar con ella y otra
amiga, ¡estaba tan feliz de recibir una invitación! Justo
había terminado una larga y calurosa semana de trabajo
exterior y aprovechando que era viernes acepté su
ofrecimiento con entusiasmo. Fui y me lavé las manos
para quitarme la grasa, me cambié de ropa, me maquillé
un poco, me puse unos aretes y salí a la cita. No tenía idea
de que estaba a punto de conocer a la mujer con la que
compartiría mi primer romance lésbico.

Kasey me intrigó mucho desde el momento en que
la conocí y el interés se volvió evidentemente mutuo
mientras la cena avanzaba. Para mí, ella era la más perfecta
combinación entre masculino y femenino, con su cabello
rubio y corto y sus curvas femeninas recubiertas de
grandes músculos gracias a los años de levantamiento de
pesas. La camisa de cuello en v que llevaba puesta
encajaba perfectamente en sus fuertes hombros y apenas
acentuaba las venas que se notaban en sus bíceps.
Durante toda la cena no pude dejar de mirarla pues me
sentía intrigada por ella y por la flama que se estaba
encendido dentro de mi ser.

Después de cenar, volvimos a casa de Kasey para
tomar algunas bebidas y pasar el rato, me pareció

fascinante el hecho de que ella era propietaria de un camión con el que transportaba carga a Colorado y Nuevo México. Una de las cosas que más me llamaron la atención era que Kasey era levantadora de pesas con récords nacionales. Sin duda, el levantamiento de pesas se convirtió en una de nuestras pasiones compartidas. Mientras el flujo de cerveza en su patio trasero se mantenía, eventualmente la amiga que me había invitado a comer nos retó a una competencia de lucha de brazos, a la cual ninguna de las dos podía negarse. Nos preparamos y empezamos nuestra lucha, una que terminé ganando. Kasey dijo que ese fue el momento en el que realmente se enamoró de mí, pues era la primera persona que la había vencido en lucha de brazos.

Al día siguiente, tuvo que irse a llevar un cargamento que le tomaría varios días en carretera, sin embargo, antes de que se fuera intercambiamos números con la intención de pasar tiempo juntas cuando volviera. En nuestra primera cita fuimos al gimnasio y después de eso fuimos a almorzar. Ese día, cuando llegó en su motocicleta Harley Davidson, supe que me llevaría en un paseo que nunca olvidaría.

Desde ahí en adelante, pasamos horas en la moto viviendo aventuras, íbamos a levantar pesas todo el tiempo, teníamos citas románticas y aprendí a bailar estilo de música country por primera vez. Viajamos juntas a Nuevo México para el festival de globos aerostáticos y tuve la oportunidad de ver todos esos paisajes preciosos desde la ventana de su camión. Después de eso, nos dirigimos a las montañas de Colorado para conseguir papas de una granja para llevarlas a un almacén en la ciudad de Oklahoma. Ver el mundo a través de los ojos de una conductora de camión impactó muchísimo mi visión del mundo.

Justo como había pasado con todas mis relaciones pasadas, ésta había avanzado demasiado rápido y algunos meses después de que empezamos a salir, se mudó conmigo. El cuento de hadas se terminó antes de lo que pensé. Ambas bebíamos mucho y había algo sobre las heridas que cada una tenía enterradas muy profundo en nuestro ser que sacaban lo peor de nosotras cuando las cubríamos con alcohol. Esas heridas eran profundas y las teníamos desde años antes de conocernos, así que todo lo que tomaba para que ambas le abriéramos la puerta al alcoholismo era una sola copa. Usualmente terminábamos en horribles peleas y esto conllevó a que "la luna de miel" se terminara tan rápido como había empezado. Nuestra relación terminó después de una pelea a los gritos y Kasey llevándose sus cosas justo en la mitad del primer semestre de otoño de mi nuevo programa de pregrado. De nuevo, estudiar se convirtió en mi refugio.

***

El vecindario que quedaba al sur de mi casa se estaba volviendo un desastre y las casas estaban siendo vendidas por todas partes. Esta situación fue aprovechada por un oportunista que compró varias de esas casas y las alquiló a precios muy reducidos, lo cual trajo una ola de violencia e inseguridad a mi barrio. Constantemente había tiroteos, los autos eran vandalizados o robados, las casas eran saqueadas, había peleas callejeras y el tráfico de drogas era bastante evidente. El chico que vivía en la casa de la esquina de mi calle tenía diecinueve años y era un adicto a la metanfetamina con arresto domiciliario. Día y noche, armaba y desarmaba máquinas y computadoras mientras caminaba en círculos sin fin por su casa.

Frente a mi casa se mudaron traficantes de drogas que, obviamente, siempre estaban llevando a cabo actividades ilícitas. Incluso, había un vecino que mantenía su pitbull amarrado con una corta y pesada cadena que apenas le permitía moverse en su deplorable estado, llegando al punto de colapsar en sus propios excrementos. Los dueños de ese perro también eran adictos a la metanfetamina y cuidaban de sus hijos al mismo nivel que de su perro. No importó cuántas veces llamé a servicios infantiles y a bienestar animal, nunca vino nadie a constatar la situación. Ese vecindario se había convertido en un lugar peligroso no solo para mí, sino también para mi negocio de jardinería.

Allí estaba de nuevo, con el peso de un semestre ocupado, las implicancias de manejar un negocio por mi cuenta, las dificultades financieras, la sequía que había hecho que el negocio fuera más fácil de manejar por mi cuenta, pero que me había imposibilitado guardar dinero para el invierno y encima de todo ello, un maldito corazón roto. Una mañana lluviosa recibí una carta diciendo que gracias a la delicada situación del vecindario el pago de mi hipoteca iba a subir de nuevo debido al seguro de la casa. Esa era la tercera vez que el pago de mi hipoteca iba a subir. Esa nueva realidad estaba un poco alejada del viejo y querido sueño americano, en definitiva, eso no se sentía como un sueño, parecía que no importaba cuán fuerte trabajara, nunca iba a poder salir adelante. Intenté llegar hasta mi semana de finales a toda costa y recuerdo la crisis que tuve el día después de que entregué mis últimos proyectos finales, simplemente me sentí agotada.

Nada había salido como pensaba con mi casa o con mi plan financiero para poder seguir adelante, nada de esto me hacía sentir lo mismo que sentí mientras estuve en Cozumel, me sentía atrapada y llena de dolor en mi interior. Kasey me había dado una pistola como regalo adelantado por mi cumpleaños justo antes de que nuestra relación se fuera al carajo. El día después de que terminé mis finales, me desperté en una fría y lluviosa mañana con un correo lleno de cuentas pendientes y una deuda monumental con el banco, lo cual me recordó que mi cumpleaños estaba cerca. Esa fecha siempre había sido fuente de mucho dolor para mí, el dolor en este punto ya era surrealista.

Tomé mi pistola y la caja de balas y fui a dar un largo paseo en auto. Conduje de vuelta al campo donde fui violada solo para descubrir que se había convertido en un complejo de casas, así que conduje un poco más hasta llegar a un pequeño pueblo vecino en el que me estacioné en un lote baldío. Me senté por un largo tiempo solo mirando los árboles y llorando con la pistola y las balas sobre el asiento del pasajero mirando directo hacia mí, no tenía idea de cómo cargarla y nunca había disparado un arma, solo nos miramos la una a la otra por un largo rato mientras lloraba. Antes de eso, ya había intentado suicidarme dos veces y esa vez pudo ser la tercera, *yo ni siquiera podía matarme "bien", no podía hacer nada bien.*

Al final hice un trato conmigo misma, le daría a la vida una oportunidad, pues recordé a Gracie y a la promesa que me había hecho a mí misma de montar en motocicleta en países extranjeros. No podía rendirme sin antes volver a ese lugar, el lugar donde había experimentado alegría pura y donde descubrí que era un sentimiento que realmente existía. Esa parte de mi había muerto, esa llamita que siempre había ardido muy lentamente, la que inició cuando hice ese viaje emocionante cuando tenía 19 años.

En ese punto, recibí un mensaje de José diciendo que era el amor de su vida y que estaba dispuesto a hacer lo que fuera para hacer la cosas bien conmigo, también me preguntó si había alguna manera de que lo ayudara a cruzar la frontera a los Estados Unidos. Lo mandé a la mierda. Una semana después de ese incidente, apareció misteriosamente un poco de azúcar en el tanque de gasolina de mi valioso cortacésped, lo cual descubrí cuando el motor de la máquina dejó de funcionar en medio de un trabajo en un campo de cerca de dos hectáreas en un día caluroso. Asumí que tenía que ser él de alguna manera, desde México habría hecho alguna llamada a alguien en la ciudad de Oklahoma para que vigilara mi rutina diaria. Esto me hizo preguntarme: ¿Qué cosa haría mi violador cuando saliera de la cárcel?

Capítulo 13

Sharianne Carson

Antes de que terminara la temporada de jardinería estaba cortando el césped en un barrio en Yukón cuando una mujer salió de la propiedad en la que estaba trabajando. No tenía idea de quién era el dueño de ese lugar ya que había sido contratada por otro cliente habitual que me había pedido que cortara el césped una vez a la semana allí y que le enviara una factura por ello. La mujer me informó que era la dueña de ese lugar y de algunas otras casas en la zona, así como también era dueña de un bar llamado "El bar de Edna," su madre lo había creado hacía algunas décadas. Nunca había escuchado sobre él.

— ¿Alguna vez has trabajado como camarera? — me preguntó.

— Oficialmente, no, pero siempre he preparado tragos en las fiestas a las que voy y me han dicho que mis bebidas son las mejores —dije.

— Es muy fácil aprender y estaría feliz de enseñarte todo lo que necesitas saber, además, una licencia para expendio de bebidas alcohólicas es barata y muy fácil de conseguir. Estoy buscando una persona para que trabaje como camarera durante los días sábados y domingos ¿Te interesaría?

Esa oportunidad me cayó como anillo al dedo y tenía justo el tiempo suficiente para aprender sobre el oficio antes de que la temporada de festividades iniciara. Amaba preparar tragos y atender a las personas, además era muy buena en ello y la paga era bastante decente. Los clientes regulares que venían al bar habían sido clientes regulares por años y eran bastante generosos con las propinas que me daban, incluso me traían comida en algunas ocasiones. La mujer que había salido de la propiedad aquel día, y que me había preguntado si estaba interesada en ser barwoman era la hija de Edna, Tammy. Edna ya no podía manejar el negocio debido a que tenía Alzheimer, sin embargo, tuve el placer de conocerla y escuchar algunas de sus historias.

Había creado el bar en 1989 en compañía de su madre. El día de la apertura su hermano viajó desde Texas y como conmemoración de ese día pegó un billete en la pared con el fin de desearles suerte con el negocio. De ahí en más, los clientes continuaron con la tradición de pegar billetes de un dólar en la pared para celebrar ocasiones especiales y al cabo de treinta años cada espacio del techo y de la pared se había cubierto de billetes con notas especiales, nombres y dibujos hechos a mano por clientes que querían dejar una parte de ellos en el bar de Edna para siempre. Cuando conocí a Edna sabía que no era realmente ella debido al deterioro mental por su enfermedad, pero su esencia aún se podía ver. Un día ella y Tammy vinieron a traer algunos suplementos de cocina y le pregunté a Edna si tenía un lema o si había alguna frase favorita que denotara los valores sobre cómo manejaba su negocio. Respondió:

—Querida, mi bar siempre ha sido un lugar donde todos son tratados con igualdad, no importa de dónde vienes, siempre que alguien entra a este lugar, entra a casa pues es tratado con respeto y amabilidad.

Se suponía que el sobrino de la dueña iba a trabajar conmigo como personal de seguridad, ayudante de cocina o cualquier cosa que surgiera, sin embargo, cuando él se presentaba a trabajar, si es que se presentaba, siempre estaba drogado y era inútil. Cuando el bar se llenaba era una locura pues yo era la única persona atendiendo y tenía que preparar las bebidas, lavar los platos y hacer la comida. En ocasiones, tenía la barra y el patio del bar llenos y un grupo de diez personas que entraba para celebrar una boda o cualquier cosa y pedían bebidas y comida para cada uno de ellos. Con una mano preparaba hamburguesas, alitas de pollo, pepinillos fritos y nachos, mientras que con la otra mano servía bebidas y manejaba la caja registradora. Al final de mis turnos siempre estaba rendida, pero siempre tenía un fajo gordo de dinero en el bolsillo y algunas bebidas esperando por mí en el otro lado de la barra. Mientras trabajé allí, me hice amiga cercana de los demás empleados, éramos como una familia con mucha diversión incluida. Terminé trabajando más turnos de los que tenía pensado inicialmente, lo cual me ayudó a salir adelante durante la temporada baja de jardinería.

Durante el invierno, mis clientes me ofrecían trabajos esporádicos tales como: cuidado de casas y mascotas durante las vacaciones, limpieza meticulosa de casas antes de las fiestas, decoración navideña, organización de bodegas y garajes, traducción de documentos y sitios web al español, poda de árboles o renovación de cuartos de invitados.

Uno de esos aburridos sábados que parecía igual a los demás estaba encendiendo un cigarro ni bien terminé de abrir el bar, cuando escuché la puerta delantera abrirse y a alguien caminar hasta la barra. Una voz desconocida ordenó una cerveza y cuando me volteé para dársela, conocí a Sharianne Carson.

Estaba estupefacta, ella era la lesbiana más hermosa que había visto en mi vida. La comunidad gay de la ciudad de Oklahoma era pequeña y estaba segura de nunca haberla visto en ningún lugar del barrio gay de la ciudad. Descubrí que era bastante tímida con las mujeres y que no había explorado esa parte de mí lo suficiente desde que había tenido esa primera relación con una mujer. Pretendí que todo era normal y esquivé el contacto visual mientras le servía su cerveza con el fin de evitar cualquier intento incómodo de comunicación.

Desde ese día, comenzó a venir más seguido al bar y me di cuenta de que era amiga del grupo de clientes regulares. Continué esa rutina de ignorar su presencia hasta que un día hacia el final de mi turno sus amigos pagaron la cuenta y se fueron, pero ella se quedó. Estaba dándole la espalda al bar mientras contaba las ganancias de ese día, pero también podía ver a Shari por el espejo de encima de la barra mientras apoyaba el mentón en su mano y me observaba hacer mis tareas de fin de turno.

Mierda, va a intentar hablarme.

De repente la escuché

—¿Tienes algo que hacer cuando termines aquí?

Las palmas de mis manos empezaron a sudar y la garganta se me cerró. Pretendí estar asombrada, como si fuera la primera vez que tenía contacto con ella, atrapada con la guardia baja y sin idea de porqué me estaba haciendo esa pregunta.

—Tengo varias invitaciones para hacer algo, pero todavía no me decido cuál aceptar —le informé. Nunca había sido buena jugando juegos y coqueteando ¿Cuáles eran las reglas del coqueteo? ¿Se suponía que debía coquetear mucho?

—¿Por qué preguntas? —le dije.

—Bueno, quería ver si después de que terminaras te podrías sentar conmigo de este lado de la barra y dejarías que te invite un trago.

Dentro de mí sentí una fiesta repleta de globos y confeti, mis piernas estaban temblando.

—Seguro, una previa suena bien —dije con despreocupación. Sin embargo, cuando me di la vuelta para seguir contando las ganancias, nadie pudo ver mi sonrisa de oreja a oreja.

Después de la primera ronda de bebidas en el bar de Edna, estuvimos de acuerdo en que teníamos hambre, así que Shari decidió llevarme a su restaurante favorito llamado Cousin's, el cual era otro lugar clásico en Oklahoma conocido por su increíble comida. Descubrimos que teníamos muchas cosas en común. Una de las conexiones más especiales era el hecho de que ella iba a Cozumel cada año para bucear y Cozumel era la isla en la yo había vivido por un tiempo a la edad de 19 años. Nuestra conversación nunca perdió el ritmo, fue solo hasta que el camarero hizo el último llamado de la noche que nos dimos cuenta de que habíamos estado allí unas seis horas. Me llevó hasta mi auto, nos dimos un dulce beso de despedida y el resto es historia. Ese día cuando fui a trabajar, no pensé que conocería a la persona con la que viviría una relación de cinco años, la misma persona que me impactaría y me empoderaría de una manera tan positiva que cambiaría mi destino para siempre.

Randy volvió a mi vida y acordamos que se mudara a mi casa ya que nos conocíamos y nos sentíamos cómodos el uno con el otro. Era un gran apoyo cuando se trataba de ayudarme a manejar mi negocio, así que acordamos un buen arreglo por su sueldo y por la renta. Me quedaba en mi casa de lunes a jueves trabajando con

Randy y los jueves en la noche empacaba una mochila y me iba a quedar en casa de Shari durante el fin de semana. Gracie era miserable con este arreglo pues ella odiaba compartir espacio con los gatos de Randy. Además de mi negocio de jardinería y trabajo de fin de semana, aún estaba lidiando con mis clases y después de algunos meses de ese vaivén, Shari sugirió que Gracie y yo nos mudáramos con ella.

—Si rentas totalmente la casa y haces que Randy maneje el negocio desde esa propiedad, te estarías librando de una carga muy grande y podrías enfocarte en terminar tu pregrado y perseguir tus sueños.

Shari tenía razón, mi casa y mi negocio me agobiaban muchísimo, casi como si estuviera caminando sobre arenas movedizas. Estaba cansada. Había estado cansada durante mucho tiempo, pero nunca había tenido tiempo suficiente para poder darme cuenta de ello. Confié en Randy para que manejara mi negocio, además, todos mis clientes lo conocían y amaban la calidad de su trabajo, sabía mis rutas de jardinería y era confiable. Arreglamos los detalles y estuvimos de acuerdo en que era perfecto que se quedara en mi casa amoblada y que me llevara algunas de mis pertenecías básicas y a Gracie a la adorable casa de Shari.

Randy estaba muy feliz de vivir solo y acordamos que trabajaría con él uno o dos días a la semana mientras estaba tomando clases a tiempo completo durante el semestre en la universidad. De esa manera, podría asegurarme de terminar los requerimientos y finalmente graduarme la primavera siguiente. Mi trabajo en el bar de Edna se frenó de golpe cuando la dueña hizo grandes cambios que obligaron a los clientes regulares a frecuentar otros lugares. Esto hizo que mi sueldo se redujera a casi un cuarto de lo que era antes, así que decidí renunciar para concentrarme en mis estudios y trabajar a tiempo parcial en mi negocio enfocada principalmente en la parte administrativa.

Esa rutina fue grandiosa mientras terminaba la temporada de jardinería y llegaban las fiestas decembrinas para reacomodarnos y buscar la manera de trabajar la primavera siguiente. Todo parecía funcionar correctamente, hasta que de repente no lo hizo. Cuando estaba a la mitad de un semestre agitado con cinco clases en mis hombros, Randy perdió el rumbo, estaba enojado todo el tiempo, lo cual era bastante normal en él, pero esta vez era diferente, dejó de responder a mis mensajes y llamadas. Lo pasé por alto un par de semanas pues lo conocía bastante bien para saber que, en ocasiones, se recluía totalmente y era incapaz de conectar con el mundo exterior, sin embargo, empecé a recibir llamadas de mis clientes diciendo que Randy no había regresado a hacer su trabajo.

Pensé que había muerto, así que un día conduje a la casa para saber qué estaba pasando y para ser honesta estaba esperando encontrar una escena del crimen al entrar. No había estado allí en un largo tiempo. Cuando trabajábamos juntos, Randy venía y me recogía en casa de Shari. Cuando atravesé la puerta principal un olor asqueroso, a podrido, me golpeó en la cara, pero continué caminando mientras me daban arcadas, me tapé la nariz con un extremo de la camiseta para encontrarme a un Randy vivo y bastante enfermo enterrado bajo una pila de cobijas en el piso de mi sala.

La casa estaba llena de gatos, había docenas y docenas. Reconocí los gatitos que él tenía cuando nos conocimos trabajando en el complejo de apartamentos. Había tenido esos gatitos por años y los había traído consigo desde California a Oklahoma cuando tomó el trabajo de gerente del complejo. Sin embargo, había empezado a traer gatos nuevos, gatos de la calle, gatos que había encontrado mientras estaba trabajando en las afueras de la ciudad. Los gatos habían empezado a reproducirse y muchos de ellos tenían enfermedades, estaban encima de los muebles, escondiéndose en los rincones, durmiendo bajo los muebles y en los armarios de la cocina. La casa estaba llena de orina, heces y vómito de gato, las alfombras apestaban y los ductos y el piso estaban llenos de orín de gato. Cada vez que el sistema de aire empezaba a funcionar, ya fueran los calentadores o el aire acondicionado, las toxinas venenosas salían por las ventilas y llenaban la casa, eso era lo que había enfermado a Randy.

Los gatos habían rociado todo, todos los muebles estaban saturados de orina. En mi cuarto tenía una cama doble con un hermoso edredón con almohadas y cortinas haciendo juego, las cuales cubrían la puerta que daba al patio trasero, todo eso estaba arruinado y cubierto de orina. Todos los muebles de la habitación de huéspedes estaban arruinados. En los clósets guardaba ropa extra para las diferentes estaciones, ropa de invierno, abrigos pesados y suéteres, una variedad de ropa para entrevistas formales, tacones de colores y mi cajita de joyas que combinaban con cada atuendo. Todo estaba arruinado. Toda mi ropa tenía manchas amarillas debido a las toxinas o había sido rociada de orina por los gatos.

Todas las cajas llenas de libros de la universidad y los trabajos de muchos años junto con las toallas extra, las sábanas, cajas llenas de otras cosas en los clósets, mis alacenas y todo lo que había en ellas , todo estaba arruinado. Los gatos habían husmeado tanto en los armarios de arriba como en los de abajo, habían orinado y cagado todo. Incluso, descubrí gatos muertos en el sofá y me enfrenté a la realidad de que Randy había metido uno de sus gatos en la nevera cuando había muerto debido a una infección de pulmón, pues aún no estaba listo para dejarlo ir.

Randy estaba enfermo, completamente incapaz de funcionar, había dejado de trabajar y el plan de trabajos de jardinería estaba dos semanas atrasado, no había manera de que pudiera dejar todo lo que estaba haciendo para ponerme al día, no con la carga de mis clases y los exámenes de mitad de semestre, simplemente no podía.

No pude con tanto, finalmente me quebré y comencé a ir cuesta abajo. Mi negocio era un desastre, mis finanzas estaban arruinadas, había perdido mi casa. Estaba emocionalmente exhausta y, simplemente, ya había tenido suficiente. Si quería arreglar mi casa, eso iba a costarme algunos miles de dólares, dinero que obviamente no tenía. Además, no tenía sentido demandar a Randy pues estaba quebrado y mentalmente enfermo. No quería vivir en casa de nuevo y me iba a costar mucho dinero volver a hacerla rentable, quería salir de esa situación, estaba tan cansada de todo. Con el poco dinero que me quedaba, podía abonar un pago más de la hipoteca y seguir buscando más ingresos durante el invierno o podía invertirlo en una declaración de bancarrota y lavarme las manos de todo. Elegí lo último.

Salí de mi audiencia de bancarrota solo con mi auto y las pocas pertenencias que tenía en la casa de Shari, incluyendo a mi amada Gracie. Perdí *todo* lo demás, mi remolque, mi equipo de jardinería, mi casa y todo por lo que casi estuve a punto de vender mi alma durante cinco años de trabajo duro, sudando y sangrando para seguir adelante y salir de la oscuridad.

Volví a tocar fondo, me hundí a tal punto, casi suicida, y allí me tambaleé por meses. Reviví la impotencia de mi violación como si hubiera pasado el día anterior. Después de los traumas vividos cuando tenía veinte, seguido de mi inmersión en las drogas, la manera en la que seguí adelante con el trabajo, la universidad, mi casa y mi negocio eran un símbolo de ese poder que estaba tratando de recuperar. Había estado construyendo un castillo, pero lo estaba haciendo sobre cimientos agrietados al hacer el trabajo interno de sanar mis heridas y unir las piezas rotas dentro de mí. Solo me concentré en seguir apilando heridas, una sobre otra, hasta que no pude más y me derrumbé como una torre de Jenga.

Algo de lo que también me di cuenta, fue que había hecho de los logros exteriores una gran parte de mi identidad y cuando los perdí, no tenía realmente idea de quién era. Vivir con Shari era una decisión que tomé mientras rentaba una casa, pero se volvió el único lugar al que podía ir después de quebrar, de nuevo, me sentí al borde de quedarme sin hogar, me sentí terriblemente vulnerable. Vivir con Shari bajo esas condiciones significaba confiar en ella para que me mantuviera durante un tiempo increíblemente difícil y cada vez que dejaba a alguien hacer eso ellos me herían de alguna manera. Mi mundo se desestabilizó cuando quitaron la alfombra bajo mis pies.

Shari y yo nos habíamos conocido en un bar y ese es el lugar que habíamos convertido en nuestro hogar. Después de que mi proceso de quiebra finalizó, me sumergí tan profundamente en un mundo de alcohol que jamás pensé. Me convencí a mí misma de que siempre y cuando no llegara al borde de la inconsciencia, no abusara o no condujera ebria, no tendría problemas y tampoco le causaría problemas a nadie. No quería estar presente, no podía enfrentar nada de lo que estaba pasando a mi alrededor y mucho menos lo que estaba pasando dentro de mí.

Era infernalmente destructiva con todos y con todo a mi alrededor. Shari me había conseguido una conexión para un trabajo en un restaurante elegante en Oklahoma a través de un amigo que era gerente general de uno de los locales, sin embargo, la noche antes de cuando se suponía iba a terminar mi entrenamiento, Shari y yo estábamos totalmente jodidas y alcoholizadas en una fiesta. Dos chicos de esa fiesta me llevaron a un baño donde tenían algunas líneas de cocaína listas. Oficialmente, nunca había consumido cocaína antes y justo antes de que termináramos esas líneas, Shari entró en el baño y desató el infierno dando paso a una pelea a gritos mientras conducíamos borrachas a casa.

Estuve despierta toda la noche disfrutando del poco de coca que esos chicos habían enviado a casa conmigo. Cuando Shari se despertó y vio esa bolsita, se dio cuenta de que me había saltado mi último día de entrenamiento, por lo cual comenzamos otra fuerte discusión. Al verme tocar fondo nuevamente Shari me confrontó —Estoy dispuesta a empoderarte de cualquier manera que me sea posible para que puedas llegar al otro lado de esto, pero no te permitiré destruir tu vida, si no decides hacer un cambio, tendrás que buscar otro lugar al que irte —

Eso ocurrió el mismo fin de semana que fui a la casa de mi amiga Brittany para contarle todas mis cagadas. Siempre me escuchaba y nunca se atrevía a juzgarme. Nosotros nos habíamos conocido en clase de gestión durante el último semestres de nuestro pregrado y siempre pasábamos el tiempo en su casa haciendo la tarea o tomando alcohol en su balcón. Estábamos sentadas tomando en su patio y mientras yo movía los cubos de hielo en mi cerveza, ella dijo:

—Se acerca tu cumpleaños número veintiocho ¿Cómo te imaginas que serán nuestros treintas? ¿Qué quieres que sea diferente para ese entonces?

Dios, su pregunta me hizo reflexionar, me hizo verdaderamente meditar sobre mi vida y, para ser honesta, me hizo pensar acerca de cómo se sentía estar viva tanto en el pasado como en ese momento. Me aterrorizó bastante. Las lágrimas comenzaron a brotar y a caer por mi rostro, Me había mantenido ocupada por tanto tiempo que nunca había tenido tiempo para mirar adentro de mí o al menos para sentir.

— Duele demasiado si quiera pensar en vivir hasta mi cumpleaños número treinta —le confesé. Esa verdad nos dejó atónitas y asustadas a ambas.

Después de haber dado todo para construir un hogar físico, externo y que se desmoronara, me di cuenta de que nada cambiaría en mi vida hasta que empezara a mirar hacia mi interior para reconstruir el hogar dentro de mí. Los cimientos para construir algo mágico tanto en el exterior como en el interior éramos yo y mi sistema de creencias en mí misma. Mientras mis cimientos estuvieran agrietados, todo lo que intentara construir encima de ellos se caería. Ese fue mi momento de iluminación en el balcón y en compañía de una cerveza. Finalmente admití que no importaba quien viniera a mi vida a romperla en pedazos, básicamente era mi propia responsabilidad recoger esos pedazos para ponerlos juntos y solo cuando empezara a hacerlo mi vida empezaría a cambiar.

Capítulo 14

Epifanía

Unos días después, estaba caminando, asustada hasta los huesos, hacia mi primera sesión con la nueva terapeuta ¿Por qué estaba asustada? Era tiempo de comenzar a mirar los cimientos de mi interior, pero no tenía idea por dónde empezar. Sabía que empezar este camino de sanación iba a ser doloroso, iba a requerir que abriera algunas puertas que habían estado cerradas por años e incluso algunas que habían estado cerradas casi toda mi vida.

Cuando le di una mirada a mi interior, era como mirar a los cientos de habitaciones de la mansión de un acumulador compulsivo las cuales estaban llenas de cachivaches desde el suelo hasta el techo. Era algo tan profundo que ni siquiera podía ver el fondo, todo lo que podía hacer era empezar con lo que tenía justo enfrente de mí, una cosa a la vez.

Las bombas traumáticas que se habían detonado a lo largo de mi vida habían dejado un desastre colosal en mi interior y haberlo dejado todo de esa manera, había causado una infección masiva en mi ser. Esta infección se manifestaba en ciclos de codependencia, atracones autodestructivos de alcohol y comida, amistades poco sanas, malos hábitos de sueño y la toma de pésimas decisiones que me mantenían lejos de una estabilidad financiera, emocional y física.

Vivir en un estado de disfuncionalidad, dolor, caos y enojo, se había vuelto mi nueva "normalidad." Sin embargo, crear una nueva "normalidad" significaba enfrentar monstruos y reabrir heridas para limpiarlas y dejarlas sanar apropiadamente. Mi sistema de creencias cambiaría, la realidad fuera de mí cambiaría, mis relaciones se transformarían y, por ende, mi sentido de pertenencia a ciertas comunidades también se transformaría.

Estaba asustada porque, aunque mi manera no estaba funcionando, era mi zona de confort. Conocía el paisaje del camino en el que había estado por tanto tiempo y aunque el dolor y el caos eran algo miserable de vivir, al menos sabía qué esperar de ellos. Lo que había al otro lado del camino de la sanación era algo totalmente foráneo para mí, pero estaba lista para lanzarme a lo desconocido, estaba desesperada por un cambio, mi vida se había vuelto inaguantable.

Sentía como si no tuviera nada en común con nadie, como si fuera la única que había pasado por mis traumas y estaba aterrorizada acerca de abrirme con alguien sobre lo que había en mi interior, pues de seguro que si mi terapeuta sabía realmente cuán destrozada estaba, ella también me dejaría. La traición de mi mamá teniendo una aventura con mi novio y el haber sido secuestrada y violada fueron mi introducción a la adultez, nunca tuve bases o conocimiento de cómo lucía un adulto realmente feliz y sano. Además de todo eso, tuve que encontrar mi propio camino a través de los escombros en lo que parecía un lugar gélido y cruel.

***

Una vez que pude empezar a abrirme a mi terapeuta, mis emociones empezaron a brotar y a fluir como olas gigantes. Era muy común para mí ir a beber durante horas después de mis sesiones de terapia debido a los sentimientos que surgían en mi ser. Era más fácil permanecer adormecida. Cuando entraba a la oficina de la terapeuta con grandes heridas abiertas en mis codos y mis rodillas, ella me miraba mientras me sentaba y empezaba a reírse tranquilamente desde un lugar de compasión.

—Esas horribles heridas no tendrán nada que ver con una botella de vodka que pudiste haber encontrado después de nuestra última sesión intensiva ¿cierto?

Así era, me había atragantado con una botella de alcohol tan pronto como llegué a casa y me había caído en la entrada cuando me tropecé con mis propios pies al intentar hablar con el gatito del vecino.

Parecía que cada vez que vaciaba una recámara de mi interior, se despejaba la vista a otras tres habitaciones llenas de sentimientos que ordenar. En ocasiones, me sentí sin esperanza y quería rendirme y renunciar, pero ya había llegado demasiado lejos para hacer eso.

Construimos confianza hasta el punto en que llegó el momento de profundizar en el secuestro y la violación. Empezamos a tener sesiones de dos horas a la semana, pues una hora ya no era suficiente para entrar en esas cámaras oscuras y volver a salir. Estuvo a mi lado cuando volví a ese sábado por la mañana y reviví cada detalle, la dejé ver y sentir conmigo. Un día me invitó a que tomara parte de una sesión en un grupo de terapia los lunes por la noche, el cual reunía a otras mujeres que habían pasado por traumas similares. Significó un cambio muy grande para mí.

Fue la primera vez que me solidaricé con otras mujeres que querían sanar y prosperar, para luego buscar su nuevo camino de vida. Me di cuenta de que no era la única que tenía temores e inseguridades, estaba sentada entre un grupo de mujeres que entendían cada paso, que tenían su propia historia para contar, pero que honraban y validaban la singularidad de mi propia historia.

En el grupo de terapia aprendí que no era la única persona que había experimentado estas cosas en la vida. Hablar abiertamente de cosas tan íntimas activó en mí catalizadores de trastorno de estrés postraumático. Comenzó con pesadillas nocturnas, memorias repentinas, ataques de pánico, desencadenamiento de atracones de comida, alcohol y drogas, pero esas fueron cosas que también compartí. Al aprender de otras integrantes del grupo empecé a encontrar maneras de cambiar poco a poco esos patrones y encontramos formas de ayudarnos las unas a las otras.

Asistía a mis sesiones de terapia personal una vez por semana, pero también seguí yendo al grupo de terapia los lunes por la noche durante algún tiempo. En nuestra última sesión hablamos del temor, de cómo nuestros traumas cambiaron nuestra visión de la vida debido a los miedos que nos inculcaron y de cómo esos miedos nos impedían vivir. Cada una de nosotras, a su turno, expresó sus temores al grupo y fuimos capaces de ver cómo cada uno de ellos impedía a esa persona vivir una vida verdaderamente plena, lo que a su vez me ayudó a ver como *mis* miedos impedían *mi* vida. Mis temores incluían: temor a nunca sentirme segura y protegida, temor a contar mi historia al mundo y que no fuera suficiente, temor a nunca tener un ingreso estable, temor a ser violada o agredida de nuevo, temor a ser herida de nuevo en relaciones amorosas, temor a llegar al otro lado de una curación y no encontrar nada mejor allí para mí, temor a quedarme atrapada en Oklahoma hasta el día de mi muerte, temor a obtener solo oportunidades de trabajo aburridas y poco interesantes, temor de no ser amada o aceptada incondicionalmente por alguien nunca jamás y temor a nunca tener una oportunidad para cambiar el final de mi historia.

Al final de nuestra sesión, la terapeuta nos dio, a cada una, una frase enmarcada que decía, *"Todo lo que quieres está al otro lado del miedo.* – George Addair."

Cuando llegué a casa, colgué ese cuadro al lado del interruptor de luz de mi cuarto para que pudiera verlo cada mañana, cada noche y docenas de veces entre medio. Me desafió a conectarme con mis planes en cada cosa que hacía, me desafió a aventurarme a lo desconocido, incluso si eso significaba hacer un pequeño cambio a la vez, como si estuviera tomando un nuevo camino para una caminata, a tener el coraje de hablarle a alguien nuevo y de liberar el control. Dios, si un barco en el mar cambia su curso un grado pequeñito, su destino va a ser totalmente diferente.

Mientras más crecía y más sanaba, estaba mucho menos contenta con mi vida actual. Shari y yo empezamos a crecer en direcciones distintas, su estilo de vida giraba en torno al bar y eso empezó a caer fuera de línea con la dirección hacia la que yo estaba yendo. El trabajar tanto en terapia y luego beber como si no hubiera un mañana, era tan efectivo como hacer ejercicio intensivo y luego ir a comer sin mesura a los restaurantes de comida rápida. También empecé a sentir que cada vez tenía menos en común con mis amistades que giraban alrededor del bar, quería tener conversaciones acerca de cosas reales y eso raramente pasaba con ellos.

Obtuve mi título universitario en negocios en junio del 2014. Shari y sus amigos me organizaron una fiesta de graduación inolvidable. No tenía ni la más mínima vergüenza de que un pregrado de cuatro años me había tomado diez, pues sabía cuántas veces, estadísticamente, debería haber muerto en el camino.

Pasé ese verano buscando un trabajo que requiriera un título de pregrado, pues pensaba que una puerta mágica se iba a abrir con una mejor oportunidad, sin embargo, eso nunca pasó. Las entrevistas de trabajo a las que me llamaron eran para posiciones que pagaban el salario mínimo inicial a cambio de hacer tareas básicas. Sabía que en esos trabajos me iba a aburrir bastante. Después de haber manejado mi propio negocio de pies a cabeza durante casi cinco años, no tenía motivación alguna para decirle sí a un trabajo aburrido y en el cual habría ganado en una semana lo que ganaba en un día en mi propio negocio. Ir de la libertad del empleo en mi emprendimiento a la prisión de una oficina en donde me dirían cuándo tomar un descanso para ir al baño, simplemente, no podía hacerlo.

Estaba desahogándome acerca de todo eso con mi amiga Katie que vivía en Connecticut y ella dijo:

—¿Por qué no vienes a pasar un tiempo aquí conmigo? Te puedes quedar en mi sofá y si te gusta, te podrías mudar cerca y ya veremos cómo podemos solucionar tu estadía. Si no te gusta, te puedes ir y puedes decir que lo intentaste, al menos tendrás una nueva experiencia, nada malo puede pasar.

Tenía razón, necesitaba un descanso de todo, necesitaba un descanso de mi relación con Shari, de Oklahoma, del bar con tanto alcohol y de mi terapia. Fue un gran paso de valentía salir de allí y hacer un cambio tan drástico, pero la frase enmarcada al lado de mi cama me recordó que estaba bien sacarme a mí misma fuera de mi zona de confort. *Todo lo que quieres está al otro lado del miedo.*

Le dije a Shari esa noche que me iba a ir a Connecticut por un tiempo. Al día siguiente, empaqué unas cajas y una maleta con objetos esenciales, las puse en el asiento trasero de mi Jeep y empecé mi viaje de veintisiete horas camino al norte de los Estados Unidos.

Era casi mediados de octubre cuando llegué allí y el paisaje lleno de árboles cambiando de color era simplemente maravilloso. Los colores eran tan vibrantes que juré que tenía que ser una pintura o un calendario. Todo en Connecticut era tan hermoso, la manera en que ellos hablaban inglés, la arquitectura de las casas, la estructura de los vecindarios y de los pequeños pueblos y las pequeñas autopistas de dos carriles que recorrían las colinas cubiertas de hojas que estaban cambiando de color.

Erin, la mejor amiga de Katie, vivía cerca y me consiguió una posición inicial en una planta de ensamblaje donde ella era la administradora de piso. Fue en ese trabajo dónde aprendí a ensamblar electrodomésticos. Nunca había hecho algo como eso, pero descubrí que me gustaba mucho y que era muy buena. El trabajo no pagaba mucho, pero era suficiente para pagar mis obligaciones y vivir mis aventuras, ese trabajo me presentó desafíos que me hicieron sentir plena.

Por primera vez experimenté el invierno del noreste de los Estados Unidos. La primera nevada fue lo suficientemente fuerte para sepultar mi vehículo bajo una capa de nieve y me di cuenta de que las cosas no cerraban cuando nevaba así como pasaba en Oklahoma. Katie trajo su equipamiento militar para que nos abrigáramos y pudiéramos remover la nieve para sacar mi auto de allí. Afortunadamente para nosotras, mi Jeep era un cuatro por cuatro y podía llevarnos a diferentes lugares en ese clima invernal.

Después de unos meses de estar allí, Katie, su novio y yo, hicimos un viaje a la ciudad de Nueva York, en donde tomé un tren por primera vez en mi vida, fuimos a Times Square, al Parque Central y luego fuimos a comer pizza a Brooklyn.

Después de eso, hice un viaje en auto a Rhode Island y recuerdo haber conducido por una larga sección de autopista que estaba rodeada por mar en ambos lados, el mar se extendía tan lejos como llegaba mi vista. Siempre he tenido algo de temor al océano y conducir por ese vasto cuerpo de agua me paralizó de temor, tenía el volante pegado a mis manos que sudaban como locas. Siempre pensé en dar la vuelta atrás, pero no tenía lugar para girar y regresar, no tuve más opción que sentir esas emociones hasta llegar a donde tenía que ir. Era la primera vez que veía una playa con nieve y el océano de Rhode Island era del azul más precioso que había visto en mi vida.

Era tiempo de regresar a Oklahoma, ya había estado fuera por casi cuatro meses y ese tiempo me había traído muchas perspectivas diferentes acerca de mi vida. Estaba lista para regresar a terapia, para regresar con Shari a nuestra relación y ver si el tiempo que pasamos aparte nos ayudaba a mejorar las cosas, además, también quería estar con mi querida Gracie. Mi solitario viaje de veintisiete horas me dio algo de poder, si podía enfrentar esas largas secciones de autopista sobre el océano, viajes en tren, ser independiente de nuevo, sacar mi auto de la nieve y enfrentar la vida de una manera diferente por mí misma, entonces podía enfrentar a Oklahoma. Estaba lista para iniciar un nuevo capítulo con un poder renovado e ir un paso más allá en el proceso de sanación en mis sesiones de terapia. Solo acababa de empezar y aunque tenía que trabajar muy fuerte, se sentía bastante bien, mientras más trabajaba, mucho mejor me sentía. Si nunca hubiera empezado en algún lugar desesperada por un cambio, nunca nada habría cambiado y habría dejado pasar todo eso.

Capítulo 15

Sigue Creciendo

*"No hay ningún lugar en el que puedas estar que no
sea dónde estás destinado a estar…"*

John Lennon

Cuando regresé de Connecticut ese febrero, volví a
retomar mis sesiones de terapia y me sentí con
esperanzas cuando vi cómo lucía el mercado laboral. Al
inicio, conseguí trabajos a tiempo parcial gracias a una
agencia temporal que me daba la oportunidad de ver la
disponibilidad del mercado. Sin embargo, después de eso,
una de mis amigas de la universidad me llamó para
decirme que el banco en el que trabajaba su esposo estaba
ofreciendo una posición vacante de tiempo completo que
pagaba bonos extras a personas que fueran bilingües y un
bono extra para quienes trabajaran el segundo turno del
día, el cual descubrí que era mi turno favorito cuando
trabajé en OnCue.

Sabía que el trabajo era en un centro de atención
telefónica, lo cual era nuevo para mí. Me emocionaba la
idea de intentar algo que no había probado antes. Sin
embargo, algo que no sabía de ese trabajo era que mis
responsabilidades incluían recibir llamadas de clientes que
estaban atrasados en el pago de sus hipotecas. Cuando me
contrataron, no sabía que me iban a poner a hacer

llamadas a clientes hispanohablantes que estaban retrasados en los pagos correspondientes a sus casas. Había pasado por una bancarrota y sabía cuán estresante era vivir el día a día sabiendo lo que era estar mal, financieramente hablando. Odié ese trabajo cada día que estuve allí, fue el peor trabajo que tuve en la vida, aunque, reconozco que fue muy útil para mi objetivo de cambio de vida

Un día en el cuarto de empleados conocí a una chica llamada Tiara, que me contó acerca del programa de maestría en el que estaba estudiando en la Universidad de Oklahoma. Aunque me había tomado tanto tiempo conseguir mi título de pregrado, amé cada paso de ese viaje y aunque había disfrutado celebrar mi graduación, extrañaba las clases. Si esa chica podía hacerlo, yo también podía hacerlo.

Tan pronto como salí del trabajo ese día, fui directo a casa para revisar los requerimientos de ese programa de maestría. Las vacaciones de verano acababan de comenzar y estaba tratando de entrar en el último minuto para ver si podía empezar a cursar el otoño siguiente. El programa tenía tres enfoques posibles: el primero era relaciones humanas, el cual se centraba en justicia y trabajo social; el segundo era recursos humanos y en el tercer enfoque se podían tomar cursos extra para encaminarse en la ruta de la psicología y convertirse en una terapeuta licenciada en un nivel de maestría. Decidí aplicar y mientras tanto, seguí adelante en mi trabajo, aunque lo detestara.

No me tomó mucho tiempo volver a mi ciclo de alcoholismo una vez que regresé a Oklahoma, me sentía sin poder alguno para controlar esta situación mientras Shari y yo estuviéramos juntas. Estaba de vuelta con ella en el bar y rodeada de nuestros amigos mutuos en ese antro. Usualmente, iba a trabajar con resaca y contaba los minutos para que llegara el viernes por la tarde y cuando eso pasaba, conducía directamente al bar después del trabajo para comenzar mi fin de semana de relajación. La bebida me hacía sentir miserable, al igual que mi trabajo. Trabajar en algo que odiaba simplemente alimentaba mi deseo de salir a relajarme. Era un ciclo terrible.

Un día volví a casa para almorzar y encontré que en el correo matutino había recibido mi carta de aceptación a la Universidad de Oklahoma para el programa de maestría. Estaba muy feliz, tanto que bailé alrededor de la cocina con Gracie. Deseaba con todo mi ser algo nuevo. Estaba a punto de celebrar mi cumpleaños número 30 y esa era definitivamente una manera de conmemorar un gran cambio positivo en mi vida y darle así la bienvenida a una nueva década. Ese día no pude obligarme a volver al trabajo, así que no regresé, de hecho, nunca jamás volví.

Cuando Shari volvió a casa del trabajo, decidimos reunirnos en el bar y le conté las buenas noticias. Estaba nerviosa por lo que ella iba a decir acerca de renunciar a mi trabajo, pues me había mantenido financieramente por bastante tiempo, quería hacer mi parte, pero simplemente no podía hacer algo que odiaba, no había salario en el mundo que fuera suficiente para compensar cuán venenoso se sentía en el interior hacer algo vacío y sin sentido. Shari no solo apoyó inmensamente mi decisión de estudiar una maestría, sino que también me dijo que no me preocupara por tener un ingreso, ella quería que me enfocara en mi terapia, en seguir sanando y creciendo y en tener la experiencia universitaria feliz y dichosa que merecía. Esperaba con ansias descubrir cuál sería el rumbo de mi vida, ser aconsejada y asesorada por profesores, tener una experiencia académica de tiempo completo con mis compañeros y construir amistades saludables con otros adultos en mi programa de maestría.

En definitiva nunca había tenido eso. Cuando viví en los apartamentos cercanos a mi antigua universidad, después de mi violación, caminaba por el campus y observaba a los estudiantes disfrutar de días de recreación, búsquedas del tesoro, fiestas, noches de película y otros compromisos sociales que lucían divertidos. No poder tener esas experiencias me hacía sentir furiosa y amargada. El empoderamiento que conseguí gracias a Shari me dio una oportunidad de recrear y vivir esa experiencia para mí misma, así que lo hice.

Me comprometí a treinta días de sobriedad así podría pensar qué quería hacer con mi vida. Estaba cansada de sentirme una mierda todo el tiempo. Ahorré algunos de mis sueldos del corto periodo que trabajé en ese horrible centro de atención telefónica, con lo cual me suscribí a una membresía de un gimnasio y contraté a un instructor, ya que siempre había estado intrigada por el fisicoculturismo femenino. Quería comer más sano, sentirme mejor conmigo misma y canalizar todo lo que pasaba en mi interior hacia algo que diera poder, como el levantamiento de pesas, así que lo hice. Me sentí tan bien después de 30 días lejos del alcohol, que decidí hacer otros 30, lo cual sucedió justo cuando mi semestre en la universidad estaba empezando. Aún iba a sesiones de terapia, pero no necesitaba asistir tan seguido como antes. Raramente tenía memorias paralizantes, pesadillas o terrores nocturnos, de todos modos, mi ansiedad seguía siendo bastante fuerte.

Siempre voy a recordar lo asustada que estaba cuando caminé a través de la puerta del edificio de ciencias físicas la noche que tuve mi primera clase. Tenía muchos temores acerca de hacer algo tan nuevo y tan grande. Siempre sentí que no era lo suficientemente inteligente, preparada o elocuente para estudiar en la educación superior.

Si lo intentas y no es para ti, por lo menos lo sabrás, podrás decir que lo intentaste y aprendiste algo nuevo acerca de ti misma.

Mi profesora era una mujer de Palestina que sería otra persona que cruzaría mi camino y cambiaría el curso de mi vida para siempre. Me enseñó a pensar, era como si esa mujer encendiera todos los interruptores en mi cerebro y recorriera mi interior con una antorcha para encender todo en llamas. Era tan compleja, intimidante, severa y ruda, que me hizo enamorarme del proceso de aprendizaje en un nivel mucho más profundo de lo que jamás pensé. No podía esperar para volver por más cada semana. Estaba aterrorizada de hacer mi primer ensayo de investigación, pues era consciente de mi estilo de escritura y sabía que eso se iba a ver reflejado en mi calificación final.

Puse todo mi corazón y mi alma en ese ensayo, incluso mucho más de lo que lo había hecho en los últimos diez años de clases. Unos días después de entregarlo, estaba en la biblioteca estudiando cuando la Dra. H vino a mi mesa. Mis piernas empezaron a temblar, mierda, daba tanto miedo, pero solo me preguntó si tenía tiempo para reunirnos en privado en su oficina. Cuando acudí a la cita, resultó que estaba extremadamente impresionada con mi ensayo y me preguntó si estaba interesada en ayudarla y trabajar haciendo investigación para un libro que estaba escribiendo. Le dije que no tenía idea acerca de cómo hacer investigación, pero ella estaba dispuesta a enseñarme todo lo que necesitaba saber.

Sabía que no me iban a pagar, pero quería hacerlo por la experiencia de aprendizaje. Al aprender a hacer investigación me di cuenta de que lo amaba. Amaba la investigación más que cualquier otra cosa que había hecho y gracias a las cosas que tuve que hacer para ella, me volví muy buena haciéndolo. Cuando el semestre terminó, mi departamento académico me ofreció un trabajo como asistente de investigación el semestre siguiente.

Tan pronto como terminé los exámenes finales de ese semestre, celebré mi cumpleaños número treinta y esta vez, realmente tomé tiempo para celebrar lo lejos que había llegado desde que toqué ese fondo oscuro solo dos años atrás cuando mi cumpleaños número veintiocho se avecinaba y me sentía sin esperanza alguna sobre la vida en general. Me mantuve sobria durante todo el semestre hasta mi cumpleaños, quería darle la bienvenida a una nueva década sintiéndome muy bien. Todo lo que había vivido durante mis veintes era más de lo que la mayoría de las personas viven en sus vidas enteras, podía ver cuán lejos había llegado desde mi violación, mi tiempo en rehabilitación, mi bancarrota e incluso mi aventura en Connecticut.

Cuando el nuevo semestre comenzó, fui asignada a otro profesor, lo cual fue un movimiento divino del universo. Empecé a trabajar con el Dr. D, quién sería otro ángel que impactaría mi vida de manera indescriptible. Tenía un doctorado en psicología y había dirigido sus propias prácticas y consultas por mucho tiempo. Era un autor publicado en varias ocasiones y no lo iba a ayudar solamente haciendo investigación para las publicaciones en las que estaba trabajando, sino que también lo ayudaría organizando las notas que escribía en servilletas, las cuales trazaban el mapa de los capítulos de su próximo libro. No podía entender su caligrafía, pero él leía sus notas en voz alta mientras yo las transcribía.

El Dr. D era un ángel caído y era altamente venerado, no por ser un imbécil como otros profesores titulares, se lo había ganado siendo auténticamente amable y empático con las demás personas. Estar expuesta a tanto material en su campo también tuvo un impacto en mi transformación, pues fui introducida al trabajo de Carl Rogers, quién es el padre de la terapia centrada en la persona.

Leer cientos de páginas del trabajo de Carl Rogers era justo lo que mi alma necesitaba. Trabajar con el Dr. D fue tan impactante para mí, no solo me estaba pagando para hacer algo que amaba a través de la investigación, sino que también estaba creciendo personalmente gracias a mis clases y a su mentoría. Después de Shari, fue la segunda persona que conocí que realmente me escuchó de corazón, fue el primer hombre con el que me sentí segura.

Después de siete meses de haberme mantenido lejos del alcohol, fui absorbida de nuevo en un huracán de licor en el bar con Shari y pronto descubriría que mi compromiso hacia mi trabajo académico y mi trabajo con el Dr. D no dejaban espacio alguno para atracones de alcohol y resacas. Me sentí mucho mejor de lo que había imaginado durante mis meses de sobriedad. Estaba tan furiosa conmigo misma por haber dado un paso atrás, pero al mismo tiempo tuve la oportunidad de darme cuenta de que cuando estaba con Shari en su casa era simplemente imposible mantenerme alejada de la bebida. Empecé a tener la suficiente conciencia para reconocer que el alcohol mataba todo lo que había dentro de mí y a mi alrededor ¿Por qué no podía simplemente dejarlo?

Una mañana llamé a mi mamá para desahogarme después de un fin de semana en el que había tomado muchísimo y se ofreció a recogerme para ir a dar un paseo por el lago Overholser. En nuestro camino hacia allá, vimos un letrero en el jardín de una casa muy acogedora que anunciaba un aparta-estudio en renta. Mi mamá paró y llamó al número del anuncio inmediatamente. La mujer que lo rentaba estaba en casa y nos invitó para que viéramos el lugar en alquiler ese mismo día. Era un pequeño apartamento independiente en su patio trasero, muy precioso, el costo del arrendamiento y de los servicios públicos era solamente un tercio de mi simple salario mensual de la universidad.

—Necesito amueblarlo, le dije a mi mamá con presteza, necesitaba estar por mi cuenta y este era el momento perfecto. Me recordó que hacía poco tiempo se había vuelto a casar y tenía bastantes cosas extras que podría darme para mi pequeño rinconcito. Tenía miedo de irme de casa de Shari, pues allí me había ocultado del mundo por un largo tiempo. También sabía que mis ciclos de alcoholismo eran un lastre para hacer otras cosas que quería para mi vida.

Todo lo que quieres está al otro del miedo.

Estaba lista para un cambio, era tiempo de seguir adelante. Mi mamá sacó su chequera y se encargó de pagar en ese mismo momento el depósito inicial y el primer mes de renta. De ahí fuimos a una gran venta de garaje donde encontramos una hermosa mesa de cocina, unas sillas y otras cosas que necesitaba. Además de eso, encontramos una cama en el área de liquidación en la tienda de muebles de un pariente lejano, quién me permitió comprar la cama a crédito y pagarla más adelante con mis dos primeros salarios. También fuimos a casa de mi mamá por algunos artículos de cocina, sábanas, cobijas y almohadas. En tan solo unos días tenía mi apartamento listo y amoblado. Estaba por mi cuenta de nuevo, en mi propio espacio por primera vez después de muchos años. Se sentía tan hermoso.

Estábamos empezando el semestre de primavera y mi trabajo como asistente del Dr. D se acabaría al final de ese periodo, es por eso que solo recibiría pagos hasta la mitad de mayo. Estaba asustada, no sabía cómo iba a hacer para pagar la renta durante el verano, pero todo se puso a mi favor en el último minuto. Cuando la semana de exámenes finales se acercaba, el Dr. D me dijo que había movido algunas influencias para conseguirme un trabajo pago en otro departamento de la universidad. Ese departamento necesitaba traducir un sitio web de español a inglés para, de esa manera, poder colaborar en un proyecto con una universidad de Perú. Me cayó como anillo al dedo el hecho de que no tendría un periodo de desempleo de mi trabajo en la universidad, pues estaría traduciendo durante todo el verano.

Todo funcionó a mi favor divinamente, nada de eso empezó a pasar hasta que dije que estaba lista para un cambio. Ese fue uno de los momentos de mi vida que me mostró que no debería esperar a que las cosas a mi alrededor empezaran a cambiar para poder empezar a moverme hacia adelante, sino lo contrario.

Ese verano, mi violador salió de prisión bajo libertad condicional. Amaba que mi pequeño y acogedor hogar estuviese escondido, nadie podía encontrarme allí y mi correo todavía llegaba a la casa de Shari, nunca tendría mi nombre asociado a una dirección.

Llegué al punto en mi proceso de sanación en el que pensé que quería estudiar psicología. Sentí que tenía algo que darles a otras personas debido al lugar en el que me encontraba en mi camino. Al exponerme a tanto material en el campo de la psicología y al trabajar con el Dr. D en sus proyectos de investigación, decidí que tal vez mi campo profesional sería la psicología. Así que ese verano hice el trabajo de traducción, leí muchos libros de psicología, tomé mis clases electivas de psicología y todavía asistía a mis sesiones de terapia cada dos semanas.

Me dediqué al campo de la psicología investigando en el área de lo que sucede en el cerebro cuando alguien atraviesa un trauma significativo. Me conecté con otra profesora de mi departamento que se dedicaba a trabajar con mujeres en la cárcel y me enamoré de los libros que me dio de historias de mujeres, su tiempo en prisión y el camino de la vida que las llevó allí. Muchas veces pensé que podría haber sido yo, pero nunca me atraparon. Deseé poder estar adentro con ellas para ver cómo era la vida a través de sus ojos. Aprendí mucho de sus historias.

Cuanto más leía, estudiaba, crecía y sanaba, más me alineaba con lo que se sentía bien dentro de mí, pero no estaba segura de que un camino en psicología fuera para mí. El Dr. D y sus otros colegas estaban ansiosos por escribir cartas de recomendación para que ingresara en un programa de doctorado. El Dr. D dijo que algún día podría dirigir mi propia consulta, que tenía todo lo necesario para llegar allí y que él podía enseñarme cómo hacerlo desde el punto de vista comercial. Claro, era emocionante pensar en ganar varios cientos de dólares por hora, pero eso no era para mí. Las personas que más necesitan ayuda son aquellas cuyas historias no se escuchan, son personas que ya tienen muchas barreras de recursos y esas eran las personas con las que quería trabajar, era con ellos con quienes podía sentir una mayor empatía. Quería contar mi historia a otras personas que pudieran inspirarse en ella, pero ¿tenía que pasar por cinco años más de estudio, obtener mi doctorado y tener mi propia oficina para hacerlo? Me encantaba estudiar y me encantaba aprender, pero sentía que también me impedía crear por completo lo que quería, mientras intentara crear algo a través de la universidad, siempre me dirían cómo hacer todo y en qué formato hacerlo, eso era desalentador para mí.

Tomé una carga pesada el otoño siguiente junto con mi pasantía de investigación y aproximadamente diez semanas después de comenzar mi semestre supe claramente que no quería obtener una licenciatura en psicología. Sentí que significaría un limitante a la hora de hacer las cosas que mandaba mi corazón. Ese día estaba en la oficina del Dr. D teniendo un colapso y simplemente me escuchó con empatía, como siempre lo hacía. Nunca interrumpió, nunca juzgó, nunca trató de arreglarlo, sintió lo que yo sentía y me dio sabiduría cuando se la pedí. Le dije que quería dejarlo todo e ir a vender helados a la playa, pensó que era divertido, pero dijo:

—Está bien tener un mal día, tienes una carga muy pesada, te daré el resto de la semana libre para que puedas recargar tu batería y puedas entregar tus tareas la próxima semana, pero no dejaré que abandones tu semestre y tires a la basura todo lo que has hecho. Reunámonos la semana que viene para ver si podemos elaborar estrategias conjuntas con algunas soluciones.

Cuando fui a trabajar la semana siguiente, me hizo una pregunta que, de nuevo, cambió el curso de mi vida. Mirando hacia atrás a previas experiencias que había tenido en mi vida, preguntó, ¿qué había sido lo que más me había hecho feliz en mi vida? Me quedé callada un rato antes de responder.

—Cuando tenía diecinueve años, compré un boleto de ida a Cozumel, México —compartí—. No tenía ningún plan, solo aparecí con la esperanza de trabajar y tener una vida como la de los lugareños. Manejé motocicletas, viví con una familia local y aprendí a vivir como ellos, hablaba español todo el día y la noche y estaba completamente inmersa en una cultura diferente. Me prometí a mí misma que encontraría cualquier forma posible de viajar de nuevo y terminar lo que comencé, pero después de regresar a los Estados Unidos para comenzar a trabajar y ahorrar algo de dinero, viví ese episodio traumático con mi madre y seis días después de eso fui violada. Desde entonces había estado intentando rehacer mi vida. Si pudiera encontrar una manera de ganarme la vida haciendo algo que amo mientras viajo, lo haría con todo mi corazón hasta que respire por última vez.

Sus ojos brillaron cuando dije eso, se quedó callado y pensativo por un momento y luego dijo:

—¿Cómo te sentirías de tomar un semestre para estudiar en el extranjero? Podemos encontrar una manera para que completes tus proyectos de cursos de forma remota mientras vives en otro lugar. Joanne, de la oficina de estudios en el extranjero, es de Bogotá y podría tener una conexión para ti en Colombia. ¿Te interesa?

¡SÍ! Viajar a un nuevo país, dedicarme al español día y noche, seguir investigando que era algo que amaba y poder seguir trabajando en mi carrera. Absolutamente, ¡Los fuegos artificiales se dispararon como locos dentro de mi alma! Fui a buscar a Joanne de inmediato. Dijo que conocía a una señora que vivía en un pueblo llamado Jardín a unas tres horas al sur de Medellín. La mujer era directora de un proyecto científico especial para una escuela rural y era posible que pudiera hacer una pasantía allí para luego escribir proyectos y documentar mi experiencia. Todo ello se podría aplicar a mi carrera para terminar mi maestría en Relaciones Humanas.

Me reuní con Joanne, quien me puso en contacto con un chico llamado Hernán, que era de Jardín, pero que en ese momento vivía en Medellín. Él y yo nos mantuvimos en contacto mientras trabajaba en el material de mi clase. El siguiente semestre de primavera estaba tomando clases de investigación y la universidad quería arreglar los detalles sobre mi vuelo de ida y vuelta, los detalles de mi pasantía y arreglar mi alojamiento.

Sentí que todos esos detalles estaban tratando de atraparme de alguna manera, tipo, ¿cómo se suponía que iba a saber cuánto tiempo me quedaría? ¿Qué pasaría si llegaba allí y no me gustaba? ¿Qué tal que no me gustara hacer una pasantía allí? No sabría nada hasta que llegara. Uno de mis asesores de investigación quería que hiciera una investigación académica sobre Colombia para que pudiera escribir una reseña literaria al respecto antes de ir. No me sentía bien con eso, no quería que los libros académicos me dijeran qué pensar sobre Colombia antes de llegar allí. Quería ir como una hoja en blanco, sin prejuicios, sin nociones preconcebidas y quería que los colombianos, en mis vivencias cotidianas, me hablaran de su Colombia.

Me encontré con Shari en nuestro bar local esa noche para ponernos al día, porque vivíamos separadas, pero seguíamos siendo amigas cercanas. Mientras estaba sentada allí con ella miré a mi alrededor a la gente sentada en el bar. Eran las mismas personas que habían estado sentadas en los mismos asientos todos los días, saliendo del trabajo, del mismo trabajo, tomando las mismas rutas para llegar allí, bebiendo las mismas bebidas, pagando las mismas cuentas de la barra, quejándose de sus mismos problemas y contando las mismas historias. Mientras miraba a todas esas personas los recuerdos de cuatro años trabajando en el bar comenzaron a zumbar en mi mente.

Dios, ¿esa sería yo a los cuarenta o cincuenta? ¿Con las mismas historias y angustias de las que estaba tratando de averiguar la raíz? De ninguna maldita manera. Todos los clientes habituales estaban en la barra con sus bebidas y viendo las noticias en la televisión. Me pregunté cuánto influyó en mí el haber nacido en el sistema de los Estados Unidos. ¿Qué pensaría de la vida en general si no tuviera heridas familiares? ¿Qué pensaría de la vida si hubiese nacido en un sistema político diferente? ¿Cómo sería la vida si hubiera nacido en un sistema de clases diferente? ¿Cómo sería la vida si todos existiéramos en una forma espiritual donde nadie viera el color de piel o el género? ¿Cómo sería el mundo si la religión no existiera y la gente no pudiera usar la "santa doctrina" para justificar su odio hacia otros grupos de personas? ¿Hasta qué punto fui programada sobre todas esas cosas? ¿Quién sería si me apartara de la proximidad de todos ellos y me mudara a un lugar donde todo fuera radicalmente diferente para poder mirarme de verdad sin la programación de esas cosas que me rodeaban?

Compra un boleto de ida, escuché un leve susurro dentro de mí. *No tienes que decidir cuánto tiempo quieres estar fuera, todavía no tienes que comprometerte en nada con la universidad. Solo ve, no tienes que quedarte, no tienes que volver si no quieres, puedes hacer todo lo que quieras.*

Así que así lo hice tan pronto como llegué a casa, encontré un boleto de ida para Medellín, Colombia, por doscientos cincuenta dólares para salir el 11 de junio de 2017. Tuve un par de meses para terminar mi semestre bien y prepararme para un gran cambio de vida. Luego volví a aprender una verdad del ser humano que había experimentado en ocasiones anteriores: la gente proyecta sus miedos en ti y trata de disuadirte de hacer las cosas que tu corazón desea.

"Pero ¿y si ... es peligroso? Pero, ¿y si ... te secuestran? Pero, ¿y si ... no te gusta? " ¿Y si, y si, y si? ¿Por qué siempre esperamos que sucedan las peores cosas cuando salimos de nuestra zona de confort? ¿Qué pasa si lo más magnífico que pueda suceder en nuestras vidas está esperando en lo desconocido?

El día anterior al que se suponía debía irme estaba en mi pequeña cabaña haciendo las maletas. ¿Cómo debo empacar para un boleto de ida? No tenía ni idea de qué ropa llevar, no sabía nada sobre el clima al que me dirigía, no tenía idea de si estaría allí una semana y regresaría a Oklahoma o estaría allí una semana e iría a otro lugar. Sentí que me estaba cayendo hacia atrás confiando en que algo o alguien me tomaría. ¿Y si nadie lo hacía?

Luego, cuando terminé de empacar y estaba quitando las cosas más pequeñas de mis paredes para poder dejar el lugar limpio, vi la cita enmarcada colgando sobre el interruptor de luz junto a mi puerta.

Todo lo que quieres está al otro lado del miedo.

Me senté en mi cama y la sostuve en mis manos durante mucho tiempo. Regresé en el tiempo a esa Jenni que tocó fondo justo antes de cumplir veintiocho años, esa Jenni que tenía tanto dolor que ni siquiera podía imaginar estar viva para celebrar su cumpleaños número treinta. Recordé cómo había caminado por la vida con temor durante años, asustada por los monstruos que estaban debajo de mi cama, fuera de mi habitación, fuera de mi casa, dentro de mí escondidos en todos esos recovecos. Recordé a esa Jenni que tenía miedo de hablar, de hacer nuevos amigos, de hablar en grupos, de probar cosas nuevas o de soñar con algo más grande y cómo esta cita había llegado en el momento perfecto en mi proceso de sanación. Había sido el catalizador que me había ayudado a ir más allá cada día y a ver qué había más allá de un oscuro velo tras otro.

Cuando quebré me pareció lo más terrible por lo que pude haber pasado, pero en ese momento en mi cama, sosteniendo ese marco, leyendo esa cita, reconocí en voz alta que era lo mejor que me pudo haber pasado alguna vez. Tenía una casa, la cual llenaba de cosas y si todavía tuviera todo eso, no tendría la libertad de hacer lo que estaba a punto de hacer. Estaba tan agradecida de haber cortado la soga que me ataba a esa pesada carga y agradecida por todo lo que me había enseñado, por mostrarme lo que no quería ni quiero volver a experimentar, podía ir a la deriva con una simple mochila en mi espalda a donde mi espíritu me llevara.

Todo lo que quieres está al otro lado del miedo.

Entonces, eso implica que debo sentir miedo, ser valiente no significa que uno no tenga temor, significa reconocerlo y seguir adelante sí o sí, la verdadera valentía no existe en la ausencia de miedo. Deseaba poder llevarme ese cuadro, pero sabía que ahora tendría que ser prudente con lo que llevaba en mi maleta ya que toda mi vida estaría sobre mi espalda.

¡Oh, pero aún podría llevarme esa cita a todas partes! Inmediatamente fui a la calle veintitrés para tatuármela en mi antebrazo derecho. Quería verla todos los días para recordarme a mí misma que debo seguir adelante, seguir creciendo, seguir haciendo un trabajo interior y no dejar que nada se interponga en mi camino. Antes, el miedo me paralizaba y me mantenía atada como una marioneta, pero ahora debido a mi camino de sanación, crecimiento y expansión, había comenzado a ver ese miedo como una "x" en un mapa que era una guía para encontrar el tesoro enterrado.

Al día siguiente, con mi nuevo tatuaje palpitando en mi brazo derecho, abordé mi vuelo de ida a Medellín para ver qué había detrás de esa "x" en mi mapa.

Capítulo 16

Aterrizaje en Colombia

Después de aterrizar en Medellín logré pasar por inmigración y salí del aeropuerto para inhalar mi primera dosis de aire de Colombia. Le pasé al conductor del taxi la dirección del hostal que Hernán había sugerido. Mi cabeza colgaba por la ventanilla y mi mandíbula colgaba abierta mientras salíamos del aeropuerto hacia el centro de Medellín. Le pedí al taxista que se detuviera para tomar fotos de la vista; fue la primera foto que me tomé en Colombia con la ciudad de fondo y un espejismo de las montañas en lugares donde la contaminación del aire las dejaba asomarse.

De repente, se detuvo enfrente de la dirección que le había dado. Le pagué y me paré ahí con mis maletas, mirando al grupo de personas que había tomando cerveza y jugando cartas en una mesa grande en el patio delantero. Nunca en mi vida había estado en un hostal, de hecho, el único concepto que tenía de un hostal era lo que había visto en películas de terror, así que siempre tuve miedo de probar uno, pero me había prometido que estaría abierta a probar cosas nuevas.

Estaba fuera de práctica con mi español y se me hizo bastante difícil comunicarme con la chica de la recepción debido a que no estaba familiarizada con el acento colombiano. Por los años de fluidez que tenía en español, había llegado con la idea arrogante de que entendería todo fácilmente, no podía haber estado más equivocada. Fue una más de las tantas cosas que me sacaron fuera de mi zona de confort. Después de que me registré, la recepcionista me guió por el pasillo hacia mi cuarto donde había cinco camas pequeñas, la mía estaba al fondo de todas. Todas las demás camas estaban ocupadas por un grupo de mujeres que hablaban un idioma que jamás había escuchado y sus cosas estaban tiradas por todos lados. Pasé por encima de sus cosas y apilé las mías al pie de mi colchón. Mi cama era dura como una piedra, una losa de madera con un colchoncito delgadito como una hoja de papel, una sábana desgastada y adornada con una almohada delgada apoyada contra la pared, en la esquina. Me senté ahí abrumada mirando a esas chicas que ni siquiera habían percibido mi entrada, que seguían hablando un idioma que no entendía.

Y así, me había trasplantado a una vida nueva. ¿Ahora qué? No tenía idea. Antes de salir de los Estado Unidos, había cambiado mi plan de datos a un plan internacional para poder tener comunicación ilimitada con cualquier persona en mi país. Saqué mi teléfono para avisarle a Shari y a mi madre que había llegado, y me dí con que mi plan internacional nunca se activó. Mi celular no servía para hacer nada y nunca había compartido mi espacio con tantas personas, menos con tantas personas desconocidas. La chica de la recepción me mostró los baños y ahí me enteré que también compartiría el baño con toda la gente del primer piso.

Cuando salí a la calle para comer algo, descubrí que mi tarjeta bancaria no funcionaba ya que como la transacción se realizó en un país extranjero disparó una alerta de intento de fraude a la cuenta. Afortunadamente, tenía suficiente dinero en efectivo para pagar mi comida, pero ese era todo el dinero que me quedaba. También descubrí que el taxista me había cobrado tres veces la tarifa legal por mi viaje desde el aeropuerto, sabiendo que yo no sabría cuánto me tenía que cobrar. A esta altura, estaba tan abrumada que todo lo que pude hacer fue caminar de regreso a mi hostal. No tenía teléfono, ni tarjeta bancaria, ni efectivo, ni amigas. Ese sentimiento fue brutal, un nivel de temor que realmente no había anticipado, nunca en mi vida había estado tan radicalmente fuera de mi zona de confort.

Me quise esconder, necesitaba esconderme como un animal que percibe el peligro y mete su cabeza profundamente en un hueco de la tierra. Al entrar al hostal escuché a alguien en la recepción cargar una botella de licor en la cuenta de su cama. Me detuve y vi que atrás de la recepcionista había un mostrador lleno de botellas de ron colombiano, Ron Medellín.

—Disculpe, señorita ¿Si quiero esa media de ron debo pagar en efectivo o puedo ponerla en mi cuenta y pagar todo junto cuando salga del hostal?

—¡Puedes ponerla en tu cuenta y pagar más tarde! —me informó.

Fui a mi litera con esa botella y me arrastré dentro de ella, ni siquiera tenía una copita, chupé ese licor directamente de la botella mientras lloraba y lloraba sola en mi cama.

—¿Qué mierda he hecho con mi vida? —me pregunté.

Tenía una cómoda cama en mi cabañita donde viví sola durante casi un año. ¿Por qué hice esto? ¿Qué iba a hacer para conseguir dinero? ¡El Dr. D me había dicho que todavía tendría mi trabajo de investigación académica a través del departamento, pero eso no empezaría hasta agosto! Solo quería a Gracie, quería volver a mi zona de confort. Ahí estaba, sentada en mi cama en las sombras de la oscuridad, chupando ron de la botella y llorando. Eso sí era mi zona de confort, el ardor del licor en el fondo de mi garganta me brindaba un refugio de mis sentimientos y de la espantosa e incómoda realidad.

"La próxima vez seré más valiente, seré mi propia salvadora cuando la tormenta me llame. La próxima vez seré más valiente, seré mi propia salvadora y estaré de pie sobre mis propios pies..."

Escuché una voz hermosa afuera, en la recepción, cantando la letra de una de mis canciones favoritas de Adele y aquellas palabras que había cantado tantas veces. Esas palabras no podían haber llegado en un mejor momento. Mientras estaba sola en mi cama emborrachándome, encontré las agallas para aventurarme fuera de mi refugio para ver de dónde salía esa hermosa voz. Ahí estaba sentada una de las chicas de mi habitación, tocando la guitarra y cantando esa letra rodeada de otra gente del hostal. Aún no conocía a nadie, así que me junté con ellos fascinada por la valentía que tenía esa chica al cantar enfrente de tantas personas desconocidas y pensé para mí misma, *Quizás algún día yo también seré lo suficientemente valiente para cantar en público.*

Un tipo barbudo se acercó a nuestra mesa con un porro gordo en su mano.

—¿Alguien quiere fumar marihuana?

¿Por qué diablos no? Seguí a su grupo afuera, él me sonrió.

— Hola, soy Moshé y la chica cantante se llama Or, tú, fúmate esto, —dijo mientras me pasaba el porro. Era una fumadora ligera y siempre lo había sido, di una gran calada de ese porro y casi muero tosiendo, todos se murieron de la risa.

Ofrecí mi botella de ron y pasamos el porro y la botella para compartir entre todos. Mientras fumábamos, escuchaba sus historias, que contaban en hebreo y Moshé interpretaba: Todos eran de Israel, se habían conocido mientras viajaban y decidieron viajar juntos por un tiempito. ¡El idioma que hablaban era hebreo! Por fin encontré mis piernas y de ahí pude encontrar mi cama, lloré hasta quedarme dormida al terminar mi primer día oficial pisando suelo extranjero.

A la mañana siguiente me desperté con nuevos desafíos. Una forma en la que el trauma había manifestado su daño en mi vida era mi necesidad de controlarlo todo, me había vuelto extremadamente obsesiva compulsiva, constantemente limpiando y organizando, haciendo las cosas en una manera muy específica y constantemente repitiendo ese comportamiento como un ciclo. Ser así me hizo sentir una seguridad única. Fue un reto y shock gigante hacer mi rutina de aseo mientras compartía un baño o me cambiaba la ropa enfrente de otras personas. Eso me hizo sentir como si estuviera aprendiendo a caminar de nuevo y hacerlo con tantos factores radicalmente nuevos era increíblemente difícil. No tenía control sobre nada ni nadie, excepto sobre mí misma. Todavía no estaba segura de qué pensar acerca de mí, pero esa era otra razón por la cual había hecho este cambio tan radical.

Después de mi ducha, la chica que había estado cantando la noche anterior se acercó a mi litera y se dejó caer a mi lado en mi cama.

—Te escuché decirle a la recepcionista ayer que tuviste un problema con tu tarjeta bancaria y tu teléfono. ¿Puedo ayudarte a resolverlo?

Estaba tan conmovida por su amabilidad, no había comido desde el almuerzo del día anterior y mi estómago me rogaba que dejara que alguien me ayudara. *Sí, sí*, yo necesitaba ayuda, solo necesitaba un pequeño impulso.

—De hecho, ¿te gustaría ir a tomar un café conmigo? Yo invito, siento que necesito hablar contigo. Me preguntaba de qué querría hablar esta extraña conmigo

Quería salir y explorar, necesitaba encontrar mis piernas, sabía que encontraría mis alas, pero primero necesitaba caminar.

—Sí, me encantaría —respondí.

Nos aventuramos afuera del hostal y empezó a mostrarme el barrio. Todo era drásticamente diferente a lo que había visto en los Estados Unidos. Ellos estaban allí desde hacía unos días y conocían el área bastante bien. Seguimos las aceras rotas a través de los recovecos del barrio el Poblado hasta que encontramos un café Juan Valdez, el cual no tenía la más remota idea que se convertiría en uno de mis lugares favoritos. Eventualmente, visitaría docenas de ellos en diferentes lugares en diferentes países, escribiendo fragmentos de este libro en algunos de ellos. Mi primer café Juan Valdez, de tantos, fue en una mesa en la vereda un lunes por la mañana, la primera mañana que me desperté en Colombia.

—Acabas de empezar a viajar, puedo intuir que eres nueva. ¿Estás sola? —me examinó.

Asentí y tomé un sorbo de café, ella continuó.

—Sé exactamente lo que estás sintiendo, te sientes aterrorizada. Nunca había estado fuera de mi casa antes de servir en el ejército israelí, mientras estaba ahí, ahorré todo mi salario para poder viajar cuando terminara. El ejército me cambió y me preparó para viajar sola donde quiera que mi corazón me lleve.

Estaba asimilando toda su belleza femenina, mirando su largo cabello cayendo en cascada sobre su piel de color oliva. Era tan bella, no pude imaginarla vestida con ropa de combate, luchando en una guerra.

—Cuando enfrenté mis miedos, el poder de ellos comenzó a desaparecer y lo mismo pasará con los tuyos. Son momentos como este los que te cambiarán, déjate sentirlo todo.

Su historia me hizo pensar en Mukarram, una mujer musulmana de Palestina que estaba en mi programa de maestría en la Universidad de Oklahoma y se había convertido en mi amiga. Cuando Mukarram era niña, era normal que estallaran bombas en su ciudad o que sus vecinos fueran atacados por militares israelíes. Nació en medio de una traumática guerra debido al conflicto entre Israel y Palestina y aquí estaba yo, en un continente totalmente diferente tomando un café con una mujer que sirvió en el ejército que aterrorizó a Mukarram y su familia. El mundo debía verse radicalmente diferente a los ojos de estas dos mujeres.

Sentí que algo se movía profundamente dentro de mí, ella no tenía idea de que, en el fondo de mi mente, yo me estaba diciendo a mí misma que no era demasiado tarde para dar la vuelta y volver a lo que conocía, a mi zona de confort.

Continuó.

—Este no es el primer momento difícil que pasarás. Vivirás muchos momentos difíciles mientras viajas, pero esos son los que te transformarán. Sé más curiosa sobre lo que hay detrás de tus miedos y descubrirás lo que tienes dentro que todavía necesita abrirse. ¿Quieres ir a Salento con nosotros mañana?

No tenía idea de lo que era Salento.

—¿Qué es Salento?

La idea de ir a un lugar nuevo otra vez me abrumó, quería esconderme en mi litera.

—Salento es un pueblo a unas seis horas al sur de Medellín, es pequeño y está rodeado de montañas, en las fotos que vimos se veía como un lugar hermoso, queremos hacer un poco de senderismo allí.

Ni siquiera había visto Medellín todavía, nunca había hecho un viaje en autobús en un país extranjero, le dije que no.

—¿No? ¿Qué más vas a hacer? ¿Viniste hasta aquí para esconderte en tu litera? Cuando nos vayamos tendrás cinco nuevas personas en tu habitación. Todo lo que tienes en la vida ahora es una maleta y un camino abierto, deberías empezar a decir que sí a todas las oportunidades y verás qué caminos se abren para ti.

El nuevo tatuaje en mi brazo derecho llamó su atención.

—Todo lo que quieres está al otro lado del miedo. ¿Ves? Tú ya sabes. Siento que tienes una historia, pero no estás lista para contarla, solo tu sabrás cuándo sea la hora. Tu vida es un lienzo y es hora de pintar lo que quieras.

Levantó su café para que brindáramos.

—Vamos a resolver tu problema con el teléfono y el banco, luego exploraremos Medellín y en la noche nos prepararemos para ir a Salento en la mañana. ¿Sí?

Sonreí, sentí mariposas en mi barriga y luego las solté hacia afuera y las vi dispersarse simbólicamente en el aire alrededor de todas las personas que nos rodeaban. Sí, iría.

A la mañana siguiente, todos nos apiñamos en un taxi y llegamos al terminal de autobuses. Me senté con mi cara presionada contra la ventana, contemplando todo el paisaje de la ciudad al salir de Medellín. Después de unas dos horas de camino, el paisaje de la ciudad cambió a medida que los caminos se hacían más sinuosos, se retorcían y giraban por las montañas de Colombia. En el primer momento en que las vi supe que me había ido a través de un portal y nunca volvería, era la cosa más magnífica que jamás había visto. Era tan majestuoso que literalmente me quedé sin aliento y todo lo que pude hacer fue aguantar y luego llorar. Lloré, sintiéndome la mujer más rica del planeta, al ver algo tan... en realidad ni siquiera hay una palabra apropiada en un lenguaje humano para describir lo que sentía. El terror y la ansiedad que había sentido se disiparon en pura alegría, sabiendo que me estaba lanzando hacia lo desconocido ¿Y si cada lugar nuevo era tan increíble cómo este? No podía imaginarme volviendo a la rutina, ni por un día, ni por una cuota de la hipoteca, ni un día ingresando a una oficina, ni una vez más en esa cantina poco iluminada para escuchar las mismas historias una y otra vez. ¿Cómo alguien podía perderse esto?

Aproximadamente a la mitad de nuestro viaje en autobús, nos encontramos con un deslizamiento. El tráfico de ambas direcciones estaba detenido para que una máquina pudiera despejar el camino. Había camiones, motocicletas, autobuses y automóviles detenidos en ambos lados de la vía. Cuando el conductor del autobús apagó el motor, supimos que íbamos a estar allí un rato, así que nos bajamos. Vi a un granjero pastoreando cabras por el camino, había cerdos en la parte trasera del camión frente a nosotros, remolques de ganado, camiones llenos de plátanos y kilos de granos de café y muchas motos.

Or sacó su guitarra y comenzó a cantar desde su alma ahí mismo, al lado de ese camino. Matas de plátano decoraban el paisaje que nos rodeaba tan lejos en las montañas como los ojos podían ver. Pasamos un par de horas ahí mismo cantando y haciendo de esa parada inesperada un momento inolvidable, cuando de repente, la máquina terminó y todos encendieron sus motores de nuevo para continuar su camino. Llegamos a Salento muy tarde en la noche y juntos buscamos a pie el hostal por calles oscuras. Or había tenido la amabilidad de reservar una cama para mí también.

Este hostal presentó una nueva aventura dado que estaba en una habitación que tenía seis literas, todas llenas y todas compartiendo el mismo baño dentro de la habitación. Fue mi primera vez navegando por mi rutina de baño alrededor de otras once personas haciendo lo mismo. Por la mañana, fui la primera en mi habitación en despertar y me escabullí al patio con mi diario para disfrutar de mi soledad matutina mirando el sol salir entre las montañas.

Poco después, uno de los empleados del hostal vino para comenzar a preparar el área para el desayuno, el cual descubrí estaba incluido en el precio de mi litera. Mientras estaba desayunando una dama de una habitación diferente se unió. Su nombre era Mariana. Era de Córdoba, Argentina y se había tomado un mes de descanso del trabajo para explorar diferentes lugares de Colombia. Me invitó a ir de excursión con ella ese día y me condujo en una rigurosa caminata de seis horas a través del Valle del Cocora, lugar que era visitado por gente de todo el mundo. El final de la caminata ofreció una vista de todo el valle que resplandecía con el sol y cientos de palmeras, era un paraíso rodeado de montañas.

Al día siguiente, me despedí de Or y Moshé, prometiéndoles que un día iría a Israel a ver su cultura. Luego Mariana y yo viajamos de regreso a Medellín juntas y cuando llegamos, fuimos a un hostal que ella encontró en línea. Una vez más me encontré con una aventura cuando me pusieron en una habitación compartida con una chica que supongo que era una prostituta, aunque nunca lo supe con certeza. No parecía hablar inglés ni español y supongo que era de Haití dado que era negra y tenía conversaciones telefónicas en francés.

Dormía hasta la tarde, se vestía como Julia Roberts en la película Mujer Bonita y luego se sentaba en su cama y me miraba fijamente. Se iba, volvía una hora más tarde, sacaba una toallita húmeda para limpiar sus partes íntimas, se cambiaba la ropa interior, inhalaba una línea de cocaína, se sentaba a mirarme durante largos períodos de tiempo, se rociaba una tonelada de perfume y luego se iba de nuevo. Hacía eso una y otra vez hasta que el sol salía en la madrugada. Estuvimos allí tres noches y obviamente no pude dormir mucho. Traté de hablar con ella mientras me miraba, pero nunca respondió, así que simplemente le devolví la mirada. Tomé nota mental, era imperativo que aprendiera francés.

Mariana y yo lo pasamos genial explorando Medellín juntas, e incluso tuve la oportunidad de ir a un partido de fútbol en el estadio de Medellín para ver jugar al equipo nacional. El partido de fútbol en el estadio fue inolvidable y loco.

Entonces, recibí un mensaje de Hernán preguntando si nos podríamos reunir en la terminal de autobuses del sur el lunes por la mañana para poder viajar juntos.

Era el momento de descubrir Jardín.

Capítulo 17

Jardín

Cuanto más nos aventurábamos en nuestro viaje en autobús de cuatro horas, más avanzábamos en la serpenteante y sinuosa autopista de dos carriles que me llevaba a lo que yo consideraba un paraíso. Las matas de café y plátano que cercaban el camino estaban tan cerca que casi podía extender la mano desde la ventana de mi autobús para asirlas. El clima era de unos perfectos veinte grados centígrados y a través de las ventanillas abiertas soplaba una brisa fresca que jugaba con mi cabello. El azul del cielo estaba divinamente complementado por el verde exuberante de los ondulantes paisajes montañosos, de los cuales obtenía una vista impecable cuando nuestro autobús doblaba las pronunciadas curvas. A través de los blancos del follaje vi el empinado desnivel del camino donde las rocas de la carretera rebotaban y caían hacia su muerte en el desfiladero de abajo.

A medio camino entre Medellín y Jardín y entré las montañas andinas se veía un pico más prominente que los demás, tenía una cima triangular perfecta.

—Ese es el Cerro Tusa —me informó Hernán—. Tiene una leyenda y esconde magia.

Algo me dijo que más adelante en mi viaje iría a esa montaña e intentaría escalarla.

En el momento en que llegamos a Jardín, me enamoré. No podía creer que pasaría un largo tiempo en un lugar tan mágico. Todo ahí me parecía extrañamente familiar, como si hubiera estado allí toda mi vida y en otras vidas pasadas. Hernán tomó una de mis maletas y subimos una colina larga hasta la casa de su amiga, donde me quedaría unos pocos días mientras Hernán y yo buscábamos un apartamento donde me pudiera instalar mejor.

Lo primero que hicimos fue ir a comer, me llevó a un lugar llamado Las Margaritas, donde probé por primera vez sopa de plátano y tuve mi primera conversación con un joven llamado Sebas, quien se convertiría en mi mejor amigo allí. Sebas y yo conectamos inmediatamente e intercambiamos información de contacto. Nuestra mesa ni siquiera formaba parte de sus labores ese día, simplemente se había detenido a limpiar los platos sucios que había allí y por casualidad entabló conversación conmigo. Fue un acontecimiento divino que cruzáramos caminos ese día y no tenía idea en ese momento de que Sebas jugaría un papel muy grande en salvar mi vida, más adelante, en mi aventura.

Hernán me encontró un apartamento para alquilar a las afueras del pueblo que era un lugar de dos dormitorios y un baño con una pequeña estufa donde podría cocinar cosas básicas. Tenía un lavadero al lado del fregadero donde podía lavar ropa a mano y en el lado opuesto de esa habitación, había un patio abierto donde colgué una cuerda delgada de un lado al otro para extender mi ropa.

Una de las directoras de la escuela donde trabajaría como voluntaria insistió en pagar a una mujer que viniera dos veces por semana para lavar mi ropa y limpiar mi casa, también muy generosamente ofreció muchas cosas de su casa para ayudarme a instalarme ahí. Estaba cómoda, lista para empezar unos meses de rutina y responsabilidad y aunque no tenía idea cuáles serían mis planes exactos, esa era la parte fascinante de un boleto solo de ida. Era casi una hora caminando para llegar a esa escuela rural y una hora de vuelta, toda la caminata contemplando la belleza de esas montañas majestuosas.

Sebas y yo nos reuníamos en el parque dos o tres veces por semana para estudiar inglés básico y simplemente compartir sobre la vida en general. Teníamos mucho que aprender el uno del otro, viniendo de dos países y culturas completamente diferentes. Acordamos que queríamos planificar un viaje a la costa antes de que comenzaran mi semestre y pasantía. Hizo muchas cosas lindas por mí, tales como prepararme ricos desayunos y llevarme a caminatas hermosas a lugares conocidos y llenos de cosas muy bellas.

Hernán me llevó al sector rural de la escuela donde completaría horas para mi pasantía, me presentó a un grupo de estudiantes de secundaria que venían a menudo a mi apartamento para llevarme a dar paseos largos por el pueblo, para enseñarme cosas nuevas de Jardín. Me llevaron a La Garrucha, un teleférico que nos subió a una vereda donde había un lugar para comer empanadas con vista del pueblo rodeado de montañas, hicimos una caminata larga a una truchera y por senderos escondidos que solo los campesinos usaban para traer sus productos al pueblo para vender. El estudiante con quien conecté de manera más significativa fue Juancho, que tenía quince años cuando lo conocí, pasaría mucho tiempo con él y su familia.

Un día Joanne me avisó por mensaje de texto que venía a Colombia a visitar a su familia en Bogotá y también a participar en un recorrido por el departamento de Huila con un grupo de profesores de la universidad de Neiva que habían alquilado un bus privado. Dijo que mi cupo en el bus estaría pagado y que ella cubriría el gasto del hotel, solo tendría que pagar mi vuelo para llegar ahí y mis gastos de comida y bebida. ¡Por supuesto, no podía dejar de ver cosas nuevas de Colombia, así que dije que sí! Sebas y yo programaríamos nuestro viaje a la costa para la semana siguiente a mi viaje a Huila y nos encontraríamos en Medellín.

Empaqué una mochila con lo esencial y ¡comencé mi aventura por primera vez sola, navegando el transporte de Colombia! Intencionalmente llegué a Neiva, Huila, un par de días antes de que llegara Joanne para tener mi propia aventura. Mi viaje comenzó con un pasaje hasta Medellín donde tomaría un taxi hasta el centro y luego un bus de una hora que me llevaría hasta el aeropuerto, de ahí, tomaría un vuelo doméstico ¡por primera vez sola!

Tan pronto llegué a Neiva, encontré una habitación que me daría refugio por un par de noches y luego salí a la calle. Huila, tan seco y cálido, era un cambio drástico comparado a "la eterna primavera" de Medellín. Lo primero que hago siempre en un lugar nuevo es dejar mis cosas en mi cama e ir a buscar donde comer comida típica de esa región específica.

Caminé unas cuadras desde mi hotel y encontré un camino que conducía a un pequeño parque escondido. Si no hubiera caminado por ahí nunca habría visto ese parque, pues no era visible desde la carretera principal. Había gente vendiendo artesanías y en la parte de atrás estaba sentada una mujer en su carrito de comida sin clientes. ¡Ella era la indicada! Me senté con ella durante una hora, comí sopa casera y bebí jugo fresco que hizo con sus preciosas manos mientras comenzamos a charlar. Me dijo que al día siguiente su hija de quince años estaría libre para pasear conmigo, en caso de que estuviera interesada en tener una guía turística.

Su hija me vino a buscar a mi hotel a la mañana siguiente y comenzamos un excelente día de exploración. Me llevó a un parque junto al río Magdalena donde había un gran monumento con escaleras de caracol en el centro. Subimos a la cima para tener una vista del río y una vez que llegamos ahí, vi que a la distancia había una lancha que llevaba gente a través del río a un lugar donde podía ver que vivía gente.

—¿Qué están haciendo? —le pregunté.

—Esa lancha es un taxi que lleva gente al otro lado, a esa selva. ¿Ves esas casitas del río escondidas entre las plantas? Esas personas allá viven en su propia comunidad.

Nunca antes había tomado un taxi que fuera barco.

—¿Podemos ir allá si pago nuestras tarifas de taxi? —le pregunté. Asintió ansiosamente con la cabeza, tan emocionada por nuestra inseperada aventura como yo.

Bajamos del monumento para pasear por la orilla del río hasta que encontramos al tipo del taxi lancha. Era solo un dólar cada una para ir y volver. Aceleró a fondo su lancha, tirándonos para atrás, haciéndonos reír por la sorpresa. Nos reímos con tanta alegría ante la libertad de ver el paisaje pasar volando y el aire desértico que arremolinaba nuestro cabello y hacía flamear nuestra ropa.—Estaré de regreso aquí para recogerlas en exactamente una hora —nos informó el taxista—. No pierdan su viaje.

Y así empezamos la aventura. Tomamos un estrecho camino de tierra que nos llevó a un caserío de personas que vivían junto al río. El follaje comenzó a parecerse más a una selva. Árboles de plátano rodeaban nuestro camino de tierra. Había áreas a ambos lados del camino de tierra por donde pasaba el río, pero solo había agua estancada y cabañas construidas sobre pilotes donde la gente vivía sobre el agua.

Vi a un hombre con una mochila salir de su cabaña y meterse a un kayak. Sacó los remos y empezó a maniobrar entre las plantas del río y los pilotes de madera de otras casas para llegar al río principal, donde podía remar hasta tierra firme. Me pregunté si hacía esto todos los días solo para ir a trabajar. Junto a otra casa sobre pilotes, vimos un pequeño corral en un establo que tenía gallinas y había un niño pescando. Nos encontramos con un granjero que estaba recogiendo plátanos de un árbol y, por un dólar, me vendió suficientes para llenar mi pequeña mochila.

Nos tomamos *selfies* y tomamos fotos de flores exóticas, comimos plátanos hasta llenarnos y luego comimos más mientras nos sentamos a la orilla del río esperando que nuestra lancha nos recogiera. Una vez que regresamos a tierra firme, me llevó al mercado donde había docenas de vendedores en las calles vendiendo productos frescos de sus granjas, ropa hecha a mano, canastas, mantas, zapatos y mucha comida. Me llevó a la plaza principal para que pudiera tomar fotos de la famosa iglesia y finalmente, llegó el momento de llevarla a casa donde su mamá me invitó a cenar con la familia. Dormí muy bien esa noche y tomé excelentes fotos de un día inolvidable.

A la mañana siguiente, Joanne me envió un mensaje avisando que había llegado a nuestro hotel y había arreglado que un taxi me recogiera. No podía creer lo que veía cuando llegamos al hotel donde se estaba hospedando. Era un lugar glamoroso, de cinco estrellas. Supe que así era como viajaba Joanne y que muy bondadosamente había pagado una habitación de dos camas para que pudiera quedarme con ella. Nos dimos un cordial abrazo de bienvenida ya que ella literalmente acababa de llegar al país desde los Estados Unidos. Me trajo un regalo: una mochila pequeña y liviana de una tela fina e impermeable que tenía el tamaño perfecto para ir de excursión o traer artículos de la tienda.

Al día siguiente nos reunimos con sus compañeros de la universidad de Neiva y comenzamos nuestro viaje. Ni siquiera estaba segura de qué íbamos a hacer, pero estaba emocionada de estar con un nuevo grupo de colombianos en nuestro autobús privado para ver nuevos lugares. Primero, fuimos al Desierto de la Tatacoa, el segundo desierto más grande de Colombia. Ni siquiera sabía que íbamos al desierto hasta que llegamos ahí. Estaba asombrada por la belleza de esa aridez única: los monumentos de piedra y las flores vibrantes que brotaban de los cactus, había cactus enormes que se elevaban sobre mí.

Cuando salimos a explorar descubrí, para placer mío, que había dos secciones de desierto: la primera a la que llegamos era marrón y a la que fuimos luego, al otro lado, era gris. La experiencia fue embriagadora, hacía tres días me había despertado en mi apartamento, oliendo el desayuno de mi vecino mientras tomaba mi café y contemplaba la belleza de la cordillera andina desde la ventana de mi cocina. ¡Ahora estaba explorando un desierto! ¡Tenía que hacer esto para siempre, cruzar fronteras una tras otra!

Al día siguiente, iniciamos nuestro largo viaje por carretera a la ciudad de San Agustín en el sur de Huila, donde fuimos a un parque arqueológico para ver esculturas históricas. En nuestro camino de regreso de San Agustín, nos detuvimos en un mirador al lado de un cañón escarpado que brindaba una vista del río Magdalena y todo el valle. Nuestro chofer hizo muchas paradas en pequeños pueblos para que pudiéramos ver antiguas iglesias famosas, obras de arte legendarias y probar comida callejera. Antes de irnos de ese lugar para emprender viaje a Bogotá, mis nuevos amigos de la universidad me obsequiaron una camiseta de fútbol de manga larga del estadio de Neiva, una camisa que representaba específicamente el equipo de fútbol de Huila. Es un recuerdo duradero y tangible de ese viaje extraordinario con personas extraordinarias que llevaré en mi corazón para siempre.

Mi llegada a Bogotá presentó una nueva sorpresa climática debido a que la ciudad está ubicada a 2.644 metros sobre el nivel del mar, convirtiéndola en una de las ciudades de mayor altitud en toda América del Sur. Hacía frío, llovía y el sol aparecía ocasionalmente, sentí un shock por el clima seco y desértico que acababa de dejar atrás en Huila.

No tenía idea de que Joanne procedía de una familia muy adinerada, su padre era un arquitecto famoso en Colombia, pero no compartiré su nombre y obras por respeto a la privacidad de la familia. Un auto privado nos recogió en el aeropuerto, conducido por el chofer de la familia. Viajamos casi una hora hasta la zona más elegante de Bogotá. El chofer abrió la puerta para que nos bajáramos, dándonos acceso a un mini complejo de cinco casas elegantes construidas con arquitectura de vanguardia, adornadas con un paisaje prístino. La familia de Joanne era propietaria de todas esas casas, todo el complejo era de ellos.

Tenía todo el día siguiente para explorar. Joanne me dijo que haría que el conductor me dejara en un área de Bogotá llamada La Candelaria que fue donde la ciudad comenzó hace mucho tiempo. Me desperté esa mañana con un deseo insaciable de hacerme un tatuaje y quería la frase "El amor vence Todo" en árabe a lo largo de mi antebrazo izquierdo, así que le escribí a mi amiga palestina

Mukarram que había conocido en la universidad para que me enviara la traducción en árabe.

En el auto camino a La Candelaria, Joanne me explicaba la historia de muchas cosas del paisaje de la ciudad. Al llegar a la parada en La Candelaria donde me iban a dejar, me pasó una lista de museos que sugirió que visitara —Muchas gracias —dije con mis labios mientras *Aburriiiiiiido* sonó en mi mente. Guardé esa hoja de papel en mi brasier por si acaso luego la necesitaba como papel higiénico, iba a vivir un día lleno de aventuras emocionantes, una de las cuales incluiría un tatuaje y ninguna de las cuales incluiría una biblioteca o museo.

Tan pronto como estuve sola frente a caminos abiertos para vagar, fuegos artificiales comenzaron a estallar en mi alma, BOOM BOOM BOOM. Las calles adoquinadas, las aceras estrechas y las obras de arte pintadas a mano en los edificios le imprimían mucho carácter. *Primero quiero una porción de torta de chocolate y una taza de café colombiano*, pensé. Vi un letrero que indicaba una cafetería, tan pronto como ordené y me senté, el barista hizo sonar el álbum 19 de Adele y la Canción "Daydreamer" comenzó a escucharse de fondo. No lo podía creer, Adele era mi artista favorita, me sabía cada canción de memoria y esta pequeña cafetería en Bogotá estaba reproduciendo todo su primer álbum y ni siquiera una canción era uno de los grandes éxitos. Fue como si el universo hiciera eso solo por mí en ese momento exacto, en ese lugar exacto.

Literalmente me senté allí llorando de felicidad, cantando y escupiendo migas de chocolate por todas partes. Dios, tal vez algún día escribiría libros sobre mi vida y mis viajes y serían igual de famosos, los leerían alrededor de todo el mundo. ¡O incluso mejor, tal vez de alguna manera Adele leería mis libros y me visitaría en cualquier lugar extranjero!

—¿Hay un estudio de tatuajes por aquí? —le pregunté al barista, quien estaba encantado de nuestro amor mutuo por Adele. Me dijo que fue por medio de su música que aprendió tanto inglés.

—¡No tengo idea, permítame verificar!

Después de averiguar por internet, me dio algunas sugerencias, pero decidí simplemente caminar hasta que me topara con uno.

Una hora después encontré uno, después de doblar varias veces a la derecha y a la izquierda vi un letrero en una ventana y entré para descubrir que un lado de la habitación era una tienda de tatuajes y el otro lado era una peluquería.

—¿Estás recibiendo clientas nuevas? —le pregunté al tatuador.

Le mostré la traducción en árabe que tenía y se lo envié a su correo electrónico para que pudiera usar su computadora para agrandarlo al tamaño que yo quería.

—No tenemos agua en este momento —dijo el chico—. ¿Hay algún problema con eso?

—¡No, siempre y cuando uses agujas nuevas y puedas hacerme un hermoso tatuaje tal como deseo! —le dije.

Mientras me tatuaba, charlaba con los dos peluqueros en el momento en que tenían un descanso entre clientes. Cuando mi tatuaje estuvo terminado todos me preguntaron si me gustaría quedarme a almorzar con ellos.

—¡Solo si tomamos shots de tequila! —les hice la contraoferta.

Nadie había tomado un shot de tequila antes, tuve el honor de brindarles su primera experiencia. Todos contribuyeron con una parte para una botella, en nuestro camino de regreso de la licorería compramos un poco de sal y limones de un tipo que vendía mangos en la calle. Dios mío, el resto del día nos divertimos mucho jugando juegos de mesa y tomando shots de tequila mientras ellos se detenían para atender clientes de vez en cuando. Finalmente, me despedí calurosamente y me conecté con todos ellos a través de sus redes sociales antes de usar la última hora de luz del día para seguir explorando.

Mientras buscaba arte callejero que me deslumbrara para tomar fotos, encontré un bar acogedor que tenía sopa de plátano disponible en el menú del día. El clima frío de Bogotá hacía muy difícil decir que no, especialmente porque esa era mi nueva sopa favorita, así que me senté en la barra para comérmela y disfrutar una espumosa cerveza de barril elaborada localmente. Entablé conversación con el chico que estaba sentado a mi lado, quien compartió que su esposa era una abogada que trabajaba con víctimas del conflicto político, él personalmente estaba trabajando en un documental sobre el acuerdo de paz en la turbulenta historia de Colombia con el conflicto armado. Me preguntó si quería conocer su casa y él, su esposa, su pastor alemán y yo vimos la puesta del sol sobre la ciudad desde la azotea de su edificio de apartamentos, algo muy raro de ver debido a la lluvia y la contaminación del aire en Bogotá. De nuevo, fue un momento del universo solo para mí.

En cuanto volví a casa de Joanne, solo puedo imaginar lo sorprendidos que estaban. Esperaban una conversación tranquila durante la cena sobre museos e información recién adquirida sobre la historia de Colombia y en lugar de eso entré a la casa apestando a tequila con mi brazo envuelto en plástico para proteger mi nuevo tatuaje.

—No puedo apartar mis ojos de ti ni por un instante —me dijo—. Eres toda una caja de sorpresas.

El resto de la familia masticaba su comida en silencio, intercambiando miradas incómodas mientras yo compartía animadamente mis historias sobre juegos de mesa, tragos de tequila con gente desconocida, tatuajes y la puesta de sol con más personas desconocidas. Confirmé mis sospechas de no tener mucho en común con ellos. Me levanté de la mesa después de compartir mis historias y terminar de comer todo su queso caro.

¡Era hora de empacar! Al día siguiente volvería a Medellín para una nueva ronda de aventuras.

Capítulo 18

En llamas

"Me destruí a mí misma tantas veces como pude solo
para ver en qué más podía convertirme."

- Mira Hadlow

Regresé a Medellín el primer viernes de agosto que coincidió con el último fin de semana de la famosa Feria de las Flores que se realiza todos los años. No estaba muy entusiasmada con la idea de mezclarme y empujar en medio de la marea de gente que llenaba las calles, pero también sabía que, si no iba, quizás nunca volvería a tener la oportunidad. Dios mío, estoy tan contenta de haber ido, fue una experiencia que me cambió la vida. Hernán y yo pasamos cuatro días de maravilla.

Me llevó al Festival de las Flores, en una caminata larga hasta un mirador que mostraba una vista de toda la ciudad y luego me llevó a una librería donde hablamos durante horas sobre nuestras obras literarias favoritas, compartimos los sueños y las pasiones de nuestras vidas mientras nos empachábamos de postres caseros y cafés. Mi última noche ahí me sorprendió con una cena a la luz de las velas en la azotea del edificio de su apartamento, lo que lo hizo tan especial es que su amor siempre fue puro, nunca trató de tocarme, besarme, o coquetear conmigo, compartió un amor y una generosidad genuina. Recuerdo esa noche como si fuera ayer y cómo las estrellas decoraban mi amada ciudad de Medellín.

Por fin llegó el momento de encontrarme con Sebas en un restaurante junto a una estación de metro para que pudiéramos almorzar y luego dejar nuestras cosas en el hotel. No todos los lugares tenían un contrato para aceptar extranjeros, pero después de preguntar, logramos finalmente encontrar un lugar en el cual estaría bien quedarnos por una noche.

Sebas siguió hablando de lo emocionado que estaba de ir de fiesta esa noche a un bar donde un amigo estaba sirviendo bebidas en el barrio gay de Medellín. Estaba agotada y ni remotamente de humor para salir, pero todo su baile alegre alrededor de la habitación del hotel agitando su trasero al son de Beyoncé finalmente me convenció y cedí. Era peligroso que saliera solo, así que me ofrecí a ir por un par de horas con él SOLO si prometía irse cuando yo ya me quisiera ir.

En Colombia es raro encontrar un lugar que venda bebidas y cócteles individuales a menos que sea un bar que se especializa en eso (es legal beber en lugares públicos a cualquier hora). Los bares y clubes venden lo que se llama "servicio de botella" donde eliges el tamaño de la botella y un mesero trae la botella, una mezcla a elección, una jarra de hielo y la cantidad de vasos que necesite la mesa. Llegamos allí tan temprano que a las 8 p.m. teníamos un servicio de botella en nuestra mesa, observando la escena nocturna. Estaba desplomada sobre la mesa, mirando cómo interactuaban las personas ahí. No podía conectarme con la música y no sentía tener nada en común con todos los que me rodeaban. Todo mi cuerpo se sentía pesado, estaba muy cansada y un Red Bull no me iba a ayudar.

Sebas estaba conversando a mi lado y yo estaba soñolienta mirando en dirección a la barra, cuando me llamó la atención que el camarero arrojó una pequeña bolsa de algo hacia un cliente. El cliente abrió la bolsa, esnifó el polvo blanco, le dio el visto bueno al camarero y luego se fue con un amigo al baño.

¿Acababan de consumir cocaína? Recordé el episodio de muchos años atrás en esa fiesta con Shari, la única vez que había probado cocaína. Cuando el amigo de Sebas se fue de la mesa para pedir más bebidas, le pregunté a Sebas:

—¿Acaban de tomar coca? —se rió y dijo que sí.

—Quiero probarla.

Oh, mis censores interiores bajaron la guardia. *Estás jugando con fuego.* Luego vinieron las mentiras que siempre daban comienzo a la destrucción. *Estás en un estado mental diferente ahora. Será diferente. Haz lo que quieras, campeona.*

Se volteó a verme y estudiaba mis ojos, muy sorprendido por mi propuesta. Él nunca había conocido esa parte de mí, esa parte que tenía el poder de construir una aldea con una mano y luego el poder de quemarla con la otra.

Me miró directamente a los ojos y dijo:

—Jenni, no te juzgaré, estamos de vacaciones, hazlo si quieres, pero con la condición de que me prometas que solo será algo de vacaciones. Mientras estemos lejos de casa no hay juicios, ni responsabilidades, ni temas de trabajo, nada está prohibido en las vacaciones, pero debes dejarlo atrás cuando volvamos de Santa Marta. Cuando nuestras vacaciones se terminen, ya no más, prométemelo.

Dejé que me mirara a los ojos y nos quedamos mirando por lo que pareció una eternidad. Él hablaba en serio y yo sabía que estaba abriendo una puerta difícil de cerrar, sabía que estaba jugando con fuego, pero fingí que no sabía nada sobre el mundo de las drogas y la adicción. Lo que realmente aprendí de mí misma en ese momento es que no importaba cuántas fronteras cruzara. aún había una brasa viva en mí cuyo resplandor llamaba a la autodestrucción, siempre estaba ardiendo y un solo soplo de oxígeno la encendía aún más, quemándome a mí misma y a todo lo que me rodeaba. Me sentí incapaz de elegir algo diferente. Ese había sido mi hogar durante años.

—Está bien, lo prometo —le dije.

Asintió con la cabeza y se levantó para ir al bar.

Sebas susurró algo al oído del camarero y volvió para dejar caer un gramo de cocaína frente a mí en la mesa. No podía creer que acababa de pedir un gramo de coca en un bar como si nada. Le pregunté a Sebas cuánto costó, diez mil pesos colombianos, que eran tres dólares en moneda de los Estados Unidos. ¡Podía pedir un gramo de cocaína por tres dólares a un camarero! Estaba jodida.

Miré el polvo blanco en la bolsa que estaba sobre la mesa frente a mí, recordaba fragmentos de aquella noche, años atrás, después de mi bancarrota y pensé en Alex en el baño la noche que se inyectó heroína. Quería una aventura, algo de emoción, me sentía invencible. Tal vez tendría un final diferente, tal vez no terminaría destruida, no lo sabría a menos que lo intentara.

—¡Tomemos unos tragos!

Sebas sirvió dos tragos de aguardiente.

—Y guarda eso, no quiero que me asocien con esa mierda.

La metí en mi brasier.

Empezamos a beber y observar a la gente mientras hacíamos *lip sync*. El alcohol me hacía sentir aún más cansada y estar tan cansada aumentaba el efecto del alcohol. Me sentía mareada y desorientada, tener una conversación sencilla me costaba un gran esfuerzo y en mi esfuerzo, sonaba como una borracha desaliñada. Odiaba cuando me emborrachaba demasiado rápido, no era una buena combinación para una noche divertida. De repente me acordé de la bolsa mágica escondida en mi brasier y decidí que estaba lo suficientemente borracha para ir al baño con mi nueva amiga.

Estaba a punto de consumir cocaína real en el baño de un bar en Colombia.

No tenía una pajita encima, tendría que hacer una línea con un billete enrollado, como vi a otros hacerlo cientos de veces en mis primeros años de adicción. *Podría fingir que era un billete de cien dólares como hacen los ricos en Las Vegas.* Inhalé dos líneas gruesas de la parte trasera del inodoro, pero primero me miré en el espejo a mí misma. *¿Sabes que es posible que nunca vuelvas a salir de esto, ¿verdad?* Era la verdad la que me estaba mirando directamente a los ojos en el espejo. *¿De qué te servirá tener éxito en la vida si de todos modos siempre terminas en un camino de autodestrucción?* Siempre había sido así, no importaba cuánto trataba de hacer cualquier otra cosa. *Entonces, si eres una sobreviviente y sobrevivirás esto también, más te vale que salgas de este mundo adormecida.* Enrollé ese billete lo más apretado que pude y luego hice que esas líneas desaparecieran como si fuera una profesional, como si lo hubiera hecho todos los días de mi vida. Obviamente era una profesional en cualquier cosa que me encendiera en llamas.

Incliné la cabeza hacia atrás para asegurarme de que todo había entrado como me había enseñado el chico de la fiesta, limpié mi nariz con un poco de papel higiénico y me miré en el espejo mientras salía del baño.

Para cuando volví a la mesa, todo el lado derecho de mi cabeza estaba entumecido desde la frente hasta el cuello, me sentía completamente sobria, mi corazón latía con locura y sentía una euforia orgásmica en mi cerebro. Esa cocaína era muy diferente a la que había probado hace años, esa cocaína era jodidamente increíble.

Ya no me sentía desorientada, de hecho, sentía como si pudiera hacer cualquier cosa. Era como si se abriera una ventana completamente nueva al mundo y estaba ansiosa por explorarlo todo, era una sensación como ninguna otra que jamás haya experimentado, quería más. Sentir la coca directamente era demasiado, pero balancear su efecto con el alcohol era la sensación perfecta. Mucho alcohol también era desagradable, pero balancear su efecto con la coca era fantástico. Era una pareja hecha en el infierno.

Durante el resto de la noche estuve intercalando las dos cosas con frecuencia. Terminamos comprando otra botella de aguardiente y cuando me sentía demasiado tomada, todo lo que tenía que hacer era ir al baño y esnifar un poco más de ese polvo mágico. No tenía idea de qué hora era, solo sabía que estaba teniendo conversaciones increíbles con tantas personas nuevas y que el alcohol no me noqueaba como casi siempre lo hacía. De repente, Sebas dijo que necesitábamos terminar el resto de nuestra botella y pagar la cuenta, pues ya eran las cuatro de la madrugada e iban a cerrar. ¿Cómo podían ser ya las cuatro? Había terminado mi gramo más o menos una hora antes de ese momento y quería más. Estaba a punto de empezar cuatro meses estresantes de prácticas, responsabilidades de la universidad y quería vivir la aventura más loca posible antes de que eso sucediera.

No le dije a Sebas que iba a conseguir más, volví con el cantinero para pedirle dos gramos más de la mejor cocaína que tenía, no podía creer que algo tan delicioso fuera tan barato. Quizás no habría cocaína en el lugar donde iríamos. No podía arriesgar estar de vacaciones durante una semana sin este nuevo vicio, pero no tenía idea de que Santa Marta era una de los mayores puertos de exportación de cocaína a todo el mundo. Estaría rodeada de la cocaína más pura que existía, pero aún no necesitaba saber eso.

Regresamos al hotel y me quedé dormida, durante la noche me desperté y volví a dormir innumerable cantidad de veces hasta que finalmente me desperté cerca del mediodía del día siguiente. Me desperté segura de que iba a tener la resaca que venía usualmente después de una larga noche bebiendo, ¡pero me di cuenta de que no tenía resaca! ¿Cómo podría haber bebido tanto alcohol y no tener resaca al día siguiente? En ese momento aprendí que la cocaína no solo prevenía borracheras, sino también resacas. La cocaína que había consumido hacía años en esa fiesta era de tan mala calidad que no sabía podía lograr ese efecto. ¡Vaya, gané la lotería! ¡Nunca tendría que volver a sufrir borracheras o resacas! ¡Tenía una nueva amiga para el resto de mi vida!

Teníamos que ducharnos, recoger nuestras cosas y dirigirnos al aeropuerto para coger nuestro vuelo a Santa Marta. Me duché primera para poder tener privacidad al juntar mis cosas mientras Sebas se duchaba. Cuando estaba verificando que mi pasaporte y billetera estuvieran en mi cartera, vi esas bolsitas de polvo blanco en el fondo de mi bolsa. *Jesús, casi se me había olvidado de que estaban ahí.* ¿Qué pasaría si hubiera olvidado que estaban ahí y pasara por la seguridad del aeropuerto con ellas en mi bolsa? *Pendeja*, pensé. *Sé coherente* . Ese fue el primero de muchos meses por venir en que mi cabeza estaría dada vueltas .

Entonces, la idea de tener cocaína en un aeropuerto me dió un subidón de adrenalina. Era demasiado fantástico para no hacerlo, no podía esperar a ver cómo se sentiría toda una semana de esta euforia. Otra gente pagaba cientos de dólares por algo como esto y para mí, era como ir al menú de un dólar. Escuché que Sebas cerró el agua de la ducha y metí los dos gramos dentro de mi zapato.

Seguramente estaría bien. ¿Quién lo sabría? No podía esperar a inhalar mi primera línea tan pronto como llegáramos a nuestra habitación ahí cerquita de la playa. Sebas salió del baño finalmente y se asomó para ver lo que estaba haciendo.

—¿Estás lista?

Sentí la esquina de una de las bolsitas empujándome en mi pie derecho como un pequeño secreto inconfesable.

—Claro que sí, no puedo esperar —le respondí.

Llegamos al aeropuerto e imprimimos nuestras tarjetas de embarque en las taquillas electrónicas y seguimos las señales que indicaban el camino para los vuelos domésticos. Llegamos a la puerta donde teníamos que mostrar nuestros documentos, pasamos por otro punto de control y luego miré directamente a la estación de agentes de seguridad donde estábamos obligados a pasar por detectores de metales. Sentí mi estómago caer al suelo. ¿Y si nos pedían quitarnos los zapatos? ¡Mierda, no había pensado en poner la cocaína dentro de mi calcetín! ¿Cómo podía meter esas bolsas dentro de mi calcetín sin que nadie se diera cuenta?

¡Mierda, esto quizás termine muy mal! ¿Y si me atrapan? Una vez que uno pasa por esa puerta, ya no hay manera de volver atrás.

Mis palmas comenzaron a sudar profusamente.

Tranquila, quizás no están obligando a nadie quitarse los zapatos, la semana pasada tomaste un vuelo doméstico y no tuviste que quitártelos. ¿Qué están haciendo las personas delante de ti?

Sentí mariposas en mi estómago enloquecidas mientras respiraba profundamente y miraba tranquila a las personas en frente de mí. Vaya, nadie se quitaba los zapatos. ¡Dios mío, qué luz verde fue eso! Logré pasar bien por ese punto de seguridad y tan pronto como llegué al área donde había salas, sentí una ola orgásmica de adrenalina pasar por todo mi cuerpo. ¡Tenía que celebrar! Nos quedaba una hora antes de abordar y ambos deseábamos una deliciosa torta de chocolate con café de Juan Valdez, nos sentamos ahí y le dije a Sebas que iba al baño.

Tan pronto como llegué al baño familiar privado y cerré la puerta, me quité el zapato y me senté en el inodoro mirando esa cocaína en mi mano. ¿Qué sublime sería inhalar una línea de coca en el baño del aeropuerto? Mi pequeño secreto inconfesable, como un amante escondido que era prohibido mostrar al mundo. Me levanté y me miré al espejo, saqué mi llave y la usé para aspirar coca mientras miraba mi nariz en el espejo. Me aseguré de quitarme todos los residuos para que nadie del mundo exterior supiera lo que acababa de hacer. Me pregunté si así se sentían todas las secretarias después de ser rellenadas con rica verga una tarde cualquiera a puerta cerrada, alisándose el cabello y limpiándose el rímel que se les corría debajo de los ojos. Esta vez, puse la coca dentro de mi calcetín y luego me puse los zapatos, estaba lista para tener una semana loca en la playa.

Regresé a donde estaba Sebas y le dejé tomar mi porción de pastel y café, eso era otra cosa que la cocaína quitaba, mi apetito. Seguro que no necesitaba ningún café. Si estaba demasiado nerviosa sería obvio para los demás que acababa de tener una cita con las drogas en el baño. Mi corazón estaba acelerado y secretamente disfruté de la euforia en mi cabeza, se sintió aún más erótico sabiendo que lo hice en público y nadie lo supo, quería más. Decidí usar mis lentes de sol para que nadie pudiera ver mis ojos.

Finalmente, llegó el momento de abordar nuestro vuelo, así que nos levantamos para hacer la fila. Estaba parada detrás de Sebas, disfrutando mi euforia y estudiando a las personas a mi alrededor cuando, de repente, vi a dos policías con un perro paseando despreocupadamente, dirigiéndose hacia nosotros.

Puta. Mierda.

Durante los vuelos domésticos que acababa de tomar, mientras viajaba a Huila y Bogotá, no había visto perros, no para vuelos domésticos, para un vuelo internacional, comprensible. Sentí mi estómago caer de nuevo y mis palmas empezaron a gotear de sudor, si el perro no olía la coca en mis zapatos mientras pasaban, sin duda podría oler mi sistema nervioso emitiendo una locura de toxinas. Todavía estaban a unos diez metros de distancia, pero era muy tarde para ir a esconderme en cualquier lugar, nuestro vuelo estaba a punto de abordar.

Pensamientos de pánico corrían por mi mente, estaba segura de que estaba jodida, no vi la forma de escapar de esto. Solo eran un par de gramos, pero ¿sería suficiente para ser detenida? La policía siempre estaba buscando una razón para joder a los extranjeros por culpa de la corrupción, siempre buscaban formas de hacer que la gente pagara multas. Podríamos perder nuestro vuelo y yo sería la razón de que nuestro viaje se arruinara.

Sebas sintió que mi energía cambiaba y volteó la cabeza para mírame, tenía que decirle, tenía derecho a saber.

—Sebas, tengo coca en el zapato —le susurré forzosamente en voz baja lo suficientemente fuerte como para que él apenas me escuchara—. Anoche, compré dos gramos más y los puse en mi zapato antes de salir de nuestra habitación.

Me gruñió desde la comisura de su boca. —¿Estás jodidamente loca? ¿En un aeropuerto?

—Si pasa algo, no me conoces. Sube al vuelo, no me esperes —respondí. Luego asentí en dirección a los policías que se acercaban con el perro, el volteó para verlos y sintió todo el terror que yo estaba sintiendo. A unos tres metros de nosotros, uno de los oficiales recibió una llamada y se detuvo para hablar.

Aborden ya, ya, que aborden, vamos.

Nuestra fila comenzó a moverse.

¡Vamos, vamos, vamos!

Ambos oficiales estaban entretenidos en una conversación en su celular con otro oficial que estaba lidiando con un conflicto en la entrada del aeropuerto en el primer piso. Estaban tratando de averiguar si los necesitaban allí. *¡Sí, váyanse para allá!*

Nuestra fila los pasó, terminaron la llamada y siguieron paseando. Alguien delante de nosotros había perdido su identificación en algún momento entre los chequeos de seguridad y nuestro embarque. La fila se detuvo. Sentí mi estómago literalmente caerse al suelo de nuevo y entre la coca que acababa de terminar y la adrenalina que corría por mi cuerpo, pensé que mi corazón se me iba a salir del pecho. Pasaron frente a nuestra fila cuando de repente, el perro empezó a ladrar, mis ojos se abrieron grandes detrás de mis lentes de sol.

Estaba jodida, me iban a detener, el perro me olió. Cerré los ojos y esperé a que el perro me agarrara del tobillo en cualquier momento. Esperé lo que pareció una eternidad. ¿Qué les diría? Me iban a esposar frente a toda esta gente.

El perro seguía ladrando, pero nunca llegó, nuestra fila todavía estaba detenida. Me quedé esperando a que un perro me tomara la pierna y el tiempo pareció congelarse. Sebas giró su cabeza para ver qué estaba pasando y me susurró:

—Agarraron a alguien más.

¿Eh? Casualmente miré hacia atrás para ver lo que estaba pasando. Los oficiales habían detenido a un par de chicos europeos que estaban en una fila para abordar un vuelo a San Andrés, un famoso destino insular frente a las costas de Colombia. Los chicos estaban esposados, sentados en el suelo y la policía estaba revisando todas sus pertenencias. El perro olfateó varias bolsas de cocaína en las maletas de ambos chicos. ¡Mierda, esa casi fui yo! ¿Cómo diablos escapé de eso?

Nuestra fila comenzó a moverse de nuevo, ahora solo tenía que pasar por la pasarela de embarque y subir al avión. Acababa de pasar por un aeropuerto con dos gramos de droga en mi zapato. Estaba sentada en mi asiento mirando la ventana y mi nivel de adrenalina era tal que estaba segura de que iba a tener un orgasmo explosivo allí mismo delante de Dios y de todos. Si fuera tan erótica la experiencia de pasar con solo un par de gramos, ¿cuánto más intenso sería atravesar un puerto con un gran envío y hacer decenas de miles de dólares?

Tan pronto como volvimos de llenar nuestra habitación con golosinas, tuve que celebrar sacando uno de esos gramos e inhalando una línea gruesa. Trajimos una botella de aguardiente a nuestra habitación para comenzar una semana de relajo en la playa, tomamos unos tragos y salimos a la calle para empezar a explorar la playa y los barrios. Esa noche, encontramos el *hotspot* local, un club llamado "La Puerta," donde tocaban música africana, salsa, merengue y reggaetón. Estuvimos bailando durante horas mientras yo me desaparecía para ir al baño y consumir mi nueva droga.

Nuestro primer día completo allí, conocimos al chico de abajo, Carlos, que vendía tours. Al instante conectamos y nos dimos cuenta más tarde que teníamos que habernos conocido en alguna vida anterior, supimos que seríamos amigos de por vida, lo que no sabía aún era que él sería mi salvavidas más tarde.

Hice esto toda la semana: dormir durante el día, aventurarme y salir a explorar a última hora de la mañana o temprano en la tarde, terminar tomando bebidas durante el día, usar cocaína cada vez que me emborracha y pasar casi toda la noche despierta bebiendo y drogándome. Sebas se iba tarde a la cama después de regresar de La Puerta mientras yo me quedaba despierta e inhalaba líneas encima del baño, tomando descansos para tomar tragos, fumar cigarros en la ventana, escribir y escuchar música con mis auriculares.

Cuando terminó la semana, no podía imaginarme dejando la coca hasta mis próximas vacaciones. Ahora se sentía muy normal, tan normal como invitar a mi mejor amiga a cenar. Entraba a mi casa cada vez que quería, tomaba todo lo que quería de la nevera y se quedaba todo el tiempo que quería. ¿Me encantaba cómo me hacía sentir, o me encantaba lo que me impedía sentir? ¿Cómo era? No importaba, ahora era parte de mí, podría mantenerlo como mi pequeño secreto inconfesable.

Capítulo 19

Giovani

Regresé un sábado por la tarde de esas locas semanas de viaje, tenía hasta el lunes para prepararme y comenzar mi rutina, pues mi semestre estaba recién iniciando. Ese semestre tuve una clase en línea, mi trabajo voluntario que contaba como otra clase de posgrado a tiempo completo y mi investigación ayudando al Dr. D veinte horas a la semana para que mi departamento pudiera pagarme.

Cada vez que nuestros horarios se alineaban, Sebas venía a mi casa para ver películas. Una noche nos acomodamos en mi cama para ver Forrest Gump. Después de ver esa película, siempre me decía "zanahoria," o mejor aún, que era su "yuca." Yo era su yuca y él era mi chicharrón, dos cosas que es común encontrar juntos en platos tradicionales de Colombia.

Recuerdo una noche que el servicio de luz e internet se cortaron en todo el pueblo, estaba literalmente desconectada del mundo. Prendí una vela y saqué mi cabeza por la ventana de la cocina, por la que siempre miraba, para apreciar las montañas andinas y los techos que me separaban de ellas. Esa noche en particular se acercaba una tormenta eléctrica. De un lado podía ver un show de relámpagos sobre las montañas, mientras la luna y las estrellas iluminaban el otro lado de ellas.

No me imaginaba que nadie en los Estados Unidos hubiera jamás experimentado un momento de belleza como este. Sin servicio de teléfono, sin televisión, sin internet y sin electricidad, sentía que me había ganado la lotería, la ironía de la simplicidad era el premio mayor. ¿Quién lo imaginaría?

El primer mes de mi pasantía resultó ser una experiencia bastante desafiante. Nunca había dado clases antes y se suponía que solo iba a dar apoyo a las profesoras en clase de inglés, pero me dejaban sola y varada en un salón de clases lleno de niños pequeños. Las profesoras se iban afuera del salón para reírse de mí mientras me veían por la ventana y presenciaban mis crisis nerviosas mientras los niños corrían como locos, gritaban, escalaban y luego se dispersaban en la naturaleza como si fueran florecillas de diente de león.

A veces era definitivamente estresante, pero valió la pena por todo lo que mis alumnos me enseñaban. Algunos de ellos caminaban más de una hora para llegar a ese salón. Tuve el honor de conocerlos y conocer a sus familias durante el tiempo que estuve ahí y siento que aprendí más de ellos de lo que ellos aprendieron de mí.

La vida que había vivido durante esa semana con Sebas en Santa Marta era totalmente diferente a mi vida en Jardín. Me tomó varios días recuperarme psicológicamente de anudar mi mente con un atracón de coca. ¿Qué me hizo enloquecer hasta ese punto de autodestrucción? Durante años me sentí incapaz de cambiar ese ciclo porque sabía que las cosas fluirían bien solo por un tiempo antes de que arrojara una bomba que hiciera explotar todo. Me sentía en peligro, no sabía cuándo volvería a suceder y claro que sucedería. Yo había sido el peor peligro para mí misma durante años.

Mis alumnos sabían dónde vivía y venían los sábados para ver películas, así que ponía mantas en el piso donde se acostaban para ver documentales científicos en inglés mientras comíamos bocadillos. Uno de mis amigos de la universidad de Oklahoma me había comentado sobre un programa llamado UWC (Colegios del Mundo Unidos), al cual podía ayudar a Juancho a postularse. Si era admitido, tendría la oportunidad de terminar la secundaria en el extranjero, con alta probabilidad de ganarse una beca para hacer su pregrado también en el extranjero. Mientras los otros niños veían sus películas de Netflix, Juancho y yo trabajábamos en su solicitud.

Todo salió bien durante las primeras semanas cuando de repente un viernes me picó el bicho de querer salir. Me sentía tan agotada de todas esas horas trabajando con niños, haciendo mis tareas y madrugando para hacer esas caminatas largas a la escuela todos los días. Estaba en el parque sentada sola en una mesa mientras miraba las estrellas sobre las montañas y tomaba cerveza, fue ahí cuando el mesero que me atendía pidió sentarse conmigo. Empezamos a charlar y me comentó sobre su familia, los proyectos de trabajo y me hizo todas las preguntas habituales que me hacían por ser una extranjera en Jardín. Por fin se presentó

—Soy Giovani y estoy muy feliz de darte la bienvenida a Jardín.

Tenía esa sensación horrible detrás mis ojos que me dejaba saber que había tomado demasiado y sabía que, al despertarme al día siguiente, amanecería con una resaca terrible. Empecé a arrastrar mis palabras y a sentirme desorientada, cómo odiaba esa sensación. Giovani me había invitado dos tragos de aguardiente, pero cuando ofreció el tercero, gentilmente decliné diciéndole que ya tenía suficiente, no me quería sentir peor al día siguiente de lo que seguramente ya me iba a sentir—Nunca tengo resaca —dijo en voz baja y miró hacia abajo. Mis ojos siguieron su mirada, solo para ver que sacaba la punta de una bolsita de cocaína del bolsillo de su delantal.

Mierda, mierda, mierda, no justo frente a mi cara, no puedo dejar de verlo ahora.

Mi corazón comenzó a acelerarse inmediatamente mientras estaba sentada ahí aburrida de mi rutina de adulta, sabía que no tenía chance de escapar a ese poder. Miré hacia arriba para ver sus ojos, asentí y me arrojó la bolsita.

—Llévatela al baño y ve si te gusta lo que te hace —bromeó, aunque lo decía muy en serio. En ese momento no había nadie más alrededor.

Pero acuérdate lo que le prometiste a Sebas. Escuché la voz interior de desesperación empezar a razonar conmigo. Por un rato solo estuve mirando esa bolsa de polvo en mi mano sintiendo como sudaba mi palma debajo de ella.

Solo esta vez, solo porque me emborraché demasiado. Después de esta noche me portaré a la perfección, además, merezco irme a la mierda por una noche después de trabajar tan duro.

Sabía que esas eran mentiras y sabía que estaba jugando con fuego. Recién estaba comenzando mi semestre. Nadie podía saberlo, de lo contrario, pondría en riesgo mi relación con los niños y la pasantía. El cosquilleo en mi estómago dijo que me estaba poniendo en grave peligro, pero lo ignoré y fui al baño con la bolsita.

Esa decisión puso todo en movimiento para que mi vida se encendiera en llamas y bastante rápido. Mis intenciones de aspirar un par de líneas esa noche para liberarme de la borrachera se convirtieron radicalmente en esnifar varios gramos junto con Giovani mientras tomábamos mucho alcohol. Una parte de mí estaba mirando con horror, gritando "¿QUÉ ESTÁS HACIENDO?" Otra parte de mí decía: "Cálmate, es solo una noche libre, mañana puedes quitarte la culpa y la vergüenza con la ducha matutina, nadie más sabrá y no lo volverás a hacer."

Al principio, pensé que la cocaína solo era popular en lugares de fiesta como en la costa o en ciudades grandes como Medellín, pero después de abrir esa puerta en Jardín fue como si una cortina de humo se hubiera evaporado para revelar todo un mundo escondido. Un mundo en donde estaba rodeada y podía ver cuántas personas estaban involucradas de alguna manera. No tomó mucho tiempo para que mucha gente se diera cuenta de en qué estaba metida. Estaba rodeada de consumidores, vendedores y chismosos de pueblo. Me bombardeaban con ofertas cada vez que salía de mi casa, rápidamente se convirtió en un hábito cotidiano, era común tenerla conmigo siempre dentro de mi brasier o mi bolsa. Era tan accesible, estaba en todos lados, era barata, me quitaba el hambre, el sueño, la soledad, el estrés, la tristeza, era una solución mágica para todo.

Después de cruzar esa delicada línea, no tomó mucho tiempo tampoco saber qué miembros del profesorado de la escuela eran consumidores y cuáles de ellos compraban su cocaína de sus alumnos de la secundaria. Muchas veces la usábamos juntos en la hora del almuerzo para combatir el sueño del mediodía. Siempre estábamos cansados. Consumirla junto a otros docentes ayudó a adormecer la posibilidad de consecuencias graves, había empezado a sentirme invencible y ciertamente estaba en la fase de negación.

Mi intensa curiosidad por probar los límites con mi nuevo amante palpitaba constantemente en el fondo de mi mente. No había tomado drogas a un límite mortal desde que tenía veintiún años cuando terminé en rehabilitación. Empecé a probar los límites mortales sola en mi apartamento los fines de semana. Después de un par de meses de vivir así sabía que me estaba hundiendo, pero nada ni nadie me pudo detener. Las cosas empezaron a salirse de control exactamente como cuando tenía veintiún años. Los pequeños errores que cometía se empezaron a transformar en grandes problemas que no podía ignorar, negar, ni explicar tan fácilmente. Obviamente me atrasé en mis estudios, ignoré mis responsabilidades y evité las llamadas de personas queridas.

Aún cumplía con las horas de mi pasantía para la universidad, pero empezaba a tener muchos conflictos, no solo por el caos que había creado en mi vida personal, sino también por los problemas que había con el proyecto de la ONG.

Antes de que mi adicción se apoderara por completo de mí, pasaba tiempo en las casas de mis estudiantes los fines de semana después de la escuela, probando comida casera y documentando cómo las personas en el campo viven su vida cotidiana. La ONG con la que estaba trabajando para obtener horas para mi maestría me pidió que, dado que las familias confiaban en mí lo suficiente como para permitirme ingresar a sus hogares y compartir sus vidas personales, hiciera videos que registraran las cosas que experimentaba, con especial atención en la "pobreza" para que pudieran usar los videos para recaudar fondos. El propietario de la ONG dijo que mostrar ese tipo de pobreza de cerca y en primera persona podría impulsar a sus donantes a hacer contribuciones significativas. Sin embargo, no querían usar las donaciones para las familias de los videos, sino para otros proyectos en otros lugares de Colombia. Sentí que era completamente poco ético y no estaba dispuesta a explotar a las preciosas personas que confiaban lo suficiente en mí como para dejarme entrar en sus hogares.

Sacudí el barco al decirle a la ONG que no me uniría a nada relacionado con la explotación de otros para recaudar fondos; las únicas horas que completaría serían las que usé para traducir su página web y después de eso, no iríamos más lejos con nuestra relación.

Además, las actividades que se suponía que se iban a organizar en la escuela estaban completamente desorganizadas, no por culpa mía, sino por decisiones del director. Con frecuencia, cambiaba mis horas de clase en el último minuto, por lo que tenía diferentes estudiantes en clase cada día. Ninguno de mis alumnos pasaba tiempo en clase los días siguientes, por lo que era imposible planificar lecciones diarias en las que realmente pudieran aprender algo. Entre toda esa frustración y mi nuevo romance con la cocaína, sabía que iba a terminar retirándome de todo, no había forma de que pudiera seguir el ritmo de ese baile hasta diciembre.

***

Mi primera experiencia cercana a la muerte ocurrió un viernes en la noche después de terminar una semana agotadora. Algunos "amigos" supuestamente iban a pasar para hacer una fiesta en mi casa, así que camino a mi apartamento conseguí diez gramos de cocaína y medio galón de aguardiente para dar la bienvenida a nuestro fin de semana. Al final, nadie terminó llegando, así que empecé la fiesta sola. Estaba haciendo desaparecer línea tras línea junto con el trago, cantando karaoke sola, escribiendo y mirando documentales en otros idiomas, cuando de repente encontré mi límite y no fue tan divertido como había imaginado.

Mi fiesta en solitario se volvió inolvidable cuando treinta horas más tarde mis ojos comenzaron a temblar como locos, empecé a sudar profusamente a pesar del frío inmenso que tenía, mi corazón latía tan fuerte que pensé iba a salirse de mi pecho, mi piel hormigueaba y no podía dejar de temblar.

La única persona que pensé en llamar fue Shari, llevaba muchos años trabajando en el campo médico. A pesar de que estaba trabajando, me contestó la llamada y le dije lo que estaba experimentando.

—Dime lo que hiciste Jenni —me exigió. Luego vino el inventario: Uno, dos…, seis, siete, ocho bolsitas.

—Ocho gramos de cocaína, casi dos litros y medio de aguardiente de caña y tres paquetes de cigarros.

—¿Con quién? ¿Con quién hiciste todo eso? ¿Quién está ahí? ¿Estás en peligro?

Me estaba balanceando de atrás hacia adelante con los ojos cerrados, tratando de calmar mis temblores y sosteniendo mi teléfono contra mi oreja mientras tiritaba. La canción "Chandelier" de Sia estaba sonando de fondo. *Las chicas fiesteras no se hacen daño, no pueden sentir nada, ¿cuándo aprenderé? Ahoga el dolor, ahoga el dolor…"*

—Nadie, estoy yo sola en mi casa.

Respiró profundamente.

—Es muy probable que estés pasando por una sobredosis. Lo que acabas de meter en tu cuerpo es demasiado para procesar, empieza a beber mucha agua para ayudar a limpiar tu sistema y sobrellevar el dolor. Con suerte, lo vas a superar.

Colgué.

Voy a vivir como si el mañana no existiera, como si no existiera…

Me recordaba de lo perfecto que era todo cuando llegué, pensé en todas las familias tan lindas con quienes había conversado, los lugares que aún no había visto, ese apartamento perfecto y su belleza sencilla que me había brindado paz y tranquilidad al principio. Lloré con toda mi alma sola en mi cama, todavía sudando, pensando en mis alumnos que me habían enseñado tanto. Tenía que superar esto porque tenía que ver muchas más puestas de sol sobre esas montañas divinas.

Pero me estoy aferrando a mi querida vida, no miraré abajo, no abriré los ojos....

El dolor era insoportable. El dolor por la culpa y la vergüenza que sentía, el dolor por la caída en espiral a un fondo tan profundo, a un nivel tan suicida, que me dieron ganas de meter una pistola en mi boca y apretar el gatillo para evitar lo horrible que era. No hubo manera de dormir mientras lo peor pasaba, solo estuve despierta, con los ojos abiertos y sudando frío toda la noche hasta que escuché que golpeaban mi puerta temprano a la mañana siguiente.

—¡Jenni, soy Juancho! Escuché alguien gritar en mi puerta.

Mierda, había olvidado que había arreglado con mi estudiante estrella Juan que vendría el domingo en la mañana a finalizar su solicitud para el programa de estudio en el extranjero del que habíamos hablado. Ya habíamos intentado reunirnos dos veces, pero cancelé debido a que mi adicción se estaba metiendo en mi camino. Su fecha límite para subir su postulación era esa misma noche, así que no había manera de reprogramar su visita. Tuve que aguantar y esforzarme. Había estado despierta por casi 40 horas, estaba nauseabunda, aun jodida por la coca y no tenía idea de si al final iba a tener una sobredosis o iba a sobrevivir. Tuve que esforzarme y dejarlo entrar, pero antes corrí al baño y me tiré agua en la cara. Estaba segura de que lucía medio muerta, no me había mirado en el espejo, pero eso era una situación que se había convertido en algo normal.

—¡Ahí voy! —grité.

Corrí por la cocina cogiendo toda la basura de la fiesta que había esparcido, temí pasar por alto alguna bolsita vacía o una línea de cocaína sobre la mesa. Escondí el licor, limpié todo y arrojé mi taza de café llena de colitas de cigarros en la basura de la cocina. Toda la evidencia había desaparecido.

—¿Estás bien? —me preguntó cuando entró —. Porque no te ves muy bien, Jenni

Mi niño lindo.

—Estuve despierta toda la noche con un virus estomacal, eso creo.

Le hice desayuno mientras se instalaba en la mesa con su computadora y su cuaderno. Yo alucinaba y temblaba. Terminamos su video de YouTube y su solicitud y los subimos. Él me confesó que tenía dudas de haber enviado la solicitud.

—Si me aceptan, me tocará hacer la segunda ronda en Bogotá y eso significa que necesitaré dinero para el vuelo, comida y hospedaje para una semana, lo cual sería demasiado para mi familia —me explicó.

Le dije que todo fluiría en su favor si él eligiera pasar por esa puerta. El universo tiene una forma de mover las cosas cuando alguien está listo para un cambio, pero si esperas a que el universo haga el primer movimiento, es posible que nada nunca cambie. Cuando das un paso hacia lo desconocido, se crea el movimiento y luego las cosas conspiran a tu favor.

Sabía que yo también tenía que hacer un cambio pronto, estaba oficialmente atrasada con todo lo relacionado a la universidad. El Dr. D. me envió un correo solicitando que lo ayudara a encontrar algunas charlas TED y videos de YouTube para mostrar en su clase de adicción a las drogas. No podía dejar de reírme de esa ironía.

¿Quién necesita una charla motivacional de un psicólogo sobre ese tema? Podría hacer un documental sobre la locura que estaba viviendo en ese momento

Estaba recibiendo golpes a mi puerta de gente desconocida a todas horas del día y de la noche, no sé cómo me conocían o qué querían. No imaginaba posible que todo volviera a la normalidad debido a toda la destrucción que había ocasionado.

***

Me comuniqué con mi hermano del alma, Carlos, en Santa Marta y le conté en que se había convertido mi vida. Inmediatamente me dijo que podía ir ahí para estar cerca de él, dijo que él y su pareja se mudarían a un nuevo apartamento pronto y que podría quedarme con ellos una vez que se mudaran. Lo noté como mi opción más favorable y luego me dije a mi misma que superaría otra semana o dos en la escuela mientras decidía qué hacer. Solo quería desaparecer, estaba rodeada de tanta tentación, especialmente en la escuela.

Mi oportunidad de desaparecer llegaría muy pronto, pero no antes de una última historia de amor con mi amante favorita, como si mi sobredosis reciente no hubiera sido suficiente.

Capítulo 20

Yuca y Chicharrón

Sobreviví sin cocaína toda una semana.

Llegó el viernes de la semana siguiente y, a pesar de todo lo que acababa de vivir el fin de semana anterior, mi cuerpo estaba deseoso de fiesta. "Solo una cerveza", suplicaba mi cuerpo. No podía tomar un trago sin usar cocaína. Con solo oler el aroma del alcohol mi cuerpo reaccionaba como si hubiera consumido coca. Una cerveza abría la puerta de las drogas de par en par.

Me escabullí a la tienda de la esquina por algunos bocadillos y después de decidir firmemente que *solo* compraría lo necesario, nada de cerveza, licor, ni cigarrillos, escuché a alguien gritar mi nombre mientras caminaba. Retrocedí para ver quién era, encontré a mi vecina y todas sus amigas empezando una fiesta en la casa. Como tenía puesta mi camiseta de fútbol de Colombia me convencieron de que tenía que ser parte de la fiesta que habían armado para ver el partido de Colombia. Por supuesto, me resultó imposible decir que no.

—Solo cinco minutos —me persuadí a mí misma para atravesar la puerta principal.

No tenía televisor en mi apartamento y me encantaba ver partidos de fútbol con los lugareños.

Cinco minutos se convirtieron en treinta minutos y nadie aceptaba un "no" como respuesta. Las bebidas fluían hacia mí de todos lados y obviamente no negué ni una.

—Es solo un trago, está bien. —empecé a mentirme a mí misma.

Un trago se convirtió en dos, lo que dio lugar a cuatro y luego apareció un grupo de hombres. No me tomó mucho tiempo darme cuenta de que eran policías vestidos de civil. Estaban allí no solo para llevar drogas y sumarse a la fiesta, sino también para tener encuentros sexuales con las mujeres que estaban esperando su llegada.

Mientras bebíamos licor y esnifábamos coca juntos, había un tipo que parecía estar obsesionado conmigo. Les dijo a los otros chicos que yo era prohibida para ellos y trató de captar mi atención todo el tiempo. Cuanto más lo intentaba, más me molestaba.

—¿Estás casada? —me preguntó.

Lo negué y prosiguió:

—Tienes que estar casada, porque si no, estarías conmigo.

Me burlé de la naturaleza sexista de ese comentario. Así que, básicamente, como mujer, mis opciones eran pertenecer a un marido o si no, estar en manos de cualquier hombre que me deseara.

Después de muchas líneas y mucho alcohol, el partido de fútbol fue reemplazado por música sexi. Los hombres y las mujeres empezaron a formar parejas y a meterse en habitaciones privadas, era hora de que me fuera. Cuando me dirigí hacia la puerta, el tipo que me había fastidiado toda la noche apareció de la nada, había estado esperando que me fuera. Me sorprendió bastante, especialmente en mi estado alterado, me empujó hacia una cama cercana y se subió encima mío.

—Te va a encantar, te lo prometo —Su aliento a alcohol me pegó en la cara y me hizo recordar cómo olía el aliento de licor de Oscar aquella madrugada.

Tenía su pene erecto afuera del pantalón y mientras sostenía mis brazos con los suyos, empujaba su polla dura con su cadera, buscando una apertura alrededor de mis shorts para meter su miembro.

Me di cuenta de que no era más fuerte que yo, podía dominarlo, pero tenía que ser estratégica y decidida acerca de lo que iba a hacer.

—Quítate de encima o yo misma te quito y no te va a gustar —le advertí.

No tomó en serio mi advertencia y trató de separar mis piernas con sus rodillas, silenciosamente hice la cuenta regresiva y cuando llegué al número tres, canalicé mi energía y fuerza para tirarlo lejos. El impulso lo hizo rodar fuera de la cama, golpeándose la cabeza con un mueble. Corrí a mi casa lo más rápido que pude.

A la mañana siguiente, pensé si debería denunciar lo que pasó con él, pero no solo había consumido drogas con ellos en esa fiesta, también sabía que nadie me creería. En Sudamérica la violación siempre es culpa de la mujer. Había sido mi culpa por ponerme pantalones cortos, por estar ebria, por hacer contacto visual, por no estar casada, o por haber participado en algún diálogo con el que sería mi violador.

No había estado en contacto con Sebas, había evitado las llamadas y mensajes de texto de él y de todo el mundo, sentía vergüenza por estar viviendo una doble vida. Me avergonzaba de haber roto la promesa que le hice. Me avergonzaba de haber hecho tal lío. Le envié un mensaje cuando desperté y me preguntó si quería ir a desayunar con él. Comenzaron a caer lágrimas por mis mejillas inmediatamente.

Sí, sí, claro que quería desayunar con él. Una parte de mí anhelaba volver a esas vacaciones en Santa Marta y reiniciar todo, para que mis recuerdos no estuvieran manchados de borracheras y drogas. ¡Cuánto deseaba que Sebas tuviera una varita mágica para arreglar todo lo que yo había destruido! Estaba a punto de enfrentarme a él y me aterraba tanto la idea de decirle la verdad, aunque sabía que tenía que ser honesta. Me sentía tan cansada de vivir esa gran mentira y más que cualquier otra cosa, tenía miedo de que me rechazara. Si eso pasaba, confirmaría la dolorosa creencia que siempre me había perseguido: No era capaz ni digna de ser amada.

De camino a encontrarme con Sebas en nuestro lugar favorito para desayunar, vi los chalecos verdes de un grupo de oficiales que estaban reunidos cerca de la fuente del parque. Lo vi, el oficial que me había intentado violar la noche anterior, sabía que tenía que enfrentarlo.

Parecía que el tipo que me había agredido era líder del grupo de policías, pues su uniforme era de diferente color y era el centro de la conversación con los otros agentes.

Mientras me acercaba al grupo, se negó a saludarme, pero los otros agentes dejaron de escucharlo a él para prestarme atención a mí. Me paré junto a mi agresor y lo miré directo a los ojos. Tenía un corte en la mejilla izquierda y el lado izquierdo de su cara estaba hinchado, tuvo que haber sido del golpe que se dió contra el mueble cuando se cayó la noche anterior.

—¿Hay un gimnasio aquí? —le pregunté.

El grupo de agentes que lo rodeaban intercambiaron miradas de desconcierto. Uno me empezó a contestar:

—Sí, hay dos, ese que queda por –

Lo interrumpí.

—Él, le estoy preguntando a él —señalé con mi dedo hacia mi acosador, quien insistía en ignorar mi presencia.

Se aclaró la garganta, todavía negándose a mirarme a los ojos, manteniendo silencio, hasta que finalmente dije:

—Ya que hay dos gimnasios, como acaba de decir su subordinado, le sugiero que empiece a hacer ejercicio para que la próxima vez que quiera violar a una mujer no le vea la cara de pendejo.

Se puso morado, el silencio entre los agentes fue muy pesado. Levanté mis brazos para enseñar a todos mis heridas y moretones.

—¿Ven esto? Él me hizo esto y sepan que no consiguió lo que quería.

Dije lo que tenía que decir, pero sabía que me estaba poniendo en riesgo al hacerlo. Pudieron haber tomado mi pasaporte y hacerlo desaparecer, pudieron haber inventado evidencia falsa e involucrarme en alguna actividad ilegal para detenerme. Estaba dispuesta a enfrentar las consecuencias. Si sabían que un agente me podría acosar y salirse con la suya, entonces sería presa fácil para todos.

Sebas me observó detenidamente cuando llegué para desayunar juntos y por su cara lo sabía todo. Era un pueblo pequeño y no me había molestado en evitar un escándalo. La gente de pueblos pequeños no tiene nada mejor que hacer que estar de metiches en la vida de otros y el hecho de ser extranjera llamaba más su atención.

Le conté a Sebas sobre todo el desastre que había estado creando en los últimos meses. No le conté lo que había sucedido la noche anterior ni del enfrentamiento en el parque, pero le confesé todo lo demás. Me dijo que había estado preocupado por mí, pero que estaba esperando que resolviera mis cosas por mi propia cuenta. Al parecer, mi vida secreta no era tan secreta después de todo, estaba en un ciclo de destrucción que no solo me estaba arruinando a mí misma, sino que también estaba prendiendo fuego a todo lo que me rodeaba.

Esa semana no había escuela debido a un día feriado local y luego hubo una huelga de maestros, así que tuve unos días libres. Tuve que ponerme al día con mi trabajo de clase en línea, escribir informes para mi voluntariado y tener una reunión virtual con el Dr. D sobre muchas cosas. También sabía que era hora de enfrentar las consecuencias de mis actos diciéndole la verdad a mi departamento, porque sabía que no podía mantener las horas en la escuela y mis horas de trabajo para la ONG. Tuve que hacer un cambio radical para salir de la rutina en la que estaba o me moriría. No tenía idea de lo que sucedería cuando dijera mi verdad.

Una noche, Sebas y yo nos encontramos y mientras estábamos hablando, se inclinó hacia adelante para decirme:

—Hay un tipo en la esquina que te ha estado filmando desde hace rato, no mires ahora, sino mira casualmente cuando te levantes para ir al baño. Al principio pensé que jugaba con su teléfono, pero ahora sé que te está filmando.

Esperé un par de minutos y cuando miré de camino al baño, vi que era el agente que había intentado violarme aquella noche.

Cuando volví a la mesa, le confesé toda la historia a Sebas y le conté cómo me enfrenté al oficial cuando iba de camino a encontrarme con él para desayunar aquel día.

—Jenni, no puedes hablar con hombres así aquí, especialmente con los agentes de policía, no te dejarán tener la última palabra. A partir de este momento, no debes salir sola por la noche cuando no puedas dormir y jamás vayas a caminar sola.

Ya era hora de terminar con la pasantía y decir la verdad a uno de mis directores. Sebas y yo estábamos de acuerdo en que era mejor dejar Jardín por un tiempo y que irme a primera hora de la madrugada era lo mejor, simplemente me desvanecería a en el aire.

Sebas fue a la estación de autobuses con los datos de mi pasaporte para comprarme un tiquete. Mi bus saldría para Medellín a las cuatro y media de la madrugada siguiente. Pasamos el resto del día juntos, riendo, jugando y empacando mis cosas. Todo lo que había acumulado durante los últimos meses en Colombia que no cabía en mi maleta, era hora de dejarlo ir. Dejé un montón de ropa y libros para que Sebas se los diera a quien los necesitara. Además, le dejé dinero en efectivo para pagarle a alguien que devolviera los muebles que me había prestado la directora de la escuela.

Me comuniqué con Hernán para decirle que tenía que irme y le conté una versión corta del motivo, con la promesa de darle más detalles más adelante. Tenía que avisarle, mi apartamento estaba a su nombre. No me juzgó, por el contrario, estaba preocupado, sentía empatía, compasión y entendimiento. Sobre todo estaba preocupado por mí y me preguntó por qué no lo había contactado en medio de tanta oscuridad, especialmente siendo extranjera en un país nuevo y en una situación tan peligrosa. Me pidió que le dejara saber cuando estuviera en un lugar seguro y que lo mantuviera informado acerca de la situación.

A la mañana siguiente, Sebas y yo caminamos juntos hasta la terminal de buses, allí había un quiosco abierto para los viajeros que madrugaban.

—Cuando llegues a Medellín, ¿a dónde vas a ir desde ahí? —preguntó.

—A Santa Marta, Carlos dijo que puedo quedarme en un hotel hasta que él y su pareja se muden a su apartamento y luego viviré con ellos.

Ambos estábamos tristes por mi partida, aunque sentía en mi alma que volvería a Jardín muchas veces más durante mi viaje.

—¿Quieres tomarte un traguito antes de irte? ¿Para brindar por tu nuevo camino? No puedes olvidarte de mí y de todo lo que hemos vivido, los recuerdos felices que hemos generado aquí—me dijo.

—Bobo, ¿cómo me voy a olvidar de ti? Seguiremos viviendo historias juntos, volveré aquí muchas veces y viajarás conmigo fuera de aquí muchas veces también.

Chocamos nuestras copas y nos tomamos esos tragos dobles de aguardiente antes de que el sol saludara al nuevo día.

—No importa lo lejos que estés, recuerda siempre que tú eres mi yuca y yo soy tu chicharrón.

Su analogía con Forrest Gump me recordó la escena en la que Forrest estaba a punto de ir a pelear en la guerra de Vietnam y las palabras de despedida de Jenni para él fueron: "Forrest, si alguna vez estás en problemas, no tienes que ser valiente, solo corre muy muy lejos, ¿lo prometes? Solo corre."

El conductor del autobús puso mi mochila en el portaequipaje, subí al bus, me senté junto a la ventana y le dije adiós a Sebas mientras salíamos.

Así, como lo hace un fantasma, desaparecí en la oscuridad de la madrugada para irme lejos, hacia lo desconocido, un nuevo horizonte desconocido. Jenny y yo sabíamos correr, y cómo.

Capítulo 21

La rosa que creció del concreto

¿Escuchaste acerca de la rosa que surgió de una grieta en el concreto? Demostrando que la ley de la naturaleza está equivocada, aprendió a caminar sin tener pies. Parece gracioso, pero al mantener sus sueños, aprendió a respirar aire fresco. Viva la rosa que creció del hormigón cuando a nadie más le importó.”

Tupac Shakur

Después de veinticuatro horas en autobús viajando a través de montañas terriblemente curvas llegué a Santa Marta. Una vez ahí, conseguí una habitación en el mismo lugar donde Sebas y yo nos habíamos alojado en nuestras vacaciones. Carlos ya no trabajaba ahí, pero yo ya conocía a los empleados del hotel y al vecindario que lo rodeaba.

Lo primero que hice después de registrarme y arreglar mis cosas fue escribir un correo electrónico a Joanne muy cuidadoso. El viaje en bus para llegar a la costa me había dado veinticuatro largas horas para reflexionar. Había cometido muchos errores durante mi vida, pero siempre me había hecho responsable de cada uno de ellos y del daño que causaban. Mi extrema franqueza había sido poco atractiva para la mayoría de las personas y, aunque es una cualidad admirable, no siempre funciona bien si no se sabe administrar con sabiduría. Sabiduría de saber cómo decir la verdad, en qué momento decirla y cuánto de ella compartir basada en las circunstancias y en lo que la otra persona es capaz de procesar. Por ejemplo, en mi correo electrónico a Joanne, debí haberle informado cortésmente que, por motivos personales, no podía continuar con mi compromiso con la pasantía y dejarlo así.

En mi correo electrónico no compartí toda la verdad sobre la pesadilla en que se había convertido vivir en Jardín: La casi sobredosis, los desconocidos tocando mi puerta día y noche, el agente de policía que intentó violarme, lo peligroso que era caminar a la escuela sola, no solo por el nuevo peligro de que alguien podía intentar atacarme de nuevo, sino también el peligro debido a la tentación de consumir drogas con profesores y amigos. Solo le dije que estaba en una batalla con la adicción a la cocaína, que me había metido en una situación difícil, que había dejado Jardín para salvaguardar mi vida y enfocarme en mi recuperación. Reconocí completamente cómo mis acciones habían impactado negativamente a quienes me rodeaban y por eso lo lamentaba mucho. Encontré al menos cinco formas más para expresar mi comprensión de lo que yo había hecho y de cuántas formas me sentía arrepentida, firmé muy sinceramente con cascadas de culpa y vergüenza y se lo mandé.

Luego me comuniqué con el Dr. D ya que él era esencialmente el supervisor principal de mi pasantía, la cual habíamos organizado por medio de la ONG, pero de la que él era el único que podía aprobar todos los trámites. Las decisiones finales estaban en sus manos.

Carlos vino a buscarme y fuimos a almorzar a nuestro lugar favorito llamado La Oficina, donde tenían la mejor comida y hacían nuestro jugo favorito de maracuyá. Nos sentamos afuera en una mesa. Todo el tiempo debíamos apartar moscas de nuestra comida mientras, además, sudábamos. Carlos tenía algunas preguntas directas para hacerme. Ya sea en la universidad o fuera de ella, ¿qué quería hacer con mi tiempo en el extranjero? ¿Cuándo iba a caducar mi sello de turismo? No había pensado en nada de eso, estaba en modo supervivencia.

En la universidad o fuera de ella y si decidiera quedarme en Colombia, ¿en qué trabajaría? Al dar clases en Jardín, me enteré de algo llamado certificado TESOL o TEFL, el cual era requerido por la mayoría de las empresas para enseñar inglés. Encontré empresas que ofrecían esos certificados en línea por un precio muy económico. Carlos me animó a pensar en esas cosas porque en realidad, una maestría terminada me abriría la puerta a un trabajo, pero para enseñar inglés en una universidad o algo así necesitaría un certificado como el TEFL.

Me dijo que, con suerte, su apartamento estaría listo en un mes más o menos, pero mientras tanto, tendría que estar cómoda en mi habitación de hotel.

Está bien, pensé. *Recibiré noticias de Joanne, quien tendrá tanta gracia, amabilidad y compasión como la tuvieron Hernán y Sebas. Encontraré otra forma de cumplir con mis horas de prácticas, me enfocaré en terminar mi semestre, todo estará bien. En mi tiempo libre disfrutaré de nuevas aventuras aquí y me comportaré de la mejor manera.*

Que inocente fui, poco me imaginaba que en otro continente, había creado un huracán en Oklahoma y lo que estaba a punto de pasar estaba muy lejos de la historia que había imaginado.

Joanne recibió el correo electrónico que le envié y antes de hablar personalmente conmigo se tomó la libertad de reenviarlo al decano que supervisaba los programas de posgrado de toda la universidad, quien a su vez convocó a una reunión con los maestros de alto rango de todo mi departamento. Joanne no se detuvo ahí, sino que también lo compartió con el director de la escuela de Jardín, quien a su vez lo compartió con sus profesores.

Estaba siendo bombardeada con correos electrónicos que decían que de ninguna manera se me permitiría estar cerca de la propiedad de la escuela, que no debía estar en contacto con los estudiantes, ni estar asociada a ningún proyecto relacionado con la escuela. Los socios de la ONG también me enviaron el mismo mensaje sobre el trabajo que hice para ellos como parte de mi pasantía. Recibí un correo electrónico del Dr. D preguntándome cuándo podríamos programar una videollamada.

El Dr. D fue un faro de luz durante ese tiempo oscuro, sabía que yo sola había jodido todo y que tenía consecuencias que afrontar. Comprendí que había cometido errores muy graves y nadie fue más duro conmigo que yo misma. Era la que sufría la adicción, sola, en un país extranjero y por eso estaba enterrada en un lío que yo misma había creado. El Dr. D era la única persona involucrada que entabló una verdadera conversación empática conmigo, los demás me escucharon con sus egos y respondieron como tal, más preocupados por su propia reputación, preocupados de que mis errores empañaran la reputación de la santa universidad. El Dr. D me escuchó con su corazón y respondió como tal, queriendo saber cómo estaba yo interiormente, qué me había llevado a meterme en ese lío y qué era lo que quería sacar de todo eso.

—El director de nuestra facultad convocó a una reunión para compartir el correo electrónico que enviaste a Joanne y discutir con otros profesores cómo manejar esta situación. Sugiere que seas eliminada completamente del programa, de la universidad y que no se te dé la oportunidad ni siquiera de terminar este semestre —me informó el Dr. D durante nuestro chat.

Mierda, me sentí tan humillada de que todas esas personas supieran mis asuntos personales. Pensé en todos los años que me había costado llegar donde estaba, los sacrificios que había hecho para terminar los estudios hasta ese punto, los préstamos escolares que había adquirido para lograrlo y en todo el trabajo interior que había hecho con la psicológica para superar mis miedos y tener la suficiente confianza en mí misma para unirme a este mismo programa de maestría. ¿Todo para no terminar?

El Dr. D continuó:

—Sin embargo, dado que hemos trabajado juntos durante años, respeta mis decisiones y le he pedido que espere, para hacer cumplir estas consecuencias tan duras, hasta que yo hablara personalmente contigo. Tengo una sugerencia sobre lo que podrías hacer para acabar con el programa. ¿Quieres quedarte en el extranjero más allá de diciembre?

—Sí.

—¿Quieres terminar tu programa para fines de mayo? ¿Estás en un lugar seguro ahora? ¿Vas a mantener tu nariz limpia y a comportarte bien?

Sí, me sentí 100% lista para decir sí a todas sus preguntas.

—Estoy dispuesto a arriesgarme por ti esta única vez, pero si muevo los hilos para que todo fluya en tu favor y arrojas otra bomba para destruirlo todo, el puente que nos une quedará destruido para siempre y las consecuencias serán irreversibles, ¿entiendes bien?

—Sí.

Planeaba reunirse con el decano y el jefe del departamento para ver qué podía hacer, mientras tanto, me sugirió que me mantuviera al día con mi trabajo de investigaciones académicas y que terminara mis clases en línea.

***

Carlos y yo fuimos al departamento de inmigración y nos enteramos de que unos días después de Año Nuevo, tendría que salir de Colombia por al menos 6 meses, debido a que a los estadounidenses solo se les permite pasar seis meses por año en Colombia. Tendría que cruzar una frontera, pero ¿cuál? Miré un mapa, estaba casi en el punto más al norte de Colombia y podría tomar un barco a Panamá para ir de mochilera a través de América Central, o podría tomar un vuelo desde Medellín a cualquier otro país en América del Sur.

Me estaba conectando con la Jenni que había sido a los diecinueve años, quien apareció en la isla de Cozumel sola, sin miedo y con solamente un boleto de ida. Volví a sentir la angustia interna que había sentido en mi vuelo de regreso a los Estado Unidos cuando descubrí que no me podía quedar en México. Sin embargo, ¡esta vez no tenía que volver si no quería! Mirando el mapa, todo lo que veía eran posibilidades infinitas, ¡el mundo era mío y las fronteras solo existían para cruzarlas y vivir aventuras!

¿A dónde ir? Podría subir en un bus e ir hacia el sur hasta donde quisiera.

Después de Año Nuevo, tomaría buses hacia el Sur, cruzaría la frontera de Ecuador y encontraría aventuras esperándome ahí. Podría tomar un bus tras otro hacia el sur, cruzando frontera tras frontera. No tenía la menor idea de cómo sería cruzar fronteras por tierra, pero la idea me cautivó, quería seguir tomando buses hasta que se acabaran las carreteras o los autobuses dejaran de funcionar.

***

Una vez que tuve mis planes claros, eso me ayudó a saber cómo pasar mi tiempo con Carlos. Me quedé con él y su pareja en su apartamento, disponía de un colchón en el piso, un escritorio y Wi-Fi para poder terminar mi semestre. Pasé tiempo con la familia de Carlos y comí comida casera en la casa de su abuela, casa a la que íbamos para lavar nuestra ropa a mano. Para poder llegar ahí, teníamos que caminar cuarenta y cinco minutos en el calor abrasador con nuestras bolsas de la lavandería colgadas en la espalda. Empapados de sudor, teníamos que lavar nuestra ropa, llevarla toda mojada de vuelta y colgarla en nuestro apartamento.

Carlos me llevó a sitios a los que solo van los lugareños y me presentó a sus amigos. Es bailarín profesional y es un mentor muy respetado en su comunidad. Pasa su tiempo dando clases de baile. Me llevó a playas donde vimos innumerables puestas de sol, mi parte favorita de esas playas eran las mujeres afrocolombianas que llevaban bandejas de postres de coco llamados "cocadas" sobre sus cabezas. Podía comprar una bolsa de ellos por un par de dólares y los comíamos hasta tener un coma diabético mientras metíamos los pies en la arena y mirábamos a la gente a nuestro alrededor ir de fiesta. Hablábamos durante horas y horas, mirando como las olas rompían en la playa.

Mi tiempo en Colombia se estaba acabando, pero me quedaba tanto por ver ahí. Estaba devastada por haber arruinado tan hermosa experiencia con mi encuentro con la cocaína.

Colombia siempre estará aquí y puedes volver una y otra vez. Cometiste errores, pero no tienen por qué ser el final de esta historia.

Una mañana me desperté con la visión de una orquídea colorida y vibrante y fue entonces cuando el recuerdo de una mujer que conocí mientras caminaba en una vereda de Jardín vino a mi mente. Ella estaba regando sus plantas cuando pasé por su casa que estaba escondida en la ladera de la montaña y rodeada por cafetales y plataneras. Además, su casa estaba adornada con flores de todo tipo que estaban plantadas en gradas. Cuando paré para felicitarla por sus hermosas flores, muy amablemente me ofreció un vaso de agua y me contó una parte de su historia. Me contó que su esposo no la dejaba ir al pueblo para trabajar en ningún lugar, así que comenzó su propio negocio de flores para poder tener independencia económica. La gente del pueblo que tenía orquídeas colgadas en sus balcones se las habían comprado a ella. Su historia me inspiró y quería tener esa flor tatuada en mi para recordarme que no importa cuán difíciles parezcan las cosas, siempre hay una respuesta.

Ya sabía que quería hacerme un tatuaje antes de terminar esta parte de mi aventura y ahora sabía que ese tatuaje tenía que ser una orquídea vibrante en el lado izquierdo de mi cuello, para que todos los días pudiera ver esa hermosa flor florecer. Fue así que fui a un estudio de tatuajes para explicar mi idea y hacer el diseño.

A la mañana siguiente, el tatuador tenía el dibujo listo, pero me sorprendió cuando lo vi. Había imaginado algo pequeño, tal vez dos pulgadas de diámetro, pero la orquídea que diseñó era el doble del tamaño que tenía en mente, por lo que ocuparía un espacio considerable en mi cuello. Estaba al borde de cambiar de opinión cuando escuché a una chica junto a la caja registradora decirle a su amiga en voz baja:

—Si ella se va sin tatuarse ahora mismo, me voy a robar el diseño de esa flor. Los colores son tan hermosos.

¡Oh diablos, no! Esa era *mi* flor, me la había ganado.

—Empecemos ahora mismo —le dije al artista.

Las cuatro horas de intenso dolor valieron la pena. El resultado fue tan hermoso que amo mi flor cada día más. A menudo, las personas me preguntan cuál es su significado, la verdad, tiene numerosos significados y a medida que viajo va adquiriendo otros. Al principio solo representaba a Jardín, el lugar en el que encontré un nuevo camino de vida a pesar de la oscuridad que resultó de mis malas decisiones. Empecé a abrirme y a florecer de una nueva manera y quiero ver esa flor cada día para recordarme siempre florecer, pase lo que pase. Los demás significados son solo para mí.

Pasé mi cumpleaños y Navidad con Carlos y su familia. Fue la primera Navidad que pasé en una playa, sin embargo, sabía que el día después de Navidad era el día en que debía irme. En mi camino de regreso al sur hacia la frontera, quería pasar por Jardín una última vez, sobria, para presentar mis respetos y mostrarme con la cabeza en alto. Siempre me hago cargo de mis errores y mi viaje comenzó en ese lugar mágico. Quería despedirme de Juancho y Sebas. Quería presentar mis respetos al lugar que había tenido un impacto tan inmenso en mi vida de manera positiva. Y quería disculparme, aunque solo fuera para mí. Quería dar un cierre positivo antes de dejar el país, pues no tenía idea de cuándo volvería a Colombia, aunque mi alma me dijo que eventualmente viviría muchas cosas más allí. Quería cerrar ese capítulo viejo para poder escribir uno nuevo y mejor la próxima vez.

Capítulo 22

Bucaramanga

En la terminal de autobuses de Santa Marta tenía todas las intenciones de conseguir un boleto para regresar a Medellín, pero escuché a un vendedor de boletos gritar el nombre de otra ciudad. Cuando escuché el nombre de la ciudad, algo dentro de mí hizo *ping ping*.

—Bucaramangaaaaaaaaaa —un hombre pequeño que usaba camiseta y gorra de béisbol gritó por el pasillo.

—¿Dónde está eso? —le pregunté.

—Aproximadamente nueve horas al sureste de aquí, pegado a la frontera con Venezuela.

Me mostró el mapa. No estaba tan lejos de Medellín y no me alejaría tanto de mi camino hacia el sur para cruzar la frontera con Ecuador. Pagué mi boleto y lo seguí hasta atrás de las taquillas donde subí al bus con mi mochila y arrancamos.

Eran solo las nueve de la mañana, llegaría a Bucaramanga temprano en la noche, aunque ya estaría oscuro. Esperaba que el bus tuviera Wi-Fi para poder buscar un hotel donde ir al llegar.

Recordé lo nerviosa que había estado la primera vez que llegué a Medellín, el miedo que tenía de ir en ese viaje con Or y sus amigos y me sentí muy orgullosa de lo lejos que había llegado, solo dejando que las cosas fluyeran.

En secreto, adoraba los viajes en bus. Se habían convertido en parte de la vida que ahora vivía, como el viento, libre, para irme donde quisiera, cuando quisiera. Tenía entre nueve y doce horas si había un deslizamiento de tierra, un accidente de motocicleta o un control de policía que nos detuviera. A veces, todas estas cosas podían suceder en un viaje de bus, pero nunca me molestaban porque era parte de la aventura.

Me coloqué los auriculares para ahogar los ruidos que me rodeaban. Mis nervios estaban destrozados, estaba agotada en cuerpo y alma. Varias horas a solas con mis pensamientos en casa me habrían vuelto loca, pero varias horas a solas con mis pensamientos durante un viaje en autobús en Colombia era una experiencia más que bienvenida. Nunca tomé autobuses nocturnos, no solo porque son más peligrosos y no puedo dormir, sino sobre todo porque durante el día podía ver cómo el paisaje y la arquitectura difieren de un lugar a otro.

Con mi cara pegada a la ventana del autobús, oleadas de náuseas recorrían mi cuerpo en sincronía con los movimientos del vehículo que daba vueltas en las curvas y luego en el tráfico, antes de encontrar otras curvas. Si no temiera por mi vida al menos una vez en un viaje en autobús en Colombia, no sentiría que fuera una experiencia auténtica. Disfrutaba de la emoción de vivir experiencias peligrosas, pero a medida que avanzaba el paisaje, me quedé pensando, *¿pero por qué elijo las que son autodestructivas?*

A veces, los conductores pasaban motocicletas lentas, giraban en curvas donde no podían ver nada de lo que venía a la vuelta de la esquina y yo veía el precipicio a través de mi ventana. Podía ver pequeñas piedras arrojadas por las llantas del autobús rebotando hacia su nueva ubicación valle abajo. Cada vez que parábamos por un deslizamiento de tierra pensaba que nos podía pasar a nosotros, en nuestro autobús, en cualquier momento, sacándonos de ese camino endeble como un auto de juguete, enviándonos a rodar montaña abajo. Era aterrador, pero, sobre todo, enviaba adrenalina a través de mi cuerpo.

Conecté mi teléfono al Wi-Fi para poder verificar cuál era la disponibilidad de hostales en Bucaramanga. Había varios con camas disponibles, pero estaba buscando un "ping ping" específico dentro de mí, el cual dirigiría mi elección. Finalmente, después de pasar por varias páginas con opciones, lo encontré. Era el último hostal en la última página y no tenía ningún comentario ya que era una publicación nueva, algo en su nombre me resonó, Hostal Chitota. Solo reservé una noche ahí, ya que no tenía comentarios y no podía saber si querría quedarme más tiempo allí hasta darle la oportunidad. Al llegar a la ciudad, me di con que el hostal estaba a unos quince minutos en las afueras, ubicado en el campo y la entrada no era fácil de ver a menos que estuviera alguien directamente en frente de ella. El dueño estaba esperando mi llegada para poder abrir el portón negro de hierro.

Tan pronto como la puerta se cerró detrás de mí, la vista frente a mí me dejó sin palabras. El camino que nos guiaba hacia la propiedad estaba bordeado con antorchas que brindaban un resplandor atractivo. La luz coquetamente revelaba un camino de adoquines que obviamente habían sido puestos a mano con amor. El fuego revelaba suficientemente el follaje para saber que había sido cultivado intencionalmente en torno al camino.

Sentía como si el universo hubiera desplegado una alfombra roja para mí en ese mismo momento, cuando más lo necesitaba y menos lo esperaba. El dueño, Don Enrique, me dio una bienvenida muy amable y gentil e insistió en ayudarme a llevar mi mochila dentro de la casa.

Me mostró las literas que había reservado por internet y dijo:

—Esto es lo que usted reservó por el precio publicado. Sin embargo, no tenemos otros huéspedes y tiene toda la propiedad para usted sola. Nos gustaría ofrecerle nuestra suite de luna de miel que queda afuera, donde creemos que estará mucho más cómoda. A mi esposa le gustaría incluir tres comidas al día que puede comer con nosotros, en familia.

El precio que me dio para eso era solo un poco más del precio al que había reservado. Solo me quedaba un cheque más de la universidad y no me imaginaba gastar extra en lujos así, pero era un precio tan justo para algo tan hermoso que no podía decir que no. Dije que sí, confiaba en que el dinero vendría de alguna manera, de alguna parte.

Mientras me mostraban el resto de la propiedad, me asombraba por el refugio mágico que habían creado para los huéspedes. El espacio que me ofrecieron afuera era una habitación independiente que parecía una cabañita, con una cama grande, almohadas y cortinas de encaje. Las paredes de la cabaña parecían un lienzo extendido en un fuerte marco de madera. La puerta tenía una abertura con cremallera, la capa interior era transparente y la exterior era una lona sólida para cuando quería privacidad. Este espacio era lo suficientemente grande para un estante de maletas y también había una mesa plegable con dos sillas en la esquina que tenía enchufes para mis dispositivos electrónicos. También había cobertura completa de Wi-Fi en el espacio exterior, lo que me permitió sentarme en la privacidad de mi habitación para trabajar en mi computadora. La zona fuera de la suite era aún más impresionante, entre una suite privada y la otra, había un área cubierta donde había un sofá, un estante con libros en varios idiomas para alojar a viajeros de todo el mundo y una mesa de vidrio que se extendía sobre dos troncos de árboles. Detrás del área de lectura y los dormitorios había una sencilla instalación de madera independiente construida a mano, con hermosa madera local, donde había un inodoro y un lavamanos. En la parte trasera de la estructura había una ducha al aire libre con una cortina que podía cerrar si deseaba privacidad.

Era el paraíso absoluto. Como planeaba pasar Año Nuevo en Jardín, solo podía estar ahí unas pocas noches, cerrando ese capítulo antes de dirigirme hacia la frontera con Ecuador. Ahí estaba yo, en ese espacio de ensueños, con esa cama grande con sábanas lujosas y almohadas tan suaves, el sonido del río que corría, eso era pura felicidad.

A la mañana siguiente, la esposa del dueño me trajo el desayuno servido en bandeja. Hizo arepas que eran de esa parte específica de Colombia, con queso fresco de la región, una guarnición de fruta recién recogida de sus árboles y café caliente. Desayuné en dichosa soledad, contemplando el paisaje, el río. Mi espíritu estaba rogando por ir a explorar esta nueva ciudad, pero primero necesitaba un día tranquilo, solo para mí.

Exploré las orillas del río y los senderos para caminar en el bosque antes de regresar para un almuerzo casero con la señora Stella y su esposo Don Enrique, en el cual compartimos una hermosa conversación. Durante años habían soñado crear un lugar como este y después de ahorrar juntos, la mayor parte del matrimonio, finalmente lo lograron.

La fresca brisa del aire natural fue suficiente para mantenerme cómoda esa noche mientras me acurrucaba, cálida y cómoda, bajo las suaves mantas de la lujosa cama, enterrada en mi montaña de almohadas. Los días pasaron de ser cálidos a calurosos, lo que hizo que la experiencia de la ducha exterior bajo el cielo abierto fuera absolutamente divina, rodeada por todos lados de impresionantes vistas de la naturaleza. El agua estaba fresca, pero no desagradablemente fría y como Stella y yo estábamos solas en la propiedad durante el día, no me molesté en cerrar la cortina. Me estremecí bajo el agua cristalina refrescante que ondeaba sobre mi voluptuosa figura, estaba enamorada de cómo se veía mi piel blanca en contraste con el verde vibrante del exuberante follaje de la selva que me rodeaba .

A la mañana siguiente, amanecí cómoda en mi cama con el sonido tranquilo del río Suratá que fluía cerca. Después del desayuno, Stella me llevó al centro de Bucaramanga, quería salir a pie para explorar todos los lugares a los que mis piernas fuertes me podían llevar. Vagué por los mercados, debajo de callejones y esquivé el tráfico mientras cruzaba intersecciones con mucho tránsito en vecindarios abarrotados. Regalé mi sonrisa brillante a personas desconocidas y comí comida tradicional de la región en un restaurante pequeño donde probé platos nuevos.

Mientras paseaba por el centro de la ciudad, observando a la gente, vi a un tipo agachado atando sus cordones que tenía dos cascos de motocicleta colgados en su brazo izquierdo. Dos cascos para mí significaba una de dos cosas: un casco era de su novia que tenía que estar por ahí cerca, u ofrecía servicio de mototaxi.

—¡Oye! —le grité y me miró mientras me iba acercando —. ¿Tienes mototaxi? —le pregunté en español.

— ¿Sí, a dónde quieres ir? —me contestó.

—Quiero un viaje de dos o tres horas para ver cosas por aquí antes de que baje el sol y después, cuando hayamos terminado el paseo, de regreso a mi hostal.

Me estudió, tratando de pensar en qué precio cobrarme.

—Cien mil pesos —me dijo.

— ¡Ja! —le contesté. Eso era demasiado caro —. Cuarenta mil pesos, oferta final.

Era un precio justo para lo que iba a hacer y otros mototaxis empezaban a acercarse a mí con mejores ofertas, sabía que me iba a perder si no aceptaba.

—Hecho —dijo y me pasó mi casco.

Desde el asiento trasero de una moto, estaba rodeada de un mundo nuevo sin barreras que se interpusieran. ¡Oh, el aire! El aire olía diferente en cada lugar a donde iba, incluso entre los pueblos en esa misma región. Solo quería oler ese aire, el aire y yo teníamos mucho en común. Deseaba poder estar desnuda en esa moto para poder sentir íntimamente toda la experiencia física. Viajar en moto era lo más cercano a un paseo en alfombra mágica que podía existir.

El tráfico colombiano es una locura, especialmente en las grandes ciudades, en una motocicleta rodeada de innumerables vehículos y grandes camiones de trabajo, todos luchando por el derecho de paso. Siempre fue estimulante y me encantaba. La gente a mi alrededor estaba tan cerca que podíamos extender la mano para agarrarnos unos a otros. Nos abalanzamos entre los autos y entramos y salimos entre camiones grandes.

Me llevó al famoso Puente Bicentenario de Bucaramanga que estaba en una película y a iglesias famosas en todo el centro de la ciudad. Condujimos por zonas donde había varias y enormes fábricas de calzado y me explicó que Bucaramanga era la capital de la producción de calzado no solo para Colombia, sino también para otros países vecinos. Desde las orillas de la ciudad, me llevó a un pueblo vecino llamado Girón que quedaba cerca, por su cercanía era el lugar elegido por los pobladores de Bucaramanga para pasar sus días libres. Vagué por ese pueblo encantador por un ratito admirando la belleza de la arquitectura colonial de la plaza principal.

Cuando nos sentamos a la sombra, vi un vendedor empujando un carrito de fruta fresca.

—¿Quieres comer fruta? —le pregunté al mototaxista —. Yo invito.

El vendedor partió una papaya y un mango y nos pasó dos vasos llenos de fruta fresca. Estábamos comiendo contentos cuando pasó una señora vendiendo helados caseros de coco, uno de mis sabores favoritos, comí aquellos helados uno tras otro hasta que sentí que mi panza estaba a punto de reventar.

De ahí, me llevó a un mirador donde pude ver todo de Bucaramanga y las sombras de los pueblos cercanos, desde donde vi el sol ponerse antes de volver a mi hostal justo a tiempo para disfrutar una cena casera con Don Enrique y Stella.

Cuando volví a mi habitación, pensé: *Que final tan perfecto para un día tan perfecto.* Me acordé de lo que Or me había dicho acerca de decir sí a todo lo que fuera posible, a probar cosas nuevas e ir a lugares nuevos. *Así quería vivir mis aventuras, esto es lo que yo merecía.*

Pero primero, era hora de volver a Jardín con la cabeza en alto y afrontar el lío que había dejado, cerrando ese capítulo antes de continuar hacia la frontera con Ecuador.

Capítulo 23

A pesar de todo, ella persistió.

A l día siguiente, los maravillosos dueños del hostal me dieron un fuerte abrazo mientras me dejaban en la terminal de autobuses. Me esperaba un largo viaje de regreso a Medellín, donde pasaría la noche en casa de Hernán antes de volver a Jardín a la mañana siguiente. Llegaría justo a tiempo para recibir el Año Nuevo en mi querida villa.

Mi cuerpo me pedía coca, pero sabía que mi decisión de estar sobria era una elección entre la vida y la muerte. Mientras atravesábamos las montañas en dirección a Jardín, el olor químico de la coca invadió mi nariz. Estábamos pasando por una zona donde se fabricaba coca en lo más profundo de las montañas. Mi cuerpo entró en una reacción total como si acabara de consumir. Mi corazón latía con fuerza y las palmas de mis manos sudaban profusamente. Mi deseo de consumir cocaína se sentía como un monstruo dentro de mí que rugía por ser liberado. Me pregunté si esto era lo que Alex había sentido con la heroína, mientras recordaba el incidente en aquel baño la noche que desaparecí de la rehabilitación.

Sabía que no podía volver a tocarla, ni un tiro, ni una línea, ni siquiera una vez. Una sola línea significaba que se abriría una puerta para sumergirme en un kilo y si lo hacía, había una alta probabilidad de que no volviera a salir. Sabía que para la Nochevieja tenía que estar completamente sobria. Sabía en lo que me metía al volver a Jardín: todas las tentaciones y desencadenantes, incluyendo la culpa y la vergüenza que llevaba a cuestas por las consecuencias de mis malas decisiones y las personas a las que había hecho daño.

Oler una bebida hacía que mi cuerpo reaccionara de forma fulminante, porque ambos hábitos eran codependientes y tenía que ahogar a ambos al mismo tiempo, al menos hasta que finalizara mi divorcio con la cocaína. Un solo trago para recibir el año nuevo abriría la puerta para que ese monstruo irrumpiera. Si elegía la coca, estaría eligiendo morir y no estaba preparada para morir. Tenía más aventuras que descubrir en este increíble camino que había elegido. Sentía que tenía más para dar al mundo y más para recibir de él.

Llegué a Jardín hacia el mediodía. La gente cuchicheaba y miraba. Los profesores que habían formado parte del "comité de crucifixión" me miraron por encima del hombro, mientras que otros miembros de la facultad con los que había salido de fiesta agachaban la cabeza y miraban hacia otro lado, sabiendo que me habían dejado recibir el golpe por todo nuestro grupo. Yo mantenía la cabeza alta, sobria, asumiendo mis errores y también sabiendo que en mi caída no había llevado a nadie más conmigo. Sobre todo, creo que se sorprendieron de que volviera a dar la cara después de haber sido humillada, especialmente tan pronto.

Encontré una habitación de hotel para dejar mi maleta y un lugar privado para desearle a Sebas y a otros amigos un feliz año nuevo. Giovani me vio pasar y me envió un mensaje de texto. Quería saber la historia completa, que le cuente todo lo que había pasado.

"¡Vengan a festejar por los viejos tiempos! ¡Fiesta épica de Año Nuevo!"

Sabía que esa tentación estaría presente y me había preparado. No podía haber "una última vez". Cuando eran las nueve de la noche, todo el parque estaba lleno de gente bebiendo y bailando. Esa fiesta duraría al menos veinticuatro horas para recibir el Año Nuevo. No podía participar de eso y no lo haría.

Cuando la fiesta empezó de verdad me retiré al refugio de mi tranquila habitación de hotel. Juancho me envió un mensaje de texto preguntando si había vuelto a Jardín y luego vino a verme. Mientras estábamos sentados en mi balcón hablando, me contó lo que había oído. Le dije la verdad, toda la verdad, pues no se merecía menos. Estaba emocionado por haber pasado a la segunda ronda de su proceso de solicitud y en un par de semanas conseguí donaciones de un patrocinador que cubriría todos sus gastos en Bogotá para su segunda ronda de pruebas.

Poco sabía yo entonces que Juan acabaría siendo aceptado en ese programa, que iría a Armenia, a terminar el bachillerato en Europa, y que luego ganaría una beca completa para estudiar antropología en la Universidad de Oklahoma. Esa fue una de las grandes cosas que me aportó el tiempo que pasé allí, a pesar de los errores que cometí. Me quedé dentro toda la noche escribiendo en mi diario sobre todas las cosas que tenía que dejar ir para cerrar mi capítulo en Jardín.

A la mañana siguiente me desperté con la noticia de que Giovani había sido asesinado por la noche. Alrededor de las tres de la madrugada, lo apuñalaron cuarenta veces y lo dejaron morir en un charco de sangre a la salida del bar donde siempre íbamos de fiesta. Si no hubiera salvaguardado mi vida, habría estado allí con él, como tantas veces. Supongo que su gran jefe vino a cobrar una deuda, pero no tenía el dinero porque consumió el producto que debía vender. Dejó atrás a su mujer y a su hija de ocho años con necesidades especiales. La noticia me rompió el corazón, pero también me recordó a Alex y el destino que compartió conmigo el día antes de escapar de la rehabilitación hacía tantos años. Había tomado la decisión correcta, cuidar mi vida, en el momento indicado.

***

Me fui la mañana de Año Nuevo para emprender mi viaje hacia el sur, hacia la frontera con Ecuador. Quería dedicar tiempo a ver lugares importantes en el camino, empezando por Manizales, que era parte de la principal región cafetera de Colombia, a seis horas al sur de Jardín. La primera mañana que me desperté allí, en mi hostal, me aventuré al centro de la ciudad, allí encontré la famosa catedral de la Plaza Simón Bolívar. Pagué tres dólares por un tour que me llevaría por una escalera de caracol hasta el punto más alto de la torre (es la catedral más alta del país) y, desde lo alto, me maravillé con la vista de Manizales. También vi Pereira, Armenia y Buena Vista mientras estaba en esa región.

Después de explorar el Eje Cafetero, llegué a Popayán, la ciudad "blanca". Estaba sentada en una mesa fuera de una cafetería Juan Valdez, bebiendo mi café, comiendo un trozo de su famosa tarta de chocolate y escribiendo, cuando un tipo y su hija se sentaron en una mesa junto a mí e iniciamos una conversación. Resultó ser un cantante famoso de Colombia.

Me hizo ver sus vídeos de YouTube y tocó canciones con su guitarra para mí. Desgraciadamente, no recuerdo cómo se llamaba, pero fue un momento inolvidable al contemplar el contraste del llamativo cielo azul sobre los edificios coloniales que se alineaban en las calles mientras ese apuesto colombiano me daba una serenata con su hermosa música.

Al día siguiente, estudié un mapa, elegí mi camino desde allí hasta la frontera y tomé decisiones sobre dónde quería parar a lo largo del camino. Mi idea original me habría llevado a través de una ciudad más grande llamada Cali, pero mi intuición me dijo que era una mala idea. Aunque es la capital mundial de la salsa, rica en historia colombiana, también es el hogar violento del cártel de Cali. Sabía que me atacarían por todos los flancos con adolescentes que competirían entre sí por venderme cocaína y sabía que no era lo suficientemente fuerte para resistir esa tentación. Mi vida dependía de mi decisión de no ver Cali en ese momento de mi viaje. Pagué un billete de doce dólares directamente desde donde estaba en Popayán hasta la ciudad fronteriza de Ipiales, que sería mi última parada en Colombia antes de cruzar la frontera con Ecuador.

Estaba preparada para vivir mi aventura de cruzar la frontera. Pensaba quedarme en Ipiales un par de noches. Allí había un templo sagrado que otros viajeros habían mencionado y, mientras ellos compartían su experiencia, algo en mí había hecho *ping ping*.

Un vendedor de la estación de autobuses me convenció y me metió en el último asiento disponible dentro de un microbús, en el asiento delantero junto al conductor, e incluso tuvo que despejar sus cosas personales para hacerme sitio. Siempre me gustó el asiento delantero para hacer viajes en autobús, no sólo para mitigar el mareo, sino para estar en primera fila ante las hermosas vistas.

Estaba ocupada haciendo fotos, enamorada de las gloriosas vistas de las montañas y eufórica ante la idea de explorar cada centímetro cuadrado del paraíso que ofrece

Colombia. El conductor del autobús trató de conversar conmigo y me ofreció bocadillos y Coca Cola, que rechacé amablemente, fingiendo que no hablaba español.

A las siete horas de viaje, el conductor del autobús se detuvo en la terminal de un pequeño pueblo llamado Pasto, donde se bajaron varios pasajeros. Oí que el conductor del autobús le decía a alguien que íbamos a estar allí al menos quince minutos, así que corrí al interior para ir a orinar y comprar unos chips de plátano. Volví a salir y me puse a mirar las fotos que había tomado con mi teléfono al paisaje desde mi asiento delantero. El conductor se sentó finalmente en su asiento y nos pusimos en marcha, desplazándose por curvas cerradas antes de entrar en la autopista, en dirección a las montañas.

—Entonces, ¿a dónde quieres ir? —me preguntó de repente el conductor del autobús en español.

Pensé que tal vez había entendido mal, así que pregunté en español: — ¿Perdón?

— ¿A dónde quieres ir? —repitió.

Mi estómago empezó a revolverse. De repente, hablaba un español perfecto.

—Bueno, he comprado un billete para Ipiales, así que ¿qué tal si me llevas allí? Se rió un poco. Me miró. — No te voy a llevar a Ipiales.

Se me erizó la piel de los brazos.

—Mira en la parte de atrás —dijo. Lo hice. Todos los demás pasajeros del autobús se habían bajado. Me quedé sola con este imbécil, que ahora me amenazaba y conducía a toda velocidad por la autopista.

—Déjame salir ahora mismo —exigí. Mi voz era temblorosa, pero intentaba controlarla para que no viera ninguna emoción.

—Quiero estar a solas contigo. Te prometo que te dejaré un souvenir que recordarás para siempre —dijo, igual que el policía la noche antes de que huyera de Jardín. Esta vez, estaba sobria.

—Deténgase y déjeme salir ahora mismo, carajo — exigí en español.

—Te prometo que te encantará —dijo— Mira esas montañas que están ahora tan cerca. Podemos tener las montañas para nosotros solos y nadie nos oirá, señorita.

— Ugh, el policía también me prometió que me encantaría.

Después del incidente en Jardín con el policía que me agredió, había visto una navaja brillante a la venta en el escaparate de una tienda local y decidí llevarla siempre en el sujetador. Oh, qué bueno que llevaba la navaja en el sujetador. Tuve que amenazarlo y tuve que hacerlo tan firmemente que lo asusté.

No sabía si este tipo tenía un cuchillo o una pistola. Sola contra él sabía que podía ganar; incluso podía matarlo si era necesario, pero si me llevaba a algún lugar donde fuera yo contra más de un hombre, no tendría ninguna oportunidad. Era mi vida o la suya. Elegí la mía y tenía que seguir haciéndolo de tal manera que él tuviera que temer por la suya. Tanta adrenalina corría por mis venas que me sentía con fuerza como para levantar un auto.

Mientras estos pensamientos pasaban por mi cabeza, nos alejábamos más y más de la ciudad. El paisaje pasaba, junto con los recuerdos del día que Oscar me secuestró en su camioneta. En ese entonces no tenía un cuchillo. No tenía ninguna posibilidad de luchar. Esta vez sí, y tenía un arma. Recuerdo cómo olía el sudor de Oscar cuando goteaba sobre mi cara durante la violación. Esta vez mi historia tendría un final diferente. Recordé el día en que miré a Oscar mientras rechinaba los dientes y amenazaba con matarme. En aquel momento, había pensado que si tuviera un cuchillo podría clavárselo en el cuello. No pude hacerlo entonces, pero sí ahora.

Sabía que tenía que ser calculadora y rápida. Miró a su izquierda por la ventanilla y, en una fracción de segundo, saqué el cuchillo del interior de la copa de mi sujetador. En ese momento, un ángel llamó a su teléfono móvil. Entre su llamada telefónica y el bajo ruido de la radio, no me oyó sacar la navaja. Esta vez yo tendría la última palabra. Nadie volvería a quitarme nada. Terminó la llamada y me preparé para atacar, sabiendo que tenía que medir mi fuerza para no clavarle el cuchillo hasta el cuello.

Cuando colgó el teléfono, lo sorprendí con mi amenaza, sacando mi cuchillo y poniéndoselo en su cuello. —Detente ahora o te mataré, maldito —le grité al oído.

No tenía ni idea de si su reacción sería tomarse en serio mi amenaza, intentar quitarme el arma o sacar una de las suyas, pero basándome en su respuesta, estaba totalmente preparada para clavarle el cuchillo entero en el cuello en una fracción de segundo si era necesario. Por suerte, le di un buen susto. Viró bruscamente para abandonar la autopista y se detuvo inmediatamente.

— ¡Tranquila, sólo estaba bromeando contigo! —suplicó.

Cuando paró el autobús, levantó las manos. —Señorita, sólo estaba jugando con usted. Nunca le haría daño a una mujer.

Sabía que no podía salir primero del autobús porque corría el riesgo de que se marchara a toda velocidad con las pocas pertenencias que tenía.

—Sus maletas están justo detrás de su asiento, señorita. Juro por Dios que no le haría daño a una mujer. Tengo hijas.

En cuanto salió, yo también salí, con el cuchillo aún en la mano.

Supongo que mientras estábamos parados en Cali, movió mis maletas desde la bodega del autobús, donde normalmente se guardan, hacia el asiento detrás de mí. No quería tener que llevarme hasta la frontera ya que era la única pasajera. Eso es algo que debería haber mencionado en la parada del autobús. Debería haber dicho: —Señorita, usted es mi única pasajera. Aquí tiene el reembolso del resto del billete. Tome otro autobús que vaya a Ipiales a otra hora con más pasajeros.

Pero él no había dicho eso. Ahora, sacó mis maletas y las dejó caer al suelo. Se disculpó de nuevo por haberme asustado y me preguntó si podía llevarme de vuelta a la ciudad. Le dije que quería que me devolviera el resto del billete y que quería que se fuera o lo mataría y manejaría yo misma el autobús hasta la frontera. Sacó un billete del bolsillo, lo dejó caer sobre mis maletas y se fue, disculpándose profusamente todo el tiempo.

Allí estaba yo, sola en el arcén de la polvorienta carretera, a unos cinco kilómetros del pueblo por el que acababa de pasar. ¿Y si vuelve por mí? ¿Y si vuelve con más hombres? Todo lo que sabía era que tenía que volver al pueblo con todo mi equipaje cargado a la espalda. Todo el tiempo, no dejaba de mirar por encima del hombro para ver si alguien me seguía. ¿No me había sentido así durante años, sintiendo fantasmas respirándome en la nuca y villanos espiándome desde las esquinas? En mi largo camino de vuelta al pueblo, me reí al pensar si aquel imbécil se habría asustado tanto si hubiera sacado un consolador en lugar de un cuchillo y me juré que algún día llevaría un consolador en mi mochila para probar mi teoría.

Una hora después, encontré un hotel de mala muerte en las afueras de la ciudad. Lo único que me importaba era que tuviera un cerrojo para poder sentirme segura esa noche. El hotelito era tan asqueroso que sólo me cobraron cuatro dólares por una habitación individual sin Wi-Fi, sin agua caliente y con muchas cucarachas para hacerme compañía. Me pareció bien tirar todo mi equipaje en el suelo, dormir encima de la cama completamente vestida con lo que había llevado ese día y salir a la mañana siguiente para llegar a la frontera. Sólo quería sentirme segura por unos momentos.

Mis nervios estaban hechos trizas. El disparador de mi trauma se había activado y me había preparado mentalmente para matar a ese hombre. La adrenalina seguía subiendo de forma desenfrenada por mi cuerpo; estaba desesperada por liberarme. El primer lugar al que acudió mi cabeza fue a un trago doble de licor y una línea gruesa de cocaína de grado colombiano, pero sabía que bajo ninguna circunstancia podía alterar mi mente. Me conocía lo suficientemente bien como para tener la genuina comprensión de que, si me introducía sustancias, no habría límite. En cambio, tenía que protegerme a mí misma, mi vida y mi mente. Tenía que empezar a tomar decisiones diferentes. Mi vida en ese momento dependía de mi decisión de mantenerme sobria, no sólo por el riesgo de una borrachera, sino que tenía que ser consciente de mi entorno dado lo que acababa de suceder.

Seguía necesitando un desahogo. Después de cerrar mi habitación, salí a fumar un cigarrillo. Le di una calada a mi mentolado barato y miraba a lo lejos cuando un cartel roto, a unas manzanas de distancia, me llamó la atención. Las letras estaban lo suficientemente iluminadas como para que pudiera leer: "Tattoo". ¡Un tatuaje! Eso me liberaría.

Aunque estaba traumatizada, me sentí orgullosa de defenderme de aquel conductor de autobús. Recuperé una parte de mi poder al recrear el final de una historia anterior. Me sentí abrumadoramente agradecida por la tragedia vivida a mis veinte años, porque, si Oscar no me hubiera hecho pasar por eso, no habría estado preparada para defenderme de la situación que acababa de sobrevivir.

Quería un tatuaje que denotara el simbolismo de la historia que, esta vez, tuvo otro final, yo hice que tuviera otro final. Quería una mariposa de colores con la frase en latín "Eat amen perseverabat", que significa "A pesar de todo, ella persistió". Sí, lo hice.

La gente que seguía mi viaje en las redes sociales me enviaba a menudo mensajes con sus preguntas. Las preguntas respecto a miedos que solía escuchar eran: "¿No tienes miedo de que te secuestren? ¿Y si hay tipos malos en tu camino que tienen como objetivo a las mujeres que viajan solas? Los secuestros y asaltos ocurren en aparcamientos a pocas manzanas del patio trasero de tu casa en pequeñas ciudades como Yukon, Oklahoma. Las cosas malas pueden ocurrir en cualquier lugar, a cualquiera. ¿Por qué no vivir mi vida a pesar de todo? Lo que me hizo Oscar no me frenó y el intento de este tipo de hacerme daño seguro que tampoco.

Además, ahora sabía que podía enfrentarme a cualquier cosa y abrirme camino. Así que persistí. Persistí durante cuatro horas de tatuaje hecho por la mano de un chico de diecisiete años que acababa de empezar su negocio de tatuajes. No me importó que fuera nuevo. Le mostré lo que quería y le dije que dejara fluir su creatividad, pero que se asegurara de usar agujas limpias.

Mi tatuaje salió torcido, con las alas desiguales y tinta que se me metió para siempre en la piel blanca de la parte inferior del bíceps, pero como era la parte de mi brazo oculta por la axila, ni siquiera me importó. Aún sigue manchado allí y sigue sin importarme. Mis alas tampoco son perfectas y el camino para encontrarlas ha sido pedregoso, pero son mías y sé que son lo suficientemente hermosas y perfectas para mí.

El tatuaje me dio lo que necesitaba. Más allá del mensaje de persistencia, me ayudó a liberar energía. Por fin pude relajarme. Esa noche dormí bien con todas mis cucarachitas amigas. Al día siguiente, me desperté con una visión renovada sobre la vida. Era hora de ir a ver el templo mágico y luego desafiar la frontera con Ecuador.

Capítulo 24

El templo sagrado

Al día siguiente, cuando llegué a la terminal de autobuses de Ipiales, oí inmediatamente a un conductor que gritaba:

— ¡Templo! ¡Taxi al templo de Las Lajas!

El universo me proporcionó mojones a cada paso del camino. Tenían un lugar donde podía dejar mis maletas allí mismo, en la terminal de autobuses, por un dólar, y luego un taxi me llevaría al santuario sagrado por otro dólar. No había tiempo que perder.

Metida en un autobús-taxi con otros viajeros, apilados como sardinas, me senté mirando por la ventanilla. El calor del sol hacía que me cosquillearan los nuevos tatuajes del cuello y el brazo. El taxi aparcó en la entrada de una carretera asfaltada que desaparecía en una curva. Lo único que pude ver fue a la gente deambulando por la curva en ambas direcciones. La emoción de lo desconocido me impulsó a seguir adelante, a salir del taxi y a recorrer el camino en solitario.

Al doblar la curva, la carretera asfaltada continuaba a lo lejos, repleta de vendedores ambulantes que vendían todo lo que se puedan imaginar: bolsos, mantas y colchas tejidas, llaveros, cerámica, ropa, sandalias bordadas y una mezcla de frutas callejeras. Me dediqué a comprobar cada pequeña cosa, paso a paso, hasta que el camino se curvó hacia la derecha y allí estaba.

Me quedé helada. Mi intuición me había dicho que sería magnífico, pero esto era aún más asombroso que cualquier cosa que pudiera imaginar con mi mente humana. Parecía un palacio construido para reyes y reinas justo entre los pasos de montaña, tendiendo un puente sobre el cañón del río Guáritara. El poder místico que tenía hizo que me acercara sin que me diera cuenta, guiando mis pies uno delante de otro hasta que llegué al puente. Según una leyenda colombiana, el poder místico que sentí también creó milagros que ocurrieron allí y que se remontan a los años 1700. Visitar el templo es considerado una peregrinación por quienes creen en su poder mágico. No conocía los detalles de esa leyenda concreta, ni me sentía atraída por indagar en ella. Sabía que tenía su propio tipo de magia sólo para mí.

El poder me dejó sin palabras, pero mis pies me llevaron a través del puente mientras el río rugía abajo. Las lágrimas inundaron mis mejillas y, más que nada, me sentí agradecida por ser tan apreciada y amada por la vida que me daba la oportunidad de ver algo tan exquisito en persona con mis propios ojos. Podía oír los jadeos de otras personas a mí alrededor que tenían su propia experiencia sagrada, el río y las canciones espirituales que se cantaban los diferentes idiomas que se hablaban a mí alrededor.

Vi lo grande que es Dios en realidad, que no se trata de una religión, sino de una experiencia espiritual. Ese momento fue una experiencia espiritual que no dividía a la gente por doctrinas y detalles, sino que trascendía todos los límites creados por el hombre. Trascendía barreras lingüísticas, el color de la piel y las creencias religiosas. Sentí la fuerza divina del amor sagrado que me atrajo con ternura, brazos abiertos y gracia divina femenina. Quería mostrarme y darme algo.

Después de explorar tanto el interior como el exterior del templo, me quedé fuera disfrutando de la gloria de cómo las torrecillas de esa arquitectura neogótica contrastaban elegantemente con el verde follaje de las montañas colombianas. *Quiero estar más cerca del río.* Enseguida vi el ingreso a un camino que me llevaba hacia abajo, hacia donde quería ir. El río se precipitaba por el cañón unos cuarenta y cinco metros más abajo y, hasta ese momento, nunca me había sentido tan agradecida por tener un cuerpo fuerte y sano que podía llevarme a cualquier lugar que quisiera.

Descendí los escalones, contemplando la belleza que me rodeaba desde nuevos ángulos. Cuando llegué al fondo, me quedé de nuevo sin palabras por la belleza viva que me rodeaba y el rugido del río caudaloso. Oculto entre los árboles había un estrecho camino de tierra que se adentraba en el bosque. Caminando por el sendero como en sueños, vi una abertura a la orilla del río donde encontré un peñasco y me relajé cerca del agua.

El inmenso amor sagrado y puro me permitió acceder a la verdad que albergaba mi piel. Comprendí la toxicidad de la resaca de adrenalina que me había dejado la situación de peligro de la que había escapado el día anterior. La experiencia me inundó de rabia, ansiedad, impotencia, victimismo, vergüenza y despertó ese sentimiento de estar rellena de gusanos, lo mismo que había sentido en mi interior en diferentes momentos de mi vida.

La incesante vibración de amor que emanaba de la tierra sagrada que me rodeaba hizo algo que impactó drásticamente en mi vida desde ese momento y para siempre. Ansiaba sentir el agua del río. Mientras me arrodillaba junto a él, vi a una niña agachada sobre una roca que me miraba con una enorme sonrisa en la cara.

Parpadeé dos veces, pensando que estaba imaginando cosas. Me di cuenta de que lo único que cubría su piel era una falda hecha a mano y las chucherías que adornaban sus muñecas. Tenía el pelo largo y oscuro, que le caía en cascada alrededor de la cara, y su piel era de un color marrón claro, como el café con un chorrito de leche.

Nos quedamos quietas, mirándonos de lejos. La llamé y ella negó con la cabeza. Señaló el agua y mi instinto me dijo que quería que mirara allí. Estudié mi reflejo en el agua cristalina. Mi pelo corto, apenas lo suficientemente largo como para recogerlo por los lados, guiaba mis pensamientos hacia la feminidad que había ocultado durante años porque me hacía sentir débil y vulnerable.

Dejé que la sensación de amor puro fluyera por todo mi cuerpo y le di la bienvenida a mi interior. Cerré los ojos y me salpiqué la cara y el pelo con el agua fría de aquel río. "Quiero que me odies para siempre" fueron las últimas palabras que me dijo Oscar y habían estado en la banda sonora de mi mente durante más de diez años. Mi odio hacia él caducó hace años, pero se convirtió en odio hacia mí misma. Cargué con ese odio y ese asco durante tanto tiempo que parecía normal. El incidente del día anterior hizo que aparezcan recuerdos de la violación de cuando tenía veinte años. Los dejé aflorar y pensé intencionadamente en ellos mientras me limpiaba la cabeza con el agua del río.

Cuando levanté la vista, la chica se había ido. Después de ese día, nunca más volví a sentir gusanos en mi interior. El camino me había llevado justo a ese perfecto y simbólico final de un capítulo y de un ciclo de destrucción en mi vida.

***

Desde la terminal de autobuses de Ipiales, un taxi llevaba a los pasajeros a la frontera por un par de dólares. La frontera era un manicomio con una larga cola para obtener el sello de salida de Colombia y otra larga cola para entrar en Ecuador. "Bienvenido a Ecuador", se leía en un imponente cartel azul colocado por encima de varios carriles de tráfico que esperaban la inspección de los funcionarios de inmigración. De nuevo, sentí fuegos artificiales estallando dentro de mí. Cuando llegué a Colombia por primera vez, en junio, no tenía ni idea de que cruzaría la frontera con Ecuador. ¿Qué otras fronteras iba a cruzar?

Los robustos mochileros que vagaban solos en sus viajes se pusieron a mi lado en la fila con sus mochilas gastadas y sucias a la espalda. El hombre que casualmente estaba en la fila delante de mí era otro ángel en mi camino. No sólo era un veterano en cruzar fronteras por tierra, sino que, como equipo, vigilábamos las cosas del otro durante las idas a los baños públicos.

Tras cinco horas de espera, por fin conseguí cruzar la frontera y pagué otro dólar por un taxi que me llevara a Tulcán, mi primer vistazo de un pueblo en Ecuador. Era el pueblo fronterizo más cercano que tuviera una estación de autobuses donde podía conseguir un billete para la capital de Ecuador, Quito. No había pensado a qué lugar de Ecuador iría. Simplemente me presenté. Llegué en el momento justo para tomar el último asiento del último autobús a Quito, donde llegué a las once de la noche y encontré una habitación en un hotel descuidado a pocas manzanas de la terminal de autobuses.

Mi último semestre en la UO empezaba en una semana y ya no tendría más cheques de la universidad. Mi próximo ingreso vendría con la llegada de mi reintegro de impuestos algún día de febrero. Por ambas razones, sabía que tenía que quedarme en un lugar económico mientras durara mi visado de noventa días. Después de pasar un par de días en Quito, opté por visitar la costa antes de tomar la decisión de dónde echar raíces temporales.

En los últimos meses, accedí a la página web workaway.com, donde los viajeros pueden encontrar oportunidades para intercambiar horas de voluntariado por un lugar donde alojarse. Una vez que decidí irme de Quito, entré en la página web y me puse en contacto con una señora que necesitaba ayuda para construir su casa de bambú. Estaba encantada de recibirme, así que me fui con mis pocas posesiones a mi espalda, una vez más en autobús, para reunirme con ella. Tomé un autobús de cinco horas desde Quito hasta Esmeraldas y, desde allí, tomé un pequeño microbús de diez personas que me llevó tres horas hacia el norte por un camino primitivo y escondido, adornado con una flora selvática que nunca había visto. Durante tres días plenos de sol, me alojé en su casa de bambú parcialmente construida. Aprendí a construir un tejado con ramas de árboles y a aplicar un tratamiento especial para madera a los trozos más grandes de bambú utilizados como pilares. Durante mi estancia conocí a una chica mexicana llamada Rita. Era una surfista profesional que cumplía el sueño de toda su vida de viajar por la costa de Sudamérica, surfeando cada marea en cada país que podía. Por la noche, dormía en una hamaca con tela mosquitera a mí alrededor porque la costa selvática de Ecuador tiene los mosquitos más grandes que jamás haya visto. Debía de tener un agujero en la mosquitera porque me pasé toda la noche despierta rascándome y al día siguiente tenía unas enormes ronchas rojas en brazos y piernas.

Un día acompañé a Rita cuando iba a surfear con sus amigos. Las playas estaban escasamente pobladas de gente, lo que distaba mucho de mi experiencia en la costa de Colombia, en Santa Marta. Había lugareños pescando y nosotros tres buscando el lugar adecuado para que mis dos compañeros de casa se subieran a las olas.

Al poco tiempo, conocí a un argentino que tenía una tienda de surf local. Me invitó a ir con él a Playa Negra, donde las playas estaban cubiertas de arena gris oscura y bordeadas de cocoteros, plantas selváticas y un puñado de pescadores locales. La playa oscura contrastaba con las claras olas azul-verdosas del océano que llegaban a la orilla. Los lugareños me explicaron que la arena era así de oscura por su rica composición de metales: uranio, cobre y titanio.

En un momento dado, la playa estaba siendo destrozada por mineros en busca de minerales, pero la población local protestó. En 2017, una petición con más de cinco mil firmas exigía que se dejara en paz a la playa. Allí estaba yo, de pie sobre ella con los pies descalzos. Era tan bonita que parecía una foto de calendario.

Un grupo de desconocidos llegó a la playa y, mientras charlaba, me enteré de que venían desde Uruguay a pasar sus vacaciones. Con sus hijos jugué al fútbol descalza en la playa por primera vez en mi vida. Cada segundo fue una experiencia increíble, hasta que los adultos abrieron una hielera de cerveza fría y sacaron unos gramos de cocaína para empezar la fiesta.

Sabía que estaba demasiado sensible, vulnerable para quedarme, así que me inventé una excusa para irme inmediatamente. Me di cuenta de que nunca podría esconderme por completo de la coca -o de cualquier droga o alcohol-, pero seguía sin poder estar cerca de ella.

Decidí que Mompiche no era el lugar adecuado para quedarme a largo plazo, así que me tomé un par de días para explorar la zona a mi manera, sin saber si volvería a ver la costa de Ecuador. Necesitaba la estabilidad de una ciudad más grande como Quito mientras me concentraba en mis esfuerzos académicos.

Antes de salir de Quito la primera vez, intercambié números con un nuevo amigo que trabajaba en la recepción del hotel donde me alojé. Me dijo que si decidía volver allí, me conseguiría un lugar mejor para quedarme a largo plazo. Como siempre, el universo lo tenía todo preparado para mí. Cuando regresé, me había respondido con la dirección del nuevo lugar y pude tomar un taxi directamente allí para encontrarme con el gerente de la propiedad que esperaba mi visita.

La casa de huéspedes tenía habitaciones llenas de literas ocupadas, pero la habitación del último piso estaba vacía. Estaba pensada para dos o tres personas, con dos camas, un baño privado, un escritorio y una silla en la esquina. Todo el piso compartía una cocina al final del pasillo. Me alegré de pagar el gasto mensual extra para tener el espacio para mí sola. Sabía que no podría concentrarme en mis estudios si compartía el espacio con más gente.

El edificio era hermoso y limpio, y el propietario y su madre fueron amables conmigo. Al final del pasillo había un balcón con vibrantes flores rojas y rosas que crecían por la pared y a través de los diseños de hierro de la arquitectura del balcón. Me sentaba allí a tomar café negro y su bulldog se unía a mí cada mañana como un relojito para montar mi pierna.

Me acerqué a los venezolanos de mi albergue que preparaban comida tradicional para compartirla conmigo. Sus historias sobre lo que sufrieron antes de huir de su país en crisis y lo que soportaron eran humillantes, y sigue siendo una de las enseñanzas más importantes que aprendí.

Algunos de mis nuevos amigos me llevaron a la "Mitad del Mundo", el propio ecuador, literal. Hay un telescopio que puedes utilizar para ver los volcanes que rodean la ciudad. Hice una amiga llamada Jenny que me recordaba a mí misma cuando era más joven. Tenía poco más de veinte años y ya era una empresaria que dirigía su propio restaurante de hamburguesas artesanales y malteadas espesas. Dominaba tres idiomas para atender a los clientes en inglés, español y francés. Apreciaba mucho el tiempo que pasaba sentada en su tienda escuchando historias y escribiendo.

Todo el día, todos los días, trabajé en mis proyectos finales de investigación para la UO. Tenía mi proyecto integral final que todos los estudiantes debían completar antes de graduarse del programa. Además, tenía el proyecto de investigación que el Dr. D creó como medio para compensar las prácticas que había estropeado.

El proyecto del Dr. D consistía en leer ocho libros a su elección y discutir el proceso de recuperación del trauma y la resiliencia exhibida por los personajes principales, mi propia recuperación del trauma vivido, y el concepto de resiliencia en sí mismo, todo ello añadiendo los recursos académicos para respaldar mis discusiones.

Decidí buscar un certificado de TEFL en línea, con la esperanza de que me abriera las puertas a trabajos de enseñanza mientras viajaba. Mi trabajo a través de la universidad había terminado oficialmente, mi próximo aumento de ingresos estaba todavía a unas semanas de distancia y tendría que durar hasta que me graduara en mayo, cuando pudiera encontrar un trabajo enseñando inglés.

Dos veces a la semana iba a un restaurante calle abajo donde vendían almuerzos caseros por un dólar cincuenta. Cada almuerzo incluía la sopa del día en un enorme cuenco, más el plato principal con carne a mi elección, ensalada y arroz, rematado con un vaso enorme de jugo fresco. Otras veces, llevaba mi laptop y mi diario al Juan Valdez, situado a unas manzanas de distancia en la Plaza Foch, donde compraba un gran café de la casa por menos de un dólar.

El café incluía recargas gratuitas servidas por el apuesto empleado detrás del mostrador, que estaba encantado de practicar inglés conmigo. Me quedé allí durante horas leyendo, escribiendo y observando a la gente. No lo sabía entonces, pero fue ahí cuando empecé a escribir este libro.

Cuando necesité un descanso, me agendé una escapada de última hora a Baños, una pequeña ciudad natural situada en un valle rodeado de montañas. Estaba a sólo cuatro horas al sur de Quito en autobús y me habían hablado muy bien de ella. No estaba segura de cuánto tiempo estaría en Ecuador ni de si volvería alguna vez. Recuerdo que dejé atrás mis libros, mi laptop y todo aquello en lo que me había centrado, para soltarme y divertirme durante esos cuatro días. En mi hostal, conocí a una chica francesa llamada Manon, que había vivido en España durante años con su abuela y había preferido no relacionarse en absoluto con su cultura francesa. Manon, otra señora de Italia con la que habíamos entablado amistad en nuestro albergue llamada Fiamme, y yo decidimos hacer canotaje juntas. Manon y yo teníamos un espíritu similar, viajábamos solas y libres sin planes, pero éste era el primer viaje de Fiamme sola. De hecho, no había viajado en absoluto durante años.

Al día siguiente, Fiamme y yo tomamos un autobús para ir a un parque natural a las afueras de la ciudad, ella había oído que había una cascada que valía la pena ver. Mientras caminábamos por el bosque para encontrar la entrada a la cascada, me encontré con un estadounidense llamado Ezra que me acompañó. Me contó que llevaba más de tres años viajando solo y conociendo más de sesenta países. Escuchar su historia fue una parte fundamental de mi viaje en ese momento porque era la primera vez que conocía a alguien que hacía eso y era lo que yo también quería hacer.

No podría haber enfrentado el camino de la cascada sin ambos. Había un estrecho túnel por el que teníamos que arrastrarnos para llegar al camino que había detrás de la cascada. Sufrí de claustrofobia durante años después del secuestro a mis veinte años, así que atravesar un túnel de roca recostada sobre mi estómago fue algo que requirió un enorme esfuerzo de mi parte. Ezra y Fiamme me hablaron de ello, especialmente de los momentos en los que me quedé paralizada, convencida de que no podría seguir adelante. Sin embargo, me alegró mucho haber afrontado ese miedo, porque una vez que llegué al otro lado, pude quedarme de pie detrás de la cascada y contemplar la vista del desfiladero, coronado con un arco iris, que separaba las montañas hasta donde alcanzaban mis ojos.

Todo lo que quieres está al otro lado del miedo.

Capítulo 25

2.818 kilómetros en bus

La experiencia intensamente poderosa vivida en el templo abrió mi alma para el siguiente paso en mi transformación personal, aunque en ese momento no lo sabía. El proyecto de investigación adicional del Dr. D proporcionaría uno de los hitos de mi vida, que fue la inspiración para este libro. Lo que aprendí en esa época de mi vida fue demasiado impactante como para guardarlo solo para mí.

Como ya he mencionado, el proyecto del Dr. D implicaba la lectura de ocho libros autobiográficos escritos por personas que sufrieron dificultades aparentemente insuperables, pero sobrevivieron. Analicé sus procesos de sufrimiento y recuperación, examiné lo que significaba la resiliencia para ellos y luego detallé mi propio proceso de sufrimiento y recuperación. Para concluir el proyecto, comparé lo que tengo en común con los libros que leí y añadí mis propios datos personales.

Cada uno de los libros fue profundamente impactante a su manera e impartió un significado que me cambió, pero uno fue específicamente un catalizador para mi despertar espiritual en Quito. Es un libro de memorias llamado La trilogía de la noche, de Elie Wiesel.

En la primera parte de la trilogía de sus memorias, *Noche*, no escatima detalles al compartir el trauma que sufrió al sobrevivir a Auschwitz. La segunda parte de su trilogía, *Amanecer*, comienza en Francia, donde pidió asilo político, fue reclutado por un grupo terrorista y el líder de su grupo le ordenó ejecutar a un funcionario político.

Pasó del papel de víctima -que había sufrido la más cruel de las tragedias a manos de hombres que cometían atroces actos de odio contra miles de personas a las que no conocían- al de asesino, al que se le ordenó quitar la vida a un hombre que ni siquiera conocía. Fueron su propia ira y su dolor los que lo llevaron a querer asesinar, y se dio cuenta de que ahora tenía algo en común con los hombres que lo aterrorizaron en Auschwitz. Se había vuelto como ellos. El odio y la rabia eran un hilo en común que lo unía a esos nazis. Ellos acabaron con la vida de su padre y ahora él hacía lo mismo con otras personas, que lo mirarían de la misma manera que él miró una vez a los nazis. El dolor y la crueldad que antes no deseaba para ninguna otra vida humana, ahora los imponía.

La tercera parte de la trilogía, *Día*, trata de la visión que tuvo en su lecho de muerte sobre el amor. Fue capaz de ver que hería a los demás porque él estaba herido, lo que lo ayudó a ver que los que lo habían herido a él, también estaban heridos y que la única manera de romper ese ciclo de heridas es amar. Explicó todas las razones por las que se sentía indigno de experimentar el amor puro, y me vi muy bien reflejada en todos esos puntos. Hay mucho más que decir de la historia y de todas las poderosas conclusiones que contiene, y te animo a que la leas tú misma o tú mismo si lo que acabo de compartir te resuena.

Este libro fue muy influyente para mí porque me permitió verme a mí misma y a cada capítulo de mi vida a través de una nueva lente. Pude observar a las personas que me hicieron daño y verlas de manera diferente. ¿Cuán herido tiene que estar un hombre para violar a una mujer?

Sentí que el amor divino que había presenciado en el templo fluía a través de mí hacia esos hombres. Había herido a otros durante años porque a mí me habían herido primero. Cargar tanta rabia, amargura y odio me mantenía atada a los que me herían. Ya no quería tener nada en común con mi violador. Así es como lo perdoné, sola en mi habitación, escribiendo este trabajo para el Dr. D. Imaginé lo diferente que podría ser su vida si experimentara el nuevo amor que yo estaba experimentando y deseé simbólicamente que ese amor envolviera su vida.

Durante años, viví convencida de que mi violador me había quitado algo que nunca podría recuperar. Era el pilar de mis sentimientos de impotencia y descubrí que no era cierto.

Recuperé una enorme parte de mí misma arrebatándole el poder que me había quitado y corté las cuerdas para dejarlo marchar. Recuperé la parte de mí a la que él aún se aferraba. Sus bordes estaban rasgados, pero eso no le quitaba valor. Era un pedazo de *mí* y cada borde irregular lo hacía más valioso y más precioso. Esas fracturas y cicatrices me hacían más bella, como una obra de arte exquisita y compleja.

Descubrí que me resistía a este proceso y pude preguntarme ¿por qué? ¿Por qué se siente bien sentirse mal? ¿Por qué se siente bien aferrarse a las cosas que me hieren? Me resistía al concepto de perdón por varias razones, una de ellas era que pensaba que significaba que lo que la otra persona había hecho estaba bien. Otra razón era que pensaba que perdonar a alguien significaba que estaba dando luz verde para que esa persona volviera a mi vida. Una tercera razón era que sentía que mi resentimiento y mi rabia me habían mantenido a salvo durante mucho tiempo y que, al dejar de amortiguar con ellos, sería débil y vulnerable.

Descubrí que ninguna de esas afirmaciones era cierta. El perdón no tiene nada que ver con ninguna de las personas que me hicieron daño y todo tiene que ver con que yo recupere mi poder, corte los lazos con quienes me habían hecho daño y me dé permiso para sentirme tan bien como pueda cada día.

***

Se acercaban las vacaciones de primavera cuando una pareja de Venezuela con la que me había hecho amiga me hizo una propuesta. ¿Quería ir a Santiago de Chile con ellos? Querían ir en autobús. Nos sentamos y miramos juntos el mapa.

Jesús, el viaje en autobús de Quito a Santiago sería de más de cinco mil kilómetros por la carretera panamericana. Era casi dos tercios de la longitud de todo el continente de norte a sur. Tendríamos que cruzar la frontera con Perú por tierra, recorrer todo el país de Perú, cruzar la frontera con Chile y luego hacer todo el camino hasta la capital de Chile, Santiago.

Chile, por su fuerte economía y la promesa de mejores oportunidades de trabajo, era considerado los "Estados Unidos" de Sudamérica y a él acudían muchos inmigrantes en busca de mejores oportunidades. Tenía toda la intención de llegar allí en algún momento. No me había planteado ir tan pronto y menos en medio de mi último semestre en la UO, mientras terminaba proyectos que requerían tiempo. Sin embargo, me estaba quedando sin fondos.

Había recibido mi declaración de impuestos, que no había sido mucha, y necesitaba encontrar trabajo de alguna manera.

Tenía cuatro días para pensarlo, pero decidí que no habría mucha diferencia si lo pensaba bien. Quería explorar Perú después de Ecuador, pero no tenía mucho dinero para hacer nada y no tenía ni idea de cómo iba a conseguir más. Decidí ir. Dije que sí. Trabajé todo lo que pude en mis proyectos escolares, tomando descansos sólo para empacar y despedirme de mis amigos.

Dos amigos venezolanos que conocí en Ecuador luchaban contra la forma en que las empresas los explotaban (y a todos los venezolanos), a sabiendas de que podían hacerlo sin consecuencias. Mi amigo José, al que conocí en mi hostal, trabajó para un pequeño hotel durante casi un mes, escuchando cada semana la promesa de que un cheque semanal estaba en camino. Al final del mes, los propietarios del hotel lo dejaron marchar sin ningún pago. Se quedó en el hotel y trabajó hasta el cansancio haciendo tareas de recepción y limpieza. Había perdido un mes de su tiempo y energía, no tenía dinero para el alquiler o la comida y no tenía dinero para enviar a su familia en Venezuela, que necesitaba alimentos y medicinas. Estaba a punto de quedarse sin hogar.

Mi otro amigo venezolano, Orlando, que era ingeniero en Venezuela, llevaba un año buscando cualquier tipo de trabajo en Ecuador, trabajó en McDonald's, trabajó de conserje, trabajó haciendo literalmente cualquier cosa. Actualmente le ofrecían un sofá, una ducha y comida en una casa con una familia que también estaba a un pequeño empujón de quedarse sin hogar, a cambio de servicios de limpieza y ayuda con sus hijos.

Estaba en mi habitación haciendo las maletas, sabiendo que sólo me separaban cuatro días de emprender el viaje por carretera más largo de mi vida, cuando se me ocurrió preguntar a José y Orlando si querían ir a Santiago de Chile. Ambos dijeron que les encantaría tener la oportunidad de prosperar en una economía más fuerte, pero que, si ni siquiera tenían dinero para comer o un refugio seguro sobre su cabeza, ¿cómo iban a hacer 2.818 kilómetros hacia el sur para empezar de cero en un lugar nuevo?

Inicié una campaña en GoFundMe para recaudar fondos para sus boletos con la esperanza de conseguir un poco más para cubrir los gastos de comida o alojamiento. Impulsé la campaña con fuerza durante tres días y, gracias a las donaciones de mis seguidores en las redes sociales, ¡una nueva oportunidad para ellos fue posible! Orlando dijo que tenía un lugar donde ir una vez que llegáramos a Santiago, pero José no. Le dije que tenía lo suficiente para cubrir nuestros pasajes hasta allá con dos semanas de albergue una vez que llegáramos, pero no podía hacer nada más. Sólo reuní lo suficiente para cubrir los pasajes. Cubrir el alojamiento de dos personas durante dos semanas pondría en negativo mi cuenta, pero era demasiado tarde para retractar mi oferta para ayudarlos a llegar a Santiago. Sabía que algo más llegaría. Tenía que hacerlo y siempre lo hacía.

El quinto día subimos al autobús nocturno que nos llevaría desde Quito doce horas hacia el sur hasta Huaquillas, la última ciudad antes de la frontera. El viaje en autobús fue tranquilo, al igual que el cruce de la frontera con Perú. Llegamos cuando el sol estaba saliendo, así que no había mucha gente. Una vez que cruzamos la frontera, nos apilamos en pequeños taxis tuk-tuk para llegar a Tumbes, la ciudad más cercana en la que había terminal de autobuses. En Perú hacía mucho calor y había mucha arena. Nada más cruzar la frontera se sintió como atravesar un portal que nos llevaba a una tierra lejana con un clima totalmente diferente.

José desapareció en búsqueda de un vendedor ambulante que nos pudiera decir cómo conseguir boletos de autobús para llegar a Lima. De repente, José y el vendedor volvieron a aparecer y nos subieron a una miniván con todo nuestro equipaje. Supuestamente nos iba a llevar a una terminal de autobuses que hacía recorridos a Lima. Nos estábamos poniendo nerviosos porque la miniván nos llevó al medio de la nada, solo se veía arena a nuestro alrededor, hasta que llegamos a esta pequeña terminal, que parecía una cabaña en medio del desierto. Bajo el techo de hojalata había una pequeña multitud de personas acaloradas y sudorosas, de pie, sentadas y tumbadas en el piso de tierra, rodeadas de su equipaje apilado, jaulas de gallinas y niños que correteaban sin parar. Había tres duchas mugrientas que consistían en mamparas hechas a mano y puertas con cortinas.

—Será mejor que nos duchemos mientras tengamos la oportunidad —sugirió Orlando—. Quién sabe cuándo será la próxima.

Tenía razón. Nuestro autobús desde allí hasta Lima tardaría veinte horas. En Lima, tendríamos que cambiar de terminal de autobuses y nuestro autobús desde allí hasta la frontera chilena tardaría otras veinticuatro horas. Cada uno de nosotros se atrevió a darse una ducha y todos estuvimos de acuerdo después en que fue la experiencia de ducha más sucia que habíamos tenido. Lo único que podíamos hacer era reírnos. Me reí al recordar mi primera ducha en mi primer albergue en Medellín, cuando conocí a Or en mi habitación de literas. Pensé: *Si me hubieras dicho entonces que estaría haciendo lo que estoy haciendo ahora, no te creería.*

Nos sentamos bajo un calor sofocante, oliendo el inolvidable maridaje de olores que desprendían los retretes con los almuerzos calientes que la señora vendía en su carrito junto a las duchas sucias. Por fin llegó nuestro autobús, que estaba lleno. Cargamos el equipaje y salimos, sin aire acondicionado, todos acalorados y sudorosos, con niños que iban gritando y gallos cantando desde el almacén de abajo. Nuestro viaje por la primera mitad de Perú estaba en marcha, con gallinas, niños y todo.

Disfruté de no tener Wi-Fi porque no me perdí ni un solo momento del paisaje con la nariz enterrada en mi teléfono. Nunca había visto un desierto como el de Perú. Nuestro autobús giraba y rodaba a lo largo de carreteras beige y arenosas a través de mini montañas desérticas, revelando pequeñas comunidades llenas de chozas construidas en dunas. Me preguntaba cómo vivía la gente de esas comunidades en su día a día. ¿De dónde sacaban el agua? ¿Cómo ganaban dinero? Entonces, de repente, el autobús giraba bruscamente a la derecha o a la izquierda y volvíamos a estar frente al océano. Todos sus tonos de azul contrastaban magníficamente con todos los tonos de blanco y beige de ese enorme desierto.

Los autobuses que recorren largas distancias siempre tienen un baño a bordo y se deja muy en claro que estos baños son sólo para orinar. Al salir el sol a la mañana siguiente, nos despertó a todos un olor a mierda espantoso que asfixiaba. Al parecer, alguien no pudo aguantar más y defecó a lo grande en el pequeño y sucio baño del autobús. Todavía estábamos rodeados de desierto y el furioso conductor del autobús se detuvo a un lado de la carretera del desierto donde esperábamos mientras su ayudante limpiaba toda la caca del sistema del baño. Sin embargo, eso no ayudó con el olor. Nos cubrió como una manta hasta que llegamos a Lima.

No habíamos comido nada desde que salimos de Quito, treinta y seis horas antes. Nuestros fondos eran muy escasos y no podíamos permitirnos comer más de una vez, así que aplacamos el hambre con trozos de pan o galletas saladas regadas con un vasito de agua que compartíamos de una jarra de un galón escondida bajo un asiento. Además, nunca era prudente arriesgarse a una comida pesada mientras se viajaba largas distancias, ya que no teníamos un lugar para defecar.

Lo primero que hicimos al llegar a Lima fue encontrar un restaurante pequeñito que vendía platos peruanos donde pudimos apilar todas nuestras cosas en un rincón y comer. Estábamos hambrientos, llenos de arena, sudados y cansados. Después de comer, cargamos nuestras cosas en nuestras espaldas y caminamos lo que nos pareció mucho tiempo, siguiendo a José y Edson mientras navegaban por las aceras llenas de gente para encontrar nuestra próxima terminal de autobuses. Cuando la encontramos, agradecimos haber elegido bañarnos en la última terminal, porque ésta no tenía duchas. Subimos a otro autobús y nos fuimos con más niños y gallinas para iniciar otro viaje de veinticuatro horas sin aire acondicionado por la segunda mitad del desierto.

Tras veinticuatro horas a bordo, nuestro viaje en alfombra mágica se detuvo finalmente en Tacna, la última ciudad de Perú antes de la frontera con Chile. Allí pudimos ducharnos por turnos, por fin, después de casi cuarenta y ocho horas de sudor y arena. Me sentía como si tuviera el sudor y la arena de un autobús lleno de gente pegada a mí, incluida la caca de ese tipo. Todo había ido bien hasta ahora, pero nos esperaba una sorpresa en el paso fronterizo número tres.

Capítulo 26

Santiago, Chile

—Los agentes de la patrulla fronteriza chilena son unos inútiles —nos dijo nuestro taxista—. Odian a los venezolanos y a los estadounidenses. Exigen que cada persona tenga quinientos dólares en la mano para dejarla entrar, si es que te dejan entrar.

Todos nos sentamos en silencio, mirándonos unos a otros con miedo en los ojos. No teníamos esa suma. Diablos, ni siquiera había reunido lo suficiente para ayudar totalmente a estos dos chicos de la manera que pretendía. Tenía la intención de tener lo suficiente para cubrir dos semanas de alojamiento para José y para mí una vez que llegáramos allí, pero no había reunido esa cantidad. No podía abandonar a José una vez que llegáramos allí. Iba a tener que sobregirar mi cuenta para cubrir los gastos de albergue en algún lugar para los dos. Eso ni siquiera incluía la comida. La patrulla fronteriza chilena sólo aplicaba esta norma para discriminar a los venezolanos pobres que pedían asilo.

Cuando nos acercábamos a la frontera, el conductor me miró por el retrovisor y me dijo:

—Y tú. Yo no les diría que viajas con ellos porque son venezolanos. Diles que viajas sola.

—Juntemos los fondos que tiene cada uno para ver si llegamos a los quinientos dólares, —dijo Jasmine—. Si vamos de uno en uno, podemos mostrar los quinientos dólares y luego pasárselos a la persona que viene detrás.

Tuvo una gran idea. Todo nuestro dinero reunido era apenas un poco más de quinientos dólares.

Teníamos que ver si esto funcionaba y nos preocupaba cuáles serían las consecuencias si no lo hacía.

—Si a alguno de ustedes no lo dejan pasar, vuelvan a intentarlo cuando cambien de guardia en el cambio de turno —fue el último consejo de despedida del conductor antes de marcharse a toda velocidad.

Orlando y Edson decidieron el orden de nuestro grupo. Orlando primero, luego Edson, Jasmine, yo, y José sería el último. Nos pusimos en fila en ese orden y nos quedamos observando en silencio lo que ocurría a través de las ventanillas de inmigración. Estaban rechazando gente a diestra y siniestra, y había mucha gente delante de nosotros esperando su turno. Además de los funcionarios de inmigración que trabajaban en las ventanillas, también había agentes con perros que vigilaban a todos los que esperaban en la cola. Me recordó a la vez que en el aeropuerto de Colombia pasé cocaína de contrabando en mi zapato. Sacudí la cabeza ante las locas decisiones que había tomado y agradecí estar viva después de haber tomado muchas de ellas. Mi vida era tan diferente a la que dejé atrás cuando crucé la frontera para salir de Colombia.

Todos estábamos nerviosos y luego nos tocó a nosotros. Orlando fue el primero. Le hicieron montones de preguntas y luego mostró el dinero. Finalmente, tras unos minutos más de interrogatorio, le dieron luz verde y llamaron al siguiente. Orlando se deslizó hacia la izquierda y fingió estar organizando sus documentos, y en cuanto Edson se acercó al mostrador, Orlando pasó el fajo de dinero a la mano de Edson. Todo funcionó a las mil maravillas hasta que llegó el turno de Jasmine.

Orlando y Edson lo consiguieron, pero no dieron luz verde a Jasmine. Edson y Jasmine se quedaron mirando con los ojos muy abiertos. Nunca se habían separado y aquí estaban a punto de separarse frontera mediante. Jasmine se deslizó hacia la derecha y fingió organizar sus cosas, deslizando el dinero en mi mano mientras yo me acercaba al mostrador. El fajo escapó de mis dedos nerviosos y los billetes se esparcieron por todo el pavimento frente a mis pies. Le entregué a la señora de la ventanilla mi pasaporte y me agaché para recogerlo todo con manos temblorosas. Mi corazón latía con fuerza.

La funcionaria detrás del mostrador fue muy grosera y me hizo todo tipo de preguntas. ¿Por qué viajaba? ¿Por qué viajaba sola? ¿A qué me dedicaba para obtener ingresos que me permitieran viajar durante tanto tiempo fuera de mi país? ¿Cuál era mi razón para venir a Chile? ¿Conocía a alguien en Chile que pudiera validar mi estancia allí? ¿Cuál era el estado financiero de mi cuenta bancaria? Me informó que era muy caro vivir en Chile y me preguntó cómo pensaba mantenerme económicamente si mi intención era mochilear durante tres meses y no trabajar.

Era la primera vez que escuchaba el español de Chile y me costaba entenderle. Me hacía preguntas que no entendía por su acento y, cuando le pedí que por favor repitiera una de sus preguntas, me dijo:

—Veo en su pasaporte que ha estado viajando durante meses por Sudamérica, seis meses en Colombia y tres meses en Ecuador. Debería hablar español. No hay razón para que no entiendas lo que estoy diciendo.

Sentí que una ráfaga de rabia irrumpía en mi torrente sanguíneo y estoy segura de que lo llevaba escrito en la cara. Pensé en los veinte años de fluidez que había adquirido en el idioma español, en todas las interpretaciones y traducciones profesionales que había hecho, la mayoría de las veces por pura bondad de mi corazón sin que me pagaran por ello. Sabía que probablemente tenía más conocimientos de su idioma que ella y me costó mucho esfuerzo no perder los estribos, pero lo conseguí. Sabía que, si decía la última palabra, ella podría no dejarme cruzar al otro lado.

—Ustedes los americanos. Tienen derecho a todo, creen. Te daré sólo treinta días y luego te vas. No trabajes. Es ilegal. Disfruta de mi país. ¡Siguiente!

¡Me dejó pasar!

—Muchas gracias, señora —dije con una enorme sonrisa en la cara.

Me desplacé hacia la izquierda para fingir que organizaba mi bolso y deslicé a José el fajo de dinero bajo el mostrador antes de unirme a Edson y Orlando, que me observaban ansiosos desde unos metros de distancia.

No dejaron pasar a José. Él y Jasmine se quedaron allí con sus pertenencias mirándonos, mirando a la ventanilla de inmigración y a unos tres metros de nosotros. No pudimos hablar para hacer un plan. Los funcionarios de inmigración se acercaron a nosotros casi inmediatamente para decirnos que no podíamos quedarnos allí. Los tres fuimos conducidos al final de una pista de aterrizaje a unos cien metros de distancia, donde encontramos taxis que nos llevarían a la ciudad más cercana con una terminal de autobuses, que era Arica. Jasmine y José fueron conducidos en la dirección opuesta a la que acabábamos de llegar y desaparecieron en la noche con el dinero.

Edson llevaba el cambio justo para pagar un taxi que lo llevara a la terminal de buses de Arica.

—Lo resolveremos una vez que lleguemos —afirmaron Edson y Orlando.

No podía imaginar lo aterrador que sería todo esto si lo hiciera sola.

Como José y Jasmine tenían todo el dinero, no teníamos nada para conseguir una barra de pan o agua embotellada para saciar nuestras gargantas resecas. No teníamos forma de cambiar las tarjetas SIM para usar nuestros teléfonos y así enviar mensajes de texto o llamar, ni ningún lugar para conectarnos al Wi-Fi. No teníamos forma de hacer nada. Lo único que podíamos hacer era tumbarnos juntos con nuestro equipaje en aquel suelo lleno de basura y esperar.

Ocho horas más tarde, un taxi se detuvo y de él salieron Jasmine y José. Todos saltamos para abrazarnos. Habían seguido el consejo del taxista de esperar hasta el cambio de turno y los nuevos guardias, que llegaron de muy buen humor para comenzar su jornada de trabajo, los dejaron pasar sin hacerles el menor cuestionamiento. Quedaba un asiento en el siguiente autobús a Santiago y el próximo saldría un par de horas más tarde. Opté por tomar el único asiento solo para poder encontrar un lugar donde quedarnos al llegar.

Tenía un gran tramo más. El viaje en autobús de Arica a Santiago era de treinta horas. Pensar en eso me daba escalofríos, pero un empujón más y la maratón se terminaría. Conseguí el asiento de la ventana del lado derecho en la primera fila del autobús y me senté al lado de una pequeña señora mayor que estaba muy emocionada por mostrarme todas las fotos de sus nietos. Volví a ver la costa, pero ésta era radicalmente diferente a la que acababa de ver en Perú. Las costas eran rocosas y el agua era oscura y agitada. Me quedé dormida viendo la puesta de sol sobre la marea chilena. En los últimos cuatro días, había visto casi cinco mil kilómetros de costa a través de tres países a lo largo del continente y la puesta de sol sobre la marea de cada país.

El último viaje en autobús fue el más agradable de todos, con un baño limpio a bordo, una comida que no sabía que estaba incluida en el precio del billete y Wi-Fi. Mi compañera de asiento no quiso su comida, así que tuve la suerte de tener dos comidas para repartir en mi viaje de treinta horas. Utilicé el Wi-Fi para buscar un lugar en Santiago y el mejor lugar por el que me decidí se llamaba La Casa Roja Hostal.

Cuando nuestro autobús entró en la terminal de Santiago al día siguiente, creo que nunca me había alegrado tanto de llegar a algún sitio. Me quedé fuera con mi maleta a cuestas, embobada, estirando las piernas después de casi cinco días de estar hacinada en autobuses. ¿De verdad había cruzado tres fronteras y cinco mil kilómetros en tan pocos días? Estaba en Santiago de Chile.

Tan pronto como llegué al hostel y solucioné la estancia de dos semanas para dos personas, dejé mis cosas en mi litera. José y yo compartiríamos litera en una habitación con otras ocho personas. Fui a explorar un poco el albergue y me impresionó todo lo que había. Subiendo unas desvencijadas escaleras de madera había varias habitaciones con literas y un gran baño. En la primera planta, donde estaba mi habitación, encontré un patio exterior con cuatro mesas y sillas, una sala de cine con una mesa de billar y una enorme cocina equipada con todo lo necesario para cocinar. Había tres habitaciones más llenas de literas y dos grandes baños que todos compartíamos, uno para hombres y otro para mujeres. Seguí el pasillo por una puerta que me llevó al exterior, donde encontré una piscina con un bar al lado. La barra era lo suficientemente grande para seis taburetes y detrás

Jenni Reavis

de ella había un patio sombreado con un hermoso paisaje de árboles, flores vibrantes y setos recortados con una mesa de ping pong en la esquina.

Este lugar era el paraíso absoluto. Recibí un mensaje de José diciendo que su autobús se había varado, lo que les retuvo durante seis horas. Le di la dirección del albergue para que supiera cómo encontrarme una vez que llegara. José llegó a última hora de la noche y estaba tan eufórico como yo por nuestro nuevo alojamiento. Fuimos a explorar un poco el exterior de nuestro albergue y, mientras comíamos perritos calientes en un carrito de comida, tuvimos una charla muy seria. Me dijo que su amigo había recogido a Orlando y que Jasmine y Edson habían llegado a Concepción, una ciudad costera donde se reunirían con su familia, ya instalada allí. Todos llegamos sanos y salvos.

Entonces, la realidad me golpeó. Todavía tenía seis semanas para terminar los proyectos del Dr. D, pero sólo tenía cinco días para terminar el examen completo para mi departamento. Fui muy clara con José en que, durante los siguientes cinco días, estaría trabajando en mi trabajo final todo el día, todos los días mientras buscaba trabajo. Sólo podía utilizar mi tiempo para este trabajo final porque determinaba si me graduaba con mi máster al final del semestre.

Así fueron nuestros primeros días en Chile. Me levantaba a las seis de la mañana y tenía todo el albergue para mí cada mañana. La mayoría de la gente que estaba allí eran viajeros, por lo que solían estar despiertos hasta muy tarde de fiesta y se levantaban tarde. Llevé mis cosas a una mesa del patio exterior para respirar el aire fresco de la mañana mientras escribía para mi final. Mientras me ocupaba de mi trabajo, el gatito del albergue, Pantera, siempre se subía a mi computadora portátil para ronronear y me hacía compañía para atravesar el sufrimiento de la angustia académica.

Mientras trabajaba en mi artículo/paper, José compartió información sobre una oportunidad de trabajo que había visto para mí. La oportunidad era con una empresa que buscaba un profesor de inglés como segunda lengua, lo que requería que el solicitante fuera nativo. Decidí tomar treinta minutos para actualizar mi currículum y solicitar el trabajo durante uno de mis descansos. Allí me enteré de que la malhumorada funcionaria de inmigración estaba equivocada. A pesar de su anuncio de que sólo me daban un permiso de treinta días, el papel que imprimió y pegó en mi pasaporte daba noventa días de visado de turista. Me llamaron para una entrevista de trabajo para enseñar inglés y el dueño de la empresa dijo que, aunque se requería un certificado TEFL y experiencia en la enseñanza, pensaba que yo encajaría bien. Me pidió que empezara inmediatamente con la condición de que tuviera el certificado terminado en un par de semanas. Me sentí aliviada de haber seguido mi intuición e iniciar previamente mi certificación TEFL.

Conseguí mi primer trabajo oficial remunerado enseñando inglés y empecé al día siguiente de entregar mi trabajo final de la universidad. No sólo fue un momento perfecto desde el punto de vista económico, sino que me permitió conocer un mundo completamente nuevo. La empresa estaba en el séptimo piso de un elegante edificio de gran altura con amplios ventanales que daban al centro de Santiago. Había escritorios divididos en filas de cubículos, cada uno con su propia computadora y auriculares. Todo lo que tenía que hacer era presentarme al trabajo a la hora que me correspondía e impartir las clases que me habían asignado ese día. Todas las clases se impartían en línea, sobre todo en grupos de entre cuatro y siete alumnos y se proporcionaban los planes de estudio. Mis alumnos procedían todo el mundo y yendo desde nivel de principiante hasta nivel avanzado.

Enseñar era agotador, sobre todo los días que tenía programadas de ocho a diez horas de clase, pero me adapté. Al final de mi primera semana, escuché a la señora que estaba a mi lado hablando con una alumna durante una clase particular y, al terminar su clase, le dije:

—¡Eso suena a inglés americano!

Se iluminó y dijo:

—¡Sí, nena! ¡Midland Texas! Me fui de allí hace un año para nunca más volver.

Nos hicimos amigas de inmediato. Nos veíamos todos los días y a menudo teníamos un descanso de dos horas entre turnos durante el cual paseábamos juntas. Rápidamente descubrimos que teníamos mucho en común.

El clima era cada vez más frío, dado que estaba a punto de comenzar el invierno, y todo lo que tenía era una camisa de manga larga demasiado grande y delgada que Hernán me había regalado la última vez que lo vi en Medellín. Siempre me estaba congelando. Un día, Lisa me preguntó si eso era todo lo que tenía para abrigarme. Al día siguiente, me trajo una sudadera con capucha de color granate que decía "Harvard" en la parte delantera.

—Tengo un amigo que da clases allí —dijo. Tengo varios abrigos y él puede enviarme otro —. El universo me proporcionó exactamente lo que necesitaba en el momento en que lo necesitaba.

Al cabo de un par de semanas, terminé mi certificado TEFL, lo que me liberó de mi periodo de prueba y liberó mis horarios para que más alumnos pudieran reservar clases particulares conmigo. Mi agenda estaba repleta y rara vez trabajaba menos de cincuenta horas a la semana. Todos los días me levantaba al amanecer para trabajar y regresaba a casa muy tarde. Me resultaba difícil compaginar mi alocada agenda con el hecho de vivir en el albergue y compartir habitación con tanta gente. A menudo me programaban cuatro horas a primera hora de la mañana, luego un descanso de cuatro horas y luego me reservaban de nuevo para seis-ocho clases seguidas hasta las once de la noche. Navegar por el sistema de metro ya era un gran esfuerzo fuera de mi zona de confort, pero hacerlo durante la hora pico de la mañana, con una multitud empujando para hacerse lugar, y luego hacerlo de nuevo tan tarde por la noche, hacía mi rutina aún más difícil.

Mi primera paga sólo sería parcial y era el momento de decidir qué hacer respecto al alojamiento. José sabía que estaría solo y, por suerte, los dueños del albergue le dejaban trabajar en la recepción a cambio del alquiler.

Me puse a pensar a dónde ir porque aún no tenía dinero y no quería seguir alojándome en ese albergue. En nuestra oficina del trabajo, había una habitación libre escondida al final del pasillo, a la vuelta de una esquina, y había oído al propietario hablar con los miembros de su personal sobre lo frustrado que estaba porque un equipo de pintura iba a tardar un mes en terminar su trabajo allí. Tuve la loca idea de colarme allí después de mi última clase, esconderme hasta que todos salieran de la oficina y dormir allí hasta que recibiera mi paga la semana siguiente.

Estoy aquí temprano por la mañana y tarde por la noche, nadie lo sabrá.

Me fijé en un gran gimnasio que estaba a dos cuadras de mi edificio de oficinas, así que entré allí un día haciéndome la interesada por una membresía. El dueño me dio un pase gratuito de una semana, que tenía toda la intención de utilizar para poder guardar mi bolso en una taquilla y ducharme todos los días entre turnos de trabajo. Al día siguiente, me encontré en el metro con todo mi equipo amontonado a la espalda y nadie se dio cuenta cuando entré en el vestuario con todo. Por la noche, cuando mi última clase terminaba a las once, me escondía hasta que la oficina cerraba a las once y media y entonces sacaba todos los almohadones de la sala de descanso para meterlos en mi nuevo y acogedor rincón. Dormí mejor esas noches que en mi ruidoso albergue compartiendo habitación con tanta gente, tan agradecida de estar envuelta en esa acogedora sudadera de Harvard.

Mi plan funcionó a las mil maravillas hasta que el dueño se enteró.

—Si me interesara dirigir un servicio de hostelería, estaría en ese negocio —me dijo—. Pero dirijo una empresa de enseñanza online. Si me entero que vuelves a hacer esto, se te prohibirá pisar nuestra oficina.

La fiesta había terminado. Le pedí un adelanto de mi sueldo para poder pagar el alquiler en algún lugar cercano y me dijo que no. En mi descanso para comer ese día, le pregunté al dueño del gimnasio si conocía a alguien que entrenara en ese gimnasio y que buscara a alguien para alquilar una habitación. Dijo que sí y, en ese momento, el miembro del gimnasio que conocía entró por la puerta.

Me llevó a su apartamento en ese momento para ver la habitación. Su apartamento estaba a sólo dos cuadras, justo enfrente de mi parada de metro, y la habitación disponible era preciosa. Tenía una cama grande, queen-size, con un escritorio y una gran ventana con una vista absolutamente impresionante del centro de Santiago y las montañas al fondo. Me imaginé cómo sería vivir allí y caminar al gimnasio y al trabajo todos los días. Mientras vivir en el hostal, me llevaba una hora de ida y otra de vuelta en el metro atestado de gente para llegar al trabajo.

Quiero tanto este lugar, pero no hay manera de que él no cobre el depósito y no hay manera de que me deje esperar para pagar el alquiler hasta que me paguen. No me conoce y no tengo referencias aquí.

Pensé que, si no le preguntaba, la respuesta sería definitivamente no y yo creo en los milagros. ¿Qué pasaría si le preguntara y me dijera que sí?

—No me pagan hasta la primera semana del mes. No puedo pagarte nada hasta entonces y no puedo pagarte un mes de alquiler y una fianza completa porque si no quedaré totalmente arruinada durante todo un mes hasta mi próxima paga. Literalmente no tengo dinero para darte en mano ahora mismo, pero estoy trabajando muchas horas y tendré dinero tan pronto como reciba mi cheque. Literalmente necesito mudarme esta noche después del trabajo porque no tengo otro lugar donde ir.

Me estudió mirándome profundamente a los ojos y yo lo dejé.

Extendió la mano.

—Trato hecho. Nunca he hecho esto antes, pero algo en ti es diferente. El mes completo de alquiler cuando recibas tú sueldo y te dejaré pagar tu depósito en tres pagos.

Quería saltar de alegría. Me sentí muy aliviada. Me dio la llave y me siguió hasta el gimnasio. Me dijo que estaría encantado de llevar mi mochila a casa cuando terminara de hacer ejercicio.

Cuando llegué a casa del trabajo esa noche, entré por la puerta principal directo a una pizza casera. Dijo que siempre preparaba pizza casera para sus nuevos inquilinos en su primera noche. Descorchó una botella de vino tinto importado y arrancó la primera noche en mi nuevo hogar.

No sólo estábamos celebrando mi nueva mudanza, sino que ese día recibí un correo electrónico de la OU en el que me felicitaban por haber aprobado mi examen final completo. Todavía me quedaba un mes para terminar mi gran proyecto final para el Dr. D y el escritorio y la silla de mi habitación eran tan cómodos que sabía que podría trabajar esas largas horas para conseguirlo. En cuanto recibí mi primera paga, arreglé con Maty y también pagué un mes de membresía al gimnasio.

Tal y como presentía, las cosas iban a estar bien.

Capítulo 27

Perú, más o menos

Todo anduvo muy bien durante un par de meses en Santiago. Luego me notificaron que mi visado de noventa días estaba a punto de expirar. Chile me dejaría entrar de nuevo si cruzaba la frontera y volvía (tal vez), o podía pensar en cruzar la frontera de nuevo y trasladarme. Estaba muy contenta con todo como estaba y no sentía que fuera el momento de ir a Argentina todavía.

O podría ir a Perú. En Quito conocí a un chico que me gustaba mucho y la intensa conexión que compartíamos era mutua. Salió de Quito en dirección a Santiago, pero decidió parar en Lima sin planes de llegar a Chile. Entonces, Chile cambió repentinamente sus leyes fronterizas, haciéndole casi imposible llegar y encontrar trabajo. Estaba devastada porque, por muy responsable que fuera mi rutina, también era aburrida. La idea de ir a vivir una aventura en un nuevo país con una pareja romántica me parecía apasionante.

Decidí arriesgarme.

Si no sale como espero, al menos podré decir que lo he intentado. Al menos habré visto otra parte del mundo y podré dejar las puertas abiertas aquí para poder volver.

Avisé con dos semanas de antelación en el trabajo y trabajé como una loca noche y día para que mi último sueldo fuera realmente grande. La moneda chilena valía mucho más en Perú que en Chile. Le avisé a Mati para que pudiera buscar una nueva persona para alquilar mi habitación.

Dos semanas después, me presenté en Lima con un billete de ida, donde pasamos una semana romántica en la playa de Miraflores y ambos coincidimos en que el ambiente de Lima no era el que queríamos vivir. Necesitábamos encontrar un trabajo estable. Mientras caminábamos por la terminal de autobuses escuchando los nombres de las ciudades que se anunciaban, ambos escuchamos a alguien gritar:

—"¡Arequipaaaaaaaa!"

Nos giramos para mirarnos y supimos que ese era nuestro nuevo lugar a visitar. Nos subimos a otro autobús atestado de gente con gallos cantando a bordo.

Vivimos con una familia que nos acogió muy amablemente y, al cabo de un mes más o menos, ambos encontramos trabajo. Un día, salí al patio trasero y descubrí a Napo y a su hermano despellejando a los cobayos que habían estado vivos en su azotea. Napo me informó que estaban preparando sus cobayos para una gran fiesta de cumpleaños y que los habían criado específicamente para ofrecerlos como manjar a sus invitados en esta fiesta. Durante una semana, cada vez que abría el frigorífico, veía sobras de un cobayo insertadas en un palo, sobre un plato.

El capítulo de Perú es importante porque aquí es donde conseguí mi primer trabajo enseñando inglés a estudiantes dentro de un aula universitaria. Un día tenía las mangas de mi camisa arremangadas cuando un estudiante me preguntó qué decía el tatuaje en inglés que tenía en mi brazo derecho. "Todo lo que quieres está al otro lado del miedo"

—Profesora, ¿por qué te has tatuado eso? — preguntó—. ¿Qué significa el otro lado del miedo? ¿Qué es el miedo? ¿El miedo es como un susto?

Me quedé en silencio contra mi escritorio, todos los ojos de la clase estaban puestos en mí, y recordé pensativamente esa cita y el marco en el que venía cuando mi terapeuta nos la dio en terapia de grupo años atrás. Me recordó dónde me encontraba en ese momento, la vez que tuve esa cita enmarcada en mis manos el día antes de embarcarme en este loco viaje y después de tatuármela antes de partir, y todos los pasos que había dado para llegar a donde estaba, en esa aula de treinta y cinco estudiantes en Perú. Les conté mi historia, era la primera vez que la compartía realmente con alguien. Mis alumnos quedaron encantados y yo también, y a partir de ese momento, utilizamos la narración de historias en el aula para aprender inglés. Nos convertimos en una familia.

Un par de años después, una alumna de esa clase me envió una foto de su tobillo, donde ahora tenía tatuada esa misma cita. Me dijo

—Gracias por compartir su historia, señorita Jenni. Me ha inspirado para salir de un lugar oscuro y seguir avanzando. También quería tener ese tatuaje, para recordarme que siempre debo enfrentarme a mis miedos y superarlos.

Eso me mostró el poderoso efecto dominó que puede producirse cuando tenemos el valor de contar nuestras historias.

Nada en Perú fue como imaginaba, pero aprendí algunas lecciones valiosas y no me arrepiento de nada. La universidad no quiso comprometerse con un contrato para que trabajara allí a largo plazo y siguieron aplazando el pago, así que encontré un trabajo de enseñanza en línea para otra empresa china donde daba clases a niños. El Wi-

Fi no era lo suficientemente estable para eso, así que era estresante intentar constantemente que las cosas funcionaran. La relación en la que estaba había cumplido su propósito; nos separamos de común acuerdo y me fui con el corazón roto después de cinco meses en los que nada fluyó sin problemas.

Cuando supe que era el momento de irme, primero volví a Colombia a mi querido Jardín donde pude llorar en las montañas. También decidí que era el momento de volver a los Estados Unidos por unas semanas, no sólo para hacer algunos trámites legales, sino que algo me decía que serían las últimas vacaciones de mi abuela y, por supuesto, necesitaba ver a mi Gracie Ann.

***

Después de Jardín, volví a la costa norte de Colombia para ver a Carlos en Santa Marta durante una semana. En la azotea de aquel hostal, me crucé con Juan Karlos y su amigo Pandita. Pasamos horas en la azotea meciéndonos de un lado a otro en las hamacas, fumando porros gordos y manteniendo las conversaciones más profundas que he tenido nunca con desconocidos, aunque parecía que nos conocíamos de toda la vida y que por fin nos encontrábamos en ésta.

Ya había estado en Santa Marta unas cuantas veces, pero algo más que hizo que este viaje en concreto fuera memorable fue cuando un señor mayor entró en nuestra litera y dejó su bolsa en la cama. Me dijo que se llamaba Pablo, que era de España y que era un escritor profesional y publicado, que se había jubilado recientemente y había pasado por un divorcio.

—Durante años, todo lo que hice en mi vida fue por mi carrera y mi familia. Cuando superé mi divorcio, decidí que la vida es demasiado corta para no hacer todo lo que mi corazón desea, así que me compré esta mochila y un billete de ida a Colombia. Viajaré al sur durante unos meses hasta que sienta que he visto todo lo que quiero ver.

Literalmente, acababa de llegar por primera vez, por lo que era su primera experiencia en un hostel. Me acordé del regalo que me hizo Or en mi primera experiencia en un albergue en Medellín y se lo devolví. Nos sentamos en la azotea a beber cervezas heladas mientras compartía algunas de mis historias de viaje y él tomaba notas sobre las cosas que debía ver mientras viajaba hacia el sur.

Volví a Oklahoma durante un par de meses, vi a mi abuela y a Gracie Ann, vi a mi familia un poco, e impartí las clases online que se me presentaron. Descubrí que me encantaba enseñar inglés y que se me daba bien, pero sentía como si no supiera del todo cómo hacerlo bien. Encontré un programa de maestría en línea en lingüística con una especialización en enseñanza de inglés como segunda lengua y lo solicité a último momento. Cuando aún estaba en Estados Unidos, me avisaron que empezaría las clases online en enero del año siguiente.

Mi breve viaje de vuelta a Estados Unidos confirmó algo que ya sabía desde hacía tiempo: la vida en Estados Unidos no era para mí. Quería seguir cruzando fronteras. Algo realmente grande estaba sucediendo dentro de mí y tenía que continuar en el camino que había encontrado, así que decidí retomarlo donde lo había dejado, en Santiago. Una vez que volví a Santiago de Chile, descubrí que la habitación que le había alquilado a Mati la primera vez que estuve allí estaría disponible para cuando yo llegara. Pude tener la misma vista increíble, de nuevo en el mismo lugar donde ya tenía una rutina con Mati.

Sin embargo, descubrí que la puerta de mi anterior trabajo online enseñando ESL ya no estaba abierta. El propietario había hecho algunos cambios en el negocio que no permitían mi puesto a tiempo completo.

Era súper caro vivir en Santiago en comparación con cualquier otro lugar de Sudamérica. Tenía horas inconsistentes a tiempo parcial enseñando a adultos en China a través de una empresa online con sede en Pekín, pero eso difícilmente sería suficiente para cubrir los gastos y mucho menos para ahorrar para viajes posteriores.

Así fue como conseguí mi primer empleo trabajando para una empresa que me enviaba por toda la ciudad a oficinas comerciales o a casas particulares para dar clases de inglés de noventa minutos. Me obligó a salir de mi zona de confort para aprender a manejar los servicios de transporte público, a veces tomando dos o tres autobuses sólo para llegar a un lugar. El trabajo pagaba poco, pero la experiencia era enriquecedora y entablé amistad con estudiantes que serán contactos de por vida. Mis estudiantes más memorables en ese momento fueron Alejo y Aleja, originarios de Bogotá pero que vivían en Santiago por trabajo. Me hizo muy feliz conectar con gente de Colombia. Dos veces a la semana les daba clases particulares en la mesa de su cocina y Aleja siempre compartía conmigo sus pasteles colombianos y su café.

Otro plato fuerte de mi semana era ir a una elegante oficina en la zona más lujosa de Santiago para dar clases particulares a una diseñadora de moda. Necesitaba aprender inglés para hacer negocios con colegas en China que vendían telas para su línea de ropa. Fue genial invertir mi talento en la vida de otras personas que luego lo utilizarían para seguir sus caminos por el mundo.

Me desviví dando clases particulares por toda la ciudad, impartí clases en línea a medida que la oportunidad se presentaba y superé un primer semestre extraordinariamente difícil en el campo de la lingüística, que era lo más difícil que había perseguido académicamente hasta entonces. Volví a entrenar en el mismo gimnasio, a un par de cuadras de distancia, para mantener mi rutina de levantamiento de pesas. Un día conocí a un tipo llamado Roger. Era un estadounidense que había comenzado una aventura ciclista en Argentina con un amigo y había llegado hasta Santiago cuando sus bicicletas necesitaron mantenimiento.

Le agradecí su amistad porque a menudo me encontraba sola en ese momento. Lisa se había casado y trasladado a Brasil antes de desaparecer por completo. A José y Orlando les iba muy bien, pero estaban ocupados con sus nuevas vidas. Orlando tenía un gran trabajo y podía empezar a traer a sus familiares de Venezuela. José tenía dos trabajos y estaba persiguiendo su sueño en el modelaje y la moda.

Todo lo que hacía era trabajar todos los días y, por la noche, cuando todo estaba hecho, fumaba mentolados uno tras otro en la ventana, me servía una copa de vino tinto o destapaba un litro de cerveza chilena. Sentía una tremenda y dolorosa tristeza en el fondo de mi alma. Había estado ahí durante mucho tiempo. Me dolía mucho, pero me mantenía tan ocupada que no le daba importancia hasta que llegaba la noche.

Justo antes de que terminara mi semestre, recibí una llamada que me informaba que mi abuela había fallecido, pero yo ya lo sabía. Lo sentí. Su espíritu había dejado su cuerpo un día o dos antes de que su cuerpo físico se detuviera. Tuvimos nuestra última videollamada un mes antes de eso, cuando me dijo que estaba orgullosa de mí, que era hermosa y que me quería. Todavía tengo todas sus historias de viajes guardadas en mi corazón. Las tenía presentes cada vez que subía a un autobús para ir a un lugar nuevo.

La mañana siguiente a la finalización de los exámenes finales, pensé en qué haría con los tres meses de descanso entre semestres. La idea de utilizar ese tiempo para recorrer la ciudad y sentarme detrás de mi computadora para pedirle a los estudiantes que se conecten a Internet me hizo estremecer. Mi vida empezaba a parecerse a la de Estados Unidos.

Si estuviera destinada a permanecer en un lugar para siempre, sería un árbol y echaría raíces. Pero no tengo raíces. Mis ruedas son mis pies y tengo alas para volar tan alto como mi corazón lo desee.

Miré por la ventana la vista de las montañas detrás de la ciudad; las había mirado durante meses.

—¡Mati!

Entró desde la cocina y se asomó por el marco de mi puerta.

—¡Jenny!

—¿Qué hay detrás de esas montañas? —le pregunté.

—Argentina.

Argentina. Tuve tres meses de libertad antes de centrarme en cuatro meses de arduo trabajo para otra universidad.

—Voy a trabajar todo lo que pueda durante dos semanas más y luego me voy. Es hora de tener más experiencias y empezaré por ver qué hay al otro lado de las montañas —anuncié.

El fin de semana siguiente, Roger y yo fuimos al parque temático *Fantasilandia* en Santiago. Hacía años que no me subía a una montaña rusa y ese día me reí tanto montando en las atracciones una y otra vez que juré me había orinado en los pantalones al menos una vez. Era la primera vez que veía un mirador sobre una ciudad extranjera desde la altura de una montaña rusa.

Después, caminamos un par de kilómetros para ir a pasar un rato con José junto a la piscina de vuelta al albergue y me alegré mucho de encontrarme con Pablo, el jubilado que conocí en el albergue de Santa Marta y que acababa de empezar su aventura. ¿Cuáles eran las probabilidades de que de todos los albergues en Chile, y después de habernos conocido en otro país, estuviéramos allí al mismo tiempo en el mismo lugar? Estaba tan emocionado de contarme todo lo que había aprendido sobre sí mismo mientras viajaba y yo estaba extasiada de saber que se había tomado el tiempo para ver algunas de las cosas que le había recomendado, incluyendo pasar una semana en mi querido Jardín.

Entonces, una noche, después de un largo día de clases, decidí que era el momento perfecto para empacar mis pertenencias. Era el momento de ir a conocer Argentina.

Capítulo 28

Argentina

¿Qué habría al otro lado de esas montañas? Antes de irme hacia allí para averiguarlo, quería ver algo nuevo en Chile. Dios, había estado en esa ciudad un total de ocho meses y solo había visto pedacitos de Santiago.

Al salir de Santiago, mi plan era ir ocho horas al sur para pasar tiempo en un pueblo llamado Pucón, el cual me habían dicho era un lugar hermoso, con montañas y gran cantidad de actividades al aire libre como rápel y rafting en aguas bravas. Pensé que podría vivir grandes experiencias allí antes de decidir por dónde cruzar la frontera hacia Argentina. Se sentía tan bien estar en el autobús saliendo de Santiago después de meses de hacer las mismas cosas una y otra vez, como un hámster en una rueda. Estaba melancólica por todas las cosas maravillosas que había experimentado, pero feliz de cerrar ese capítulo para poder abrir uno nuevo.

Sin embargo, el universo me arrojó una sorpresa al llegar a Pucón. Viajé durante la noche desde Santiago y llegué a media mañana para descubrir que hacía mucho frío, había tanta neblina que ni siquiera podía ver los edificios a mi alrededor y la lluvia caía torrencialmente. Todo lo que tenía puesto era mi sudadera de algodón con capucha con una camiseta de manga larga y otras camisetas debajo. Todo se había mojado y nada de lo que tenía era impermeable. Mientras caminaba para encontrar mi hostal, todas mis pertenencias se iban empapando, incluido lo que había en mi maleta. Estaba congelada hasta los huesos. Cuando llegué, el dueño me dijo que todas las oficinas de turismo habían cerrado por unos días debido a que había empezado la tormenta de invierno, así que básicamente si me quedaba, simplemente estaría pasando el rato en mi hostal cerca de la estufa a leña con las otras tres personas que eran huéspedes allí. No sería posible hacer nada en la ciudad.

Al diablo con eso, pensé. Decidí que encontraría una manera de llegar a Argentina, quería alejarme del frío. Antes de comprometerme a pagar esa noche, encontré un pequeño almacén que tenía un quiosco que vendía pasajes a Argentina. El viaje sería en un pequeño autobús que cruzaría la frontera hasta llegar al primer poblado del lado argentino, Junín De Los Andes, pero no saldría hasta la mañana siguiente.

Ese viaje en bus a Junín de los Andes fue de solo tres horas y fue una de las experiencias de cruce de fronteras más hermosas que he vivido en mi vida. Nuestro bus estaba lleno, éramos tal vez veinte personas. El conductor encadenó las llantas del bus mientras entraba en las nevadas y heladas montañas andinas. Dios mío, como si el paisaje de la montaña no hubiera sido lo suficientemente hermoso, me sentí bendecida por el honor de ver la vista durante el invierno con todo el follaje disfrazado de hielo y nieve. Era como viajar por un país de las maravillas invernal.

A medio camino a través del paso de montaña, el autobús se detuvo al costado de la carretera, se nos ordenó salir y seguir al conductor con nuestros documentos. La nieve crujía bajo nuestros pies mientras caminábamos unos metros hasta una pequeña cabaña de madera, en cuyo interior había una patrulla fronteriza que emitía sellos de pasaporte.

¡Estaba entrando a Argentina! Estaba entrando al país número cinco. Allí estaba yo, incrustada en este país de las maravillas invernal, mirando hacia el cielo azul. Abrí mis brazos de par en par y solté un grito, como el cacareo de un gallo, que sonó a través del voluptuoso entorno mientras agitaba mi pasaporte hacia el cielo.

—¡Estoy en Argentinaaaaaaaaaa!

Me reí. La gente de mi autobús probablemente habrá pensado que estaba loca. No, ellos estaban locos, yo era normal, estaba viviendo mi vida, nací para vivir todas estas experiencias.

Cuando llegué a Junín, la terminal de buses era minúscula porque la población es de solo diez mil personas, haciéndolo un poco más pequeño que Jardín. Esta fue mi primera impresión de Argentina. Me eyecté caminando para buscar una cama donde pasar la noche, tenía muchas ganas de ducharme, comer bien y descansar por una noche, en lugar de trasladarme a rastras en un autobús nocturno. Ni siquiera sabía a dónde quería ir después. Finalmente encontré una persona local que me dijo dónde encontrar una cama para pasar la noche.

Después de encontrar el lugar y haber pagado mi estancia para esa noche, la dueña me informó que no habría disponibilidad de agua por un par de días mientras arreglaban un asunto de plomería. Sentí como si tuviera un buffet de mariscos en mis pantalones, medio rollo de papel higiénico clavado en el culo y una granja de cebollas creciendo debajo de las capas de camisas que tenía puestas, pero esa ducha tendría que esperar un poco más. Caminé de regreso a la plaza principal para buscar un restaurante que sirviera comida local. ¿Cómo sería mi primera experiencia con la cocina argentina?

Conseguí una botella de Malbec que estaba divina y probé tres postres diferentes que nunca antes había visto, eran exquisitos. Cuando me fui, la nieve caía con tanta fuerza que apenas podía ver a mi alrededor, pero me divirtió mucho sorber el resto del vino directamente de la botella, empapando mis zapatos una vez más en la nieve que se amontonaba y atrapando copos de nieve con mi lengua. No eran copos de nieve normales, eran argentinos. Fingí que cada uno llegaba solo para darme la bienvenida en este nuevo camino y vagué por las calles hasta que volví a encontrar mi hostal.

Mi única opción para regresar al norte era tomar un bus de ocho horas a Neuquén. En el autobús, me senté junto a otro ángel que había sido colocado en mi vida por un momento. Katrina me contó historias sobre su vida, su experiencia como madre adolescente sin el apoyo de su familia o el padre de su hija y de cómo eso la había alentado a crear una vida empresarial. Me introdujo a la jerga argentina, compartió sus bocadillos, me anotó platos famosos para que los probara mientras estaba allí y luego sacó una tarjeta SIM adicional que tenía en su mochila, incluso me ayudó a ponerla en mi teléfono para que pudiera usarlo en el nuevo país.

Antes de separarnos en la terminal de autobuses, nos dimos un fuerte abrazo de despedida, prometiendo que no dejaríamos que las cosas difíciles nos desviaran, en su lugar permitiríamos que los obstáculos fueran un paso para ascender en la vida y convertirnos en quienes nacimos para ser.

Me encantó descubrir que en mi hostal era poco común que hubiera turistas, estaba lleno de argentinos locales y venezolanos que pagaban una tarifa mensual para quedarse allí mientras trabajaban en la floreciente industria del petróleo y el gas. Me sentí aliviada cuando finalmente pude tomar una ducha caliente y calentarme. Desde que había dejado Santiago viajé con mis zapatos y pies mojados, estaba helada hasta los huesos. Me hice amiga de los chicos de mi hostal y tuvieron la amabilidad de organizar un asado argentino en mi última noche. Fue la primera noche que probé fernet, el licor que beben los lugareños y pronto todos nos fuimos a jugar billar hasta que saliera el sol.

Literalmente corrí de regreso a mi hostal para agarrar mis maletas y llegué super borracha para tomar mi autobús. Tan pronto como abordé, el conductor pudo arrancar y así emprendimos nuestro viaje. Mientras tomábamos la carretera, observé el sol salir y justo antes de que mis ojos se cerraran, me reí muchísimo de cuanto dolían mis mejillas de haber estado riendo toda la noche.

Mi siguiente parada estaba a quince horas al norte, un lugar llamado Mendoza ubicado al oeste de Argentina. Es un destino famoso para bebedores de vino. Llegué al Hostal de los Artistas y tan pronto como entré por la puerta principal, me encontré con un hombre americano llamado Mark a quien había conocido antes en el Hostal La Casa Roja en Santiago. Cuando puse mis cosas en mi litera, una chica entró en nuestra habitación y dijo:

—Sarah y yo alquilamos un auto para pasar el día en los Andes. Vamos a detenernos en el camino para tomar fotos y nuestro objetivo final es llegar a un mirador donde podremos ver la cima del Aconcagua. ¿Quieren venir?

Dirigía una y otra vez la mirada en dirección a mí y a la chica que estaba frente a mí, a quien todavía no conocía. *Debes vigilar tus gastos hasta que puedas enseñar en línea,* empecé a pensar, pero mi cerebro se vio interrumpido por mi boca que dijo "me encantaría ir."

Quería decirle que sí a todo porque sabía que solo tendría una oportunidad de vivir esa experiencia. No tenía ropa de invierno, pero Mark tuvo la amabilidad de prestarme su abrigo cortavientos.

Nuestro grupo estaba compuesto por Jesse de Canadá, Sarah de Nueva Zelanda, Simone de Alemania (con quien compartía mi habitación) y la loca y hermosa Jenni, yo. Los lugares en los que nos detuvimos eran hermosos, más allá de lo que pudiera haber imaginado. Era una belleza totalmente diferente a las montañas que me habían enamorado en Colombia. Una vez en las montañas, caminamos por la nieve hasta que llegamos al mirador para ver el Aconcagua, su elevación es de casi 7.000 metros, lo que la convierte en la montaña más alta de América. El viento rugía a través de esas montañas nevadas, no me imaginaba lo que habría sido estar ahí sin el abrigo de Mark.

Íbamos por un largo camino pavimentado de regreso a donde nos habíamos estacionado, cuando dije en broma:

—¡Imagínense lo estimulante que sería este viento polar si estuviéramos desnudas!

La chica de Nueva Zelanda dijo:

—Quiero averiguarlo. ¿Quién se me une?

Todos la miramos como si estuviera loca. Sin perder tiempo, empezó a desnudarse completamente a excepción de sus zapatos, ahuecó su boca para dejar escapar un grito fuerte y feliz y salió corriendo desnuda hacia el rugiente viento de invierno tan rápido como pudo. Nuestras lágrimas, risas y silbidos la empujaban hacia adelante hasta que se arrojó encuerada sobre la nieve para hacer un ángel de nieve.

Nos reímos mucho todo el camino de regreso al hostal y tan pronto como llegamos allí, Mark y su amigo neozelandés Caine prepararon la parrilla para hacer una gran comida al aire libre. El propietario del hostal llegó acompañado con una caja de vinos argentinos surtidos. Esa noche comimos y bebimos como si fuera *La Última Cena*.

A la mañana siguiente, Simone y Jesse sugirieron que hiciéramos un tour de cata de vinos. No me sentía con ganas de tomar decisiones y estaba feliz de acompañarlas en el viaje. Tomamos varios autobuses hasta que encontramos nuestra parada en las afueras del pueblo donde había decenas de viñedos. Sabíamos que habíamos encontrado oro cuando en nuestro primer viñedo, descubrimos que por siete dólares cada una, tendríamos derecho a una comida de tres platos hecha por el chef, junto con nuestra propia selección de vinos. Cada una de nosotras pedimos diferentes alimentos y vinos para que pudiéramos probarlo todo. Nos sentamos allí mucho después de terminar de comer, descansamos nuestros pies descalzos sobre un saliente de la mesa, el vino viajaba de mano en mano, mientras observábamos los vastos viñedos con los Andes nevados de fondo y compartíamos nuestras experiencias de viaje. El cielo estaba de un azul tan claro y con un sol tan cálido que nos hizo quitarnos las sudaderas. Ese día fue perfecto.

Hicimos esto una y otra vez en dos bodegas más, hasta que estábamos tan borrachas que no podíamos seguir el hilo de nuestras conversaciones o en qué idioma estábamos hablando. Luego hicimos autostop de regreso a la ciudad. Terminé quedándome allí una semana entera, cocinando todas las noches con mi grupo de amigos y explorando juntos en grupos viendo cosas nuevas durante el día.

Sabía que eventualmente llegaría a Buenos Aires, la capital ubicada en el lado este de Argentina, pero decidí pasar un mes en un lugar llamado Córdoba, el cual estaba a mitad de camino entre la capital y Mendoza. Le pregunté al dueño de mi hostal, Danny, si tenía algunas conexiones para encontrar un lugar donde podría alquilar una habitación en la zona de Córdoba. Resultó que tenía varios familiares que poseían una gran propiedad en una ciudad llamada Carlos Paz, que quedaba a una hora de la gran ciudad de Córdoba. Hizo una llamada telefónica y dijo que su familia tendría un lugar listo para mí con todo lo que necesitaba y estarían felices de ir a recogerme a la terminal de autobuses cuando llegara.

Después de un viaje en autobús de doce horas durante la noche, su cuñada y un primo estaban esperando para recibirme con los brazos abiertos y llevarme a donde me quedaría el próximo mes. Puedes imaginarte mi sorpresa cuando, después de entrar a su propiedad, me llevaron a una cabaña detrás de su casa que generalmente alquilan a viajeros durante la temporada alta, pero que ahora estaba vacía debido al invierno. Por un precio muy justo tenía toda la cabaña para mí sola, estaba totalmente amueblada, tenía una cama grande con mantas y almohadas, una cocina y una mesa grande y un baño privado todo para mí. También tenía Wi-Fi, por lo que era un lugar perfecto para poder enseñar en línea durante un mes mientras exploraba la zona.

Pasé un mes en ese acogedor y maravilloso lugar. Era tan silencioso que cada mañana, mientras bebía mi café, podía escuchar a las vacas del vecino mugir. Una caminata de diez minutos desde la gran puerta de hierro me llevaba a una pequeña tienda donde conseguía todos los comestibles y artículos de tocador que necesitaba. Justo detrás de esa tienda, había una entrada a un pasadizo que conducía al Lago San Roque, donde caminaba en mis días libres. Me sentaba junto al agua azul mientras leía o escribía. Me hice amiga de Paola, un miembro de la familia que vivía en la propiedad. Era madre soltera, muy trabajadora, a quien le encantaba invitarme a pasar por empanadas caseras y fernet.

Cuando llegué por primera vez a Colombia, había conocido a una mujer argentina mientras caminaba por primera vez en las montañas colombianas de Salento. Nos habíamos mantenido en contacto mientras viajaba y resultó que ella vivía a solo una hora de donde yo estaba, así que vino a verme un día. Me dijo que tenía muchos recuerdos de ese pueblito en el que yo estaba porque de pequeña pasaba siempre sus vacaciones de verano allí.

Un día, recibí un mensaje de texto de Simone, la chica alemana con quien había explorado Mendoza. Vino para quedarse conmigo durante una semana, era una persona que adoraba la naturaleza, muy tranquila y fue la persona perfecta para compartir la cabaña. Nos divertimos mucho haciendo deliciosos platos vegetarianos y por la noche bebíamos vino mientras me enseñaba alemán. Fuimos a remar en canoa un día y nos perdimos en el lago, remamos durante horas buscando el muelle donde habíamos alquilado el barco. Ese día estuvo muy nublado y la forma en la que el follaje de la montaña se asomaba a través de la neblina me recordaba a una escena de Parque Jurásico.

En su último día allí, me desperté muy triste, le dije que iba a quedarme en mi habitación todo el día enseñando inglés en línea. Insistió en que fuera con ella en una larga caminata al Cerro de La Cruz, una pequeña montaña cuyo pico ofrecía un mirador desde el cual se podía ver toda la ciudad y la geografía circundante. Ella ya había preparado bocadillos y todo estaba listo para nuestro divertido día de caminata.

Nos presentamos a las demás personas en la cumbre una vez que terminamos la caminata y tuvimos una gran conversación con uno de los chicos llamado Leo.

Terminamos descendiendo ese camino juntos, así descubrí que actualmente vivía en Buenos Aires, pero estaba de viaje por unos días. Me dio su número y me dijo que lo contactara una vez que llegara a Buenos Aires si tenía ganas.

El Wi-Fi de la cabaña era intermitente, así que solo era capaz de ganar lo suficiente para cubrir mis gastos de alquiler y un boleto de autobús para llegar a mi próximo destino, Buenos Aires. Sabía que tenía que encontrar un lugar con mejor Wi-Fi donde pudiera generar más ingresos lo antes posible. Había estado en contacto con dos familias que planeaban recibirme cuando llegara a Buenos Aires, pero cuando me presenté en la gran ciudad, no pude contactar a ninguna de ellas. Estaba realmente sola en esta nueva gran ciudad, diferente a cualquiera de las que había visto hasta ahora. La primera noche en mi hostal, busqué una habitación barata en Airbnb donde pudiera ir durante un mes para trabajar tantas horas como pudiera, pero no tenía ni idea de que la habitación que elegí estaba en un vecindario muy, muy malo. El Wi-Fi también se cortaba a menudo, pero ya había pagado un mes completo de alquiler, así que tuve que hacer lo mejor que podía con lo que tenía. Luché con mucha oscuridad y desesperación dentro de mí, sin siquiera darme cuenta de hasta qué punto lo hice.

Durante el tiempo que estuve ahí, llovía mucho y hacía mucho frío, no había calefacción en mi habitación y mi ventana daba a la calle principal que era bulliciosa. Salía de mi habitación una vez a la semana para comprar víveres en el supermercado a tres cuadras y compraba cosas económicas como pasta que duraba varios días. Todo lo que hacía era enseñar en línea, beber vino y comer pasta en mi cuarto, la única razón por la que salía de mi cuarto era para usar el baño o la ducha. Había otras dos personas que alquilaban habitaciones en ese piso y todos compartíamos el baño al final del pasillo. Una de las personas era una amable joven de Brasil, que se aventuraba a unirse conmigo mientras yo cocinaba pasta, tuvimos conversaciones interrumpidas mientras practicábamos su inglés básico y yo el portugués que había aprendido en mis viajes. Descubrí que, dado que el portugués pertenece a la misma familia lingüística que el español, ella podía hablarme lentamente en su idioma y yo podía entender la mayor parte de lo que decía.

Siempre bebía vino de una taza de café mientras enseñaba, mantenía la botella al alcance de la mano para poder llenar mi taza sin que nadie lo viera. Una noche me puse tan ebria que arruiné por completo mis clases. Después de que terminé de enseñar aquel día, comencé a cantar karaoke sola en mi habitación y decidí que quería salir a buscar cerveza. Fue una terrible decisión de borracha el deambular tan tarde en la noche para encontrar un quiosco y fue una decisión que hizo que me robaran. Un par de noches después, escuché ruidos fuertes en la calle y cuando me asomé para ver qué pasaba, vi a dos tipos peleando a cuchillazos justo afuera de mi ventana. Me quedé allí noche tras noche, temblando y borracha debajo de las mantas, llorando hasta quedarme dormida.

Una mañana me di cuenta de que nunca le había escrito a Leo, no estaba sola en esta nueva ciudad, pero estaba asustada de abrirme a alguien nuevo. Mis nervios estaban sacudidos por las malas experiencias que había tenido hasta ese momento en ese nuevo lugar pero, aun así, decidí darle una oportunidad.

El primer día que salimos, me encontré con él en la parada del metro que estaba en la calle abajo de mi habitación y sus primeras palabras fueron:

—¿Qué diablos estás haciendo en este vecindario?

Todo lo que pudimos hacer fue reírnos.

Ese día nos echamos a reír y no paramos nunca, no creo que me haya divertido tanto saliendo con alguien. Era amable, de corazón puro y respetuoso, era un viajero que seguía el mismo camino que yo ya había estado siguiendo desde que dejé los Estados Unidos. Me ayudó a buscar una nueva habitación en un mejor barrio y el día que vino a ayudarme a empacar, jadeó cuando entró a mi habitación y vio tantas botellas de vino vacías alineadas contra la pared junto al escritorio donde enseñaba.

—¿Todo esto tomaste durante el último mes? Me avergonzaba decirle que había bebido todas esas botellas sola en mi cuarto no el último mes, sino los últimos días. Mi rutina había sido llenar una y otra vez mi taza con vino en lugar de café durante cuatro horas de clase en la mañana, comer un poco de pasta, tomar una siesta larga y luego abrir una botella nueva para mis clases nocturnas.

—¿Estás segura de que estás bien? —preguntó.

Estaba genuinamente preocupado y algo sobre su sinceridad me llegó muy profundamente. En ese momento, me di cuenta de que tal vez no había estado tan bien, su sinceridad ayudó a que la luz brillara cuando más la necesitaba.

Leo y yo pasamos nuestro tiempo divirtiéndonos mucho mientras me llevaba por toda la ciudad, mostrándome cada parte de Buenos Aires. Me llevó al puerto donde jugamos billar, bebimos cervezas y comimos comida callejera en la costa junto al río. Fuimos a Tigre a pasar el día y lo pasamos de maravilla bebiendo licor local, gritando y riendo a carcajadas mientras navegábamos por el río como si fuéramos dueños de todo. Me llevó a un lugar para cantar karaoke donde, después de varios tragos, me sentí lo suficientemente valiente para cantar canciones de Adele frente a un bar lleno de gente. Me di cuenta de que no importaba cuántos errores cometía mientras cantaba cuando cantaba en inglés en un lugar donde no lo hablaban. La gente pensaba que era la mejor cantante que jamás habían escuchado.

Un fin de semana, tomamos un autobús de último minuto a la playa de Mar del Plata para así poder decir que visité el océano en el lado este del continente. En un par de ocasiones tomé un ferry a la costa de Uruguay solo para decir que había estado en ese país y para poder renovar mi visa turística de Argentina.

Mi nuevo semestre estaba en pleno apogeo, así que mi semana se desdibujaba entre la intensa actividad de cursado y mi necesidad de obtener la mayor cantidad posible de trabajo en línea. Los fines de semana, Leo y yo encontrábamos algo divertido que hacer, pero al cabo de un par de meses, Leo dijo, "Estoy aburrido de la rutina, quiero ir a ver a mi prima en el norte de Argentina y quiero que vengas conmigo." Decidí que, como todo lo que estaba haciendo para la universidad y el trabajo era en línea, podía hacerlo donde sea, ¡Dije que sí! Teníamos hambre de viajar y tuvimos que responder cuando esa necesidad nos llamó. Leo encontró un anuncio de un camionero que se dirigía al norte, hacia Salta, en un viaje de diecisiete horas y tenía espacio para dos personas. Al día siguiente estábamos metidos en la parte trasera del camión y emprendíamos nuestro largo viaje nocturno.

El tiempo en la casa de su prima Celi fue una delicia y pasamos mucho tiempo sentados a la mesa comiendo comida casera. Exploramos la zona hasta que Leo vio una publicación en una de sus páginas de viajes. Una pareja francesa buscaba compartir los gastos de alquiler de un automóvil. Nos fuimos a practicar nuestro francés básico con extraños en una aventura de cuatro días para visitar un circuito turístico de pequeños pueblos cercanos.

Esa fue la primera vez que viajé durante tanto tiempo con otra persona y aunque tuvimos momentos maravillosos, también tuvimos otros que no lo fueron. Si bien teníamos muchas cosas en común, ambos reconocíamos que ninguno de los dos era capaz de abrirse al otro de una manera más profunda para una relación potencial, porque ambos necesitábamos sanar primero. Había algo en Leo que me hizo ver a mí misma de una manera más profunda, había algo sobre él que me hizo pensar en *todo* de una manera más intensa.

Me dijo que quería ir a Brasil solo por al menos tres meses para poder sanar y esperaba que yo pudiera reunirme con él cuando decidiera mochilear hasta la costa este del continente. Estuve de acuerdo en que yo también seguiría adelante sola, al menos por un tiempo, sin embargo, el sentimiento y el deseo de viajar juntos de nuevo, en un capítulo diferente, era algo mutuo. Antes de que se fuera, salimos con sus primos y sus amigos, era noche de Halloween en Argentina y querían una noche de fiesta.

¿Qué tan malo podría hacer? Era solo una fiesta más.

Capítulo 29

Mi divorcio con el alcohol

*"Finalmente entendí que el alcohol no era una cura
para el dolor, era simplemente un aplazamiento."*

Sarah Hepola, Blackout: Remembering the Things I Drank to Forget

Las bebidas corrieron durante toda la noche y siendo los jovencitos de veinte años que eran, las bebidas que fluían eran especialmente mezcladas con el licor más barato. Bailaban como si fuera la última noche. *Estás acostumbrada a beber mucho, pero no puedes mezclar todo este alcohol barato*, una voz interior de sabiduría persistía.

Las horas en la pista de baile terminaron cuando las luces anunciaron la hora de cierre y al salir nos dimos cuenta de que eran casi las seis de la madrugada. La luz tenue del horizonte nos hizo saber que el sol pronto estaría sobre nosotros. Nuestro grupo de borrachos vagó hasta la plaza principal donde bebimos más cerveza antes de decidir ir a la casa de un amigo de Celi para asar carne y seguir de fiesta.

Cuando llegamos a la casa, lo único que quería hacer era acostarme, así que Leo me llevó a una habitación donde podía dormir tranquilamente. Recuerdo acostarme en mi ropa y quedarme dormida mientras escuchaba a todos los demás divirtiéndose afuera.

Unas horas más tarde, con el sol a pleno, sumiendo a la ciudad en un calor de cuarenta y cinco grados centígrados, me desperté empapada en sudor en una habitación extraña, sola, sin ventilador o aire acondicionado y con restos de vómito y comida pegados en la comisura de mis labios. Mi sien izquierda palpitaba tan fuerte que juré que ese lado de mi cabeza iba a explotar, sentí como si tuviera papel de lija en mi garganta, la habitación daba vueltas y no tenía idea de dónde encontrar agua o un baño.

Y de repente, me acordé.

Mierda, es domingo.

El domingo no solo era el día en que llamaban más estudiantes en búsqueda de maestros en línea, sino que tenía varias horas de clases reservadas con estudiantes regulares. Ya había perdido varias clases cuando me di cuenta de qué día era. No podría cumplir con ninguna clase aquel día y no tenía manera de notificar, a mis estudiantes ni a la empresa para la cual trabajaba, que no podría asistir. No solo me quedé sin el dinero de lo que había gastado comprando bebidas la noche anterior, sino que también me quedaría sin el ingreso de las clases de ese día y la empresa congelaría mi cuenta durante toda una semana como castigo por no aparecer, lo que significaba que también perdería los ingresos de toda la semana.

Estaba ahí acostada en esa cama tan furiosa conmigo misma. Por primera vez miré directamente al espejo de mi relación con el alcohol.

Si nunca me hubieran invitado a salir nada de esto habría sucedido, pensé, comenzando a señalar con el dedo.

Me confronté a mí misma, era hora de ser dolorosamente honesta después de años de mentirme. Nadie me había hecho mezclar todas esas bebidas baratas ¡De hecho, nadie puso un arma en mi cabeza para obligarme a salir! Durante años, había estado enojada con los demás por su relación con el alcohol. Por años, todo había sido culpa de los demás.

"Si la gente no se ofreciera a pagar las cuentas del bar, no sería tan fácil beber."

"Si el alcohol no estuviera en cada esquina, en cada tienda, en cada restaurante y en cada refrigerador, no bebería tanto."

"Si esa persona no me hubiera enojado tanto, nunca habría abierto esa botella."

"Hubiera cerrado mi cuenta después de esas dos cervezas y me habría ido a casa si esa persona no hubiera empezado a comprar tragos para todo el bar."

"Nunca bebí mucho hasta que salí con alguien que tenía un verdadero problema con el alcohol, fue la influencia de esa persona la que me hizo elegir darme un atracón de tequila."

"Ellos sí tienen un problema real con la bebida, pero mi relación con el alcohol no es tan destructiva como la de ellos."

La verdad del asunto era que yo era el común denominador en todas esas relaciones.

En todo el trabajo que había hecho conmigo misma, nunca me había hecho responsable de mi relación con el alcohol y el daño que le hizo a mi vida y a la vida de los demás. El alcohol roba y me había estado robando durante años. El decidir beber me había robado miles y miles de dólares que podría haber invertido en crear seguridad y bienestar para mi futuro.

Beber era la base de cientos de relaciones tóxicas en las que, de otro modo, no me habría involucrado. Nunca habría tomado oxicodona o Lortabs sola, era solo cuando estaba borracha que el pensamiento de abusar de pastillas narcóticas cruzaba mi mente. Nunca habría consumido cocaína si no hubiera sido por mi matrimonio con el alcohol. Era mi amigo más fiel, mi fuerte, el hada mágica que vivía en mi hombro haciéndome compañía sin importar quién entraba y salía de mi vida.

Me convirtió en una guardiana perezosa de mi vida mientras estuve apegada a él. Cosas que normalmente no aceptaba de repente parecían estar bien después de beber. Fui a lugares a los que nunca debería haber ido, poniéndome en situaciones extremadamente peligrosas y que amenazaban mi vida. Me involucré con personas con las que no tenía nada que hacer y no lo hubiera hecho de no haber sido por estar bajo la influencia del alcohol. Había sido mi normalidad durante tanto tiempo y no podía imaginar mi vida sin él.

Estaba ahí, en ese calor sofocante, mis lágrimas agregando una capa extra salada al sudor que goteaba de mi cara, furiosa por las verdades que veía en el espejo en el que me estaba observando.

No tengo poder contra el alcohol, reconocí. Nadie me estaba apuntando con una pistola a la cabeza, obligándome a hacer esto, así que ¿Por qué elegí esta miseria? Estaba lo suficientemente quieta para finalmente escuchar mi alma, otra cosa más que el alcohol había estado ahogando durante años. Mi alma gritaba que la estaba asesinando, rogaba por algo nuevo, rogaba ser explorada, rogaba dejar salir algo, crecer, sanar y rogaba lanzar algo enorme.

La idea de estar totalmente sobria durante un largo período de tiempo me paralizó de temor, pero ¿por qué?

¿Por qué alguien elegiría esta miseria? ¿Por qué elegía despertarme así casi a diario? Si estuviera mirándome a mí misma como si fuera otra persona, ¿trataría a esa persona de la misma manera en que me estoy tratando yo? *De ninguna manera.*

Entonces, ¿por qué te haces esto a ti misma? *Porque tengo temor de sentirme bien.*

¿Por qué? *Porque tengo miedo de mi potencial y tengo miedo de lo que pasaría si me dejara crecer y expandirme sin auto sabotearme constantemente.*

¿Por qué? *Porque tengo miedo de las verdades que saldrán a la superficie cuando deje de adormecerlo todo.*

¿Por qué tengo tanto miedo de renunciar a algo que me destruye? ¿Qué me da el alcohol que lo hace tan difícil de abandonar? *Me protege.*

¿Me protege de qué? *De ser vista.*

¿Por qué tienes miedo de que te vean? *Porque entonces me sentiría vulnerable.*

Estas fueron verdades poderosas que salieron mientras finalmente estaba siendo honesta conmigo misma y BINGO, encontré la raíz de mi temor. Tenía miedo de ser vulnerable.

Si no me escondo detrás del alcohol, ¿quién soy realmente? Sólo me he conocido a mí misma, durante toda mi vida adulta, a través de los lentes del alcohol. ¿Cuánto más había por descubrir debajo de todas esas capas?

¿Qué pasaría si dejara de beber, viviera la versión más auténtica de mí misma y no fuera suficiente? *¿Y si YO no soy suficiente?*

Me maravillé al pensar cuántos obstáculos había superado hasta ese punto. ¿Quién se enfrenta al trauma de una violación en el consultorio de una psicóloga para conquistar temores, compra un boleto de ida a un país extranjero y luego viaja sola a través de desiertos, playas, grandes ciudades y de regreso a través de seis países? Era valiente para hacer eso, pero lo estaba haciendo todo con mi muleta de alcohol, así que *¿Qué tan valiente era realmente?*

El verdadero coraje sería dar un paso más allá y, de verdad, permitirme sentir la plenitud de la vida, viviendo en voz alta la versión más auténtica de mí, abrazando todos mis temores y dejándome sentir vulnerable, lo que significaba empezar a sentarme conmigo misma, con todas las partes que el alcohol me había estado robando, no solo algunas partes de mí, sino *todas*.

Todo lo que quieres está al otro lado del miedo.

Durante años, había esperado que las parejas románticas que tuve a lo largo del camino llenaran el abismo que tenía dentro, pero esa expectativa daba paso a relaciones codependientes porque nunca había aprendido a completarme a mí misma. ¿Cómo podría esperar que alguien más me entendiera si no me entendía yo? ¿Cómo podría esperar que alguien más me amara, me escuchara y aprendiera sobre mí si no estaba dispuesta a hacerlo yo misma? Durante años el alcohol me había robado eso también.

Nadie iba a venir a salvarme de mi miseria, así como no pudieron cuando toqué fondo en otras ocasiones. Había esperado que alguien más interviniera en tiempos de destrucción y que me diera permiso para ser libre. Me di cuenta de que al igual que en los momentos de mi vida en que había tocado fondo debido a mi adicción a las drogas, no podía esperar que alguien más me liberara, tenía que salvarme a mí misma. Tenía que decidir cambiar mi estándar de vida, era la responsable de crear la vida de mis sueños, de encontrar mi propia felicidad.

¿Cómo podría dejar de beber en un mundo donde el alcohol está en todas partes? Bueno, pensé lo mismo sobre la cocaína y llegué a la conclusión de que nunca podría escapar de ella, las drogas siempre estarían cerca y no podía dejar de vivir mi vida solo para evitarlas. Tenía que elegir donde estaba parada sin importar lo que hicieran las demás personas a mi alrededor, no importaba quién eligiera beber en mi presencia, esa es su relación con el alcohol y no era asunto mío.

El miedo a estar sobria era paralizante, no importaba cuántos desafíos de "sobriedad" tomara, si no encontraba la raíz de lo que me hacía querer beber, mis ciclos nunca cambiarían. Eso significaba embarcarme en un viaje interno que sería más intenso que las idas y vueltas de las aventuras que había vivido a través de tantas fronteras.

Perdonar a mi violador no era suficiente, ya había hecho eso, pero aún tenía mucho dolor muy adentro de mí, era mucho más profundo que todo eso. Tenía que encontrar la raíz de mi dolor y mientras siguiera adormeciendo constantemente mis emociones con alcohol, nunca podría seguir adelante para alinearme con la vida que mi alma rogaba.

¡Había bebido muchísimo durante casi quince años de mi vida adulta! ¿Cómo sería la vida al otro lado de ese miedo, el miedo a afrontar la vida cara a cara, sobria, adentrarme en un nuevo mundo y abrirme de manera más profunda? Escuché las mentiras empezar a fluir y permití que fluyeran para ver cuál era mis sistema de creencias. Una lista de mis "solos" comenzó:

"Solo contrólalo, no hay necesidad de renunciar a él por completo."

"Solo apégate a un plan, cerveza y nada de licor fuerte."

"Solo guárdalo para ocasiones especiales."

"Solo establece un límite de dos bebidas y nunca bebas más que eso."

"Solo bebe socialmente, pero no lo permitas en tu casa."

"Solo di no a los tragos fuertes."

"Solo guárdalo para el fin de semana y durante la semana permanece sobria."

Tenía que ser honesta acerca del hecho de que había negociado de igual manera durante años y nunca había funcionado. Después de solo un trago, mi habilidad para razonar dejaba de tener poder. Mi manera no estaba funcionando, de hecho, nunca había funcionado, era hora de hacer algo radicalmente diferente, ¡era hora de divorciarme del alcohol! Era hora de ponerme sobria, no como un desafío temporal, sino como una decisión de vida permanente, era hora de emprender el viaje de aprender a amarme a mí misma y era hora de encontrar la raíz de mi dolor.

***

Leo se dirigió a las playas de Brasil y aunque mi plan inicial era cruzar la frontera y mochilear al norte para encontrarme con él, esa decisión no resonó en mi alma. En cambio, me escuché: todavía no quería ir a Brasil.

Quería volver a Colombia, así que reservé un vuelo desde Buenos Aires a Medellín y usé las últimas dos semanas antes del vuelo para explorar nuevos lugares. Pasé una semana en Esteros de Iberá donde navegué en canoa por las orillas de pantanos para tomar fotografías de caimanes tomando el sol y ver animales que nunca había visto. De hecho, pude ver un cocodrilo todavía más de cerca cuando, por la noche, uno saltó a la piscina del lugar donde me estaba quedando para nadar. El dueño dijo que era un hábito nocturno, por lo que todos sabían que no debían meterse en la piscina después de una hora determinada.

Regresé a mi pequeño estudio en Jardín justo a tiempo para terminar mis proyectos del último semestre, ver a mi amado Sebas y hacer largas caminatas a través de fincas llenas de café y plátano. Sin embargo, esta vez fue diferente. Todo era diferente cuando estaba sobria y el alcohol estaba en todas partes. A cada paso los jardineños me invitaban a tomar para darme la bienvenida al pueblo, pero sabía que esto sucedería y esta vez llegué preparada.

En largas caminatas, pude reflexionar sobre la versión de mí misma que caminó allí durante visitas anteriores a Jardín. Me sentí divinamente empoderada de ver cuán lejos estaba ahora de la Jenni que huyó de la destrucción que se causó a sí misma y a los que la rodeaban. Ofrecí reparaciones a aquellos a quienes había dañado. Fueron bien recibidas por algunos y eso fortaleció la base de nuestra amistad. Para otros la puerta estaba cerrada, lo cual llegué a aceptar como consecuencia de mis antiguas decisiones.

Allí festejé mi cumpleaños número treinta y cuatro y sentí que, por primera vez, celebraba mi existencia. En años anteriores, siempre había experimentado una profunda tristeza en esa fecha y pasaba días entre borrachera, resaca o alguna etapa intermedia. La tristeza seguía ahí, pero pude estar completamente presente con ella y, aun así, experimentar alegría al mismo tiempo.

Hice mi primer mapa de visualización con las cosas que quería atraer a mi vida en el año siguiente. Llevé todos mis suministros de arte y cartulina a la montaña, fui hasta la gran estatua de Cristo Rey donde había mesas debajo de un techo de madera. Me senté y dibujé mi mapa de visualización, mirando hacia abajo sobre el pueblo y las montañas que lo rodean.

Después de ir de un pueblo a otro en la región, supe que era el momento de hacer la transición de Jardín a Medellín para que pudiera tener una conexión Wi-Fi más estable y así poder enseñar en línea. Un amigo en el pueblo me contactó con su suegra, que tenía una habitación disponible en su departamento en un barrio alejado de la zona turística de Medellín.

Fue mientras vivía allí que comencé a escribir este libro. Iba a sentarme en mesas afuera de pequeñas cafeterías o panaderías escondidas en las calles laterales del barrio Belén Rincón. Escribía durante horas hasta que mi alma decía listo y luego subía la larga colina de regreso a casa. Hice esto durante un poco más de dos meses hasta que un día mi alma me dijo que necesitaba el tipo de inspiración que solo viajar me daba. Empaqué mis artículos esenciales, dejé el resto de las cosas en mi habitación alquilada, me puse la mochila al hombro y despegué, sin tener idea de que en unos pocos días el mundo se vería envuelto por la pandemia de COVID-19 y estaría atrapada en un estricto encierro durante meses.

Capítulo 30

Heroínas al Descubierto

Después de dos meses y medio de confinamiento obligatorio en Bogotá, Colombia, llegó el momento de preparar todo para tomar un vuelo humanitario de regreso a los Estados Unidos. Sabía que no iba a tener espacio para todo en mi maleta después de comprar cosas para llevar a mis amigos y familiares, así que empecé a pensar qué cosas podría donar de mi pequeña colección de pertenencias. Se me ocurrió la idea de hacer una bonita caja de provisiones para otra mujer, una mujer cuya presencia sentía en mi alma, pero a quien aún no había conocido. ¿Cómo podría ayudarla? ¿Qué podría regalar que le diera calor a su alma, para que se sintiera apreciada, celebrada y fortalecida por el amor de otra mujer durante esa época de locura que todos estábamos viviendo? Tuve una imagen de una mujer sosteniendo la mano de una niña pequeña y, en mi espíritu, lo entendí como: "La persona para la que necesitaba hacer este paquete era una madre soltera. Madre de una hija pequeña".

En la cocina encontré una gran bolsa de supermercado reutilizable y armé este paquete de amor, dejando que mi corazón me dijera qué poner en él. Metí dos bonitas blusas que me habían regalado, pero que no estaba usando porque me quedaban pequeñas. Puse dos de mis coloridos lazos para el pelo, uno de cada color, con la esperanza de que le dieran alegría a su rutina diaria de alguna manera. Tenía varios pares extra de pequeños pendientes que había encontrado en liquidación en algún mercado de alguna frontera tiempo atrás, así que encontré una bolsita pequeña para poner los lazos para el pelo y los pendientes juntos.

Pensé en lo que sentiría en sus días de menstruación abundante, porque sé que los míos son realmente dolorosos y de mucho sangrado. ¿Qué podría darle para que se sintiera conectada a su cuerpo durante ese período y qué podría aliviarla? Busqué en el fondo de mi mochila, tenía una bolsa Ziploc de un cuarto de galón que siempre llevaba escondida allí por si necesitaba impermeabilizar mis objetos de valor en caso de apuro. Era el tamaño perfecto para los productos femeninos, un blíster de ibuprofeno de 800 mg, la última barra de chocolate grande de mi propia reserva de alimentos para mis días de menstruación, una bolsa de snack de plátano favoritas, lo que me quedaba de mis tés de hierbas y las últimas cuatro velitas que tenía.

Encontré un diario íntimo extra que decía "Sé tu propio héroe" y que no tendría tiempo de llenar antes de irme, con un bolígrafo especial para mí. También puse algunos antibióticos que había guardado en caso de emergencia, así como otros artículos de tocador, esmalte de uñas y quitaesmalte, y algunos alimentos no perecederos.

Una vez que todo estuvo listo, quise incluir una "bendición financiera" escondida en algún lugar que, con suerte, llegaría en el momento en que ella menos lo esperara y cuando más lo necesitara. Doblé un billete y lo escondí entre las maxi almohadillas de su bolso femenino. Estaba ansiosa por dejar que mi corazón me mostrara quién debía ser la destinataria de estas provisiones que había preparado con tanto amor.

A la mañana siguiente, con el corazón guiando mis pasos, me dirigí hacia la plaza del centro de Bogotá con el espíritu abierto y una gran sonrisa que brillaba detrás de mi máscara. Nuestros corazones siempre tienen todas las respuestas a todo lo que queremos saber. Lo difícil es aprender a escuchar. Así que caminé un rato por la Séptima Avenida, cuando un tipo con una cesta de golosinas me gritó:

—¡Viva Colombia!

Me hizo una señal con el pulgar hacia arriba y, a pesar de la máscara que le cubría la cara, me di cuenta de que estaba sonriendo de oreja a oreja. Me dijo que le encantaba mi camiseta de fútbol de Colombia, así que me acerqué para entablar una pequeña charla con él.

Estuvimos charlando durante unos minutos cuando me di cuenta de que una callada joven estaba de pie a un par de metros detrás de él, observándonos. La invité a unirse a nosotros. Me di cuenta de que llevaba una cesta con termos de café.

— ¡Toma, toma un café! —me ofreció el tipo.

—No, quiero su café —respondí. Me vendió una taza con entusiasmo y pude comprobar que era muy amable y tímida.

— ¿De dónde eres? —le pregunté en español.

— ¿Venezuela?

Ella asintió.

—Esta chica sale a trabajar de sol a sol —me dijo el tipo. Sus ojos amables se iluminaron cuando sonrió, una sonrisa que provenía de un lugar auténtico de su alma. *Ping ping ping.* Mi corazón me dijo que ella era la elegida.

— ¿Qué tienes en la bolsa? —preguntó el tipo.

—Estoy devolviendo algunos objetos a su legítima dueña —respondí.

Entonces, le pregunté a esta joven si quería dar un paseo conmigo.

No quería que nadie más escuchara nuestra conversación. Una vez alejada del grupo, me preguntó si podíamos caminar y hablar para poder seguir vendiendo su café. Mientras paseábamos por la Séptima Avenida, me contó su historia. Se llama Luxbetsy. Debido a la crisis en Venezuela, emigró a Bogotá hace poco más de un año en busca desesperada de trabajo. Ya tenía un par de familiares allí, pero una vez que llegó se vio obligada a buscar su propia manera de sobrevivir porque su familia no la ayudaba. Tuvo que encontrar la forma de ganar dinero, cargando en brazos a su hija de un año y encontrar la manera de ganar lo suficiente para mantener un refugio sobre sus cabezas y tener comida, leche maternizada y pañales. Sólo tenía lo suficiente para comprar un termo y una pila de tazas para vender café en la calle, así que recorría las calles todo el día con su bebé en la cintura vendiendo pequeñas tazas de café día tras día hasta que finalmente tuvo suficiente para dos termos. Entonces, encontró la manera de conseguir un carrito, que podía contener más termos y liberar sus manos.

Su bebé cogió una neumonía al estar expuesta al clima frío y lluvioso de Bogotá, así que, afortunadamente, llegó a un acuerdo con su casero para que cuidara a la bebé durante el día y así la joven madre pudiera salir a vender café. Se esforzó lo suficiente como para ampliar su negocio a cuatro termos y añadir una mini cesta al lado de su carrito que contenía diferentes marcas de cigarrillos para venderlos además del café. Me dijo que cuantos más productos tuviera para vender, mejor, porque a pesar de todo da el mismo número de pasos cada día. Me contó que su próximo objetivo era mejorar su cesta para convertirla en un carrito de cuatro ruedas con capacidad para ocho termos en la parte inferior y una nevera en la parte superior con diferentes compartimentos para guardar pasteles y comida casera venezolana, lo que aumentaría enormemente sus ingresos.

Ella misma había hecho todo eso con un bebé de un año y como trabajadora migrante en un país en el que no era bienvenida. Observé el brillo de su rostro mientras me contaba su historia. Estaba muy orgullosa de ello. El sufrimiento la llevó a un punto en el que no tuvo más remedio que buscar en lo más profundo de sí misma para abrirse camino cuando las cosas parecían imposibles. Me inspiró mucho y me vi reflejada en ella en muchos aspectos, aunque nuestras vidas, culturas, nacionalidades, lenguas maternas y color de piel fueran tan diferentes. Lo que sufrimos no nos amargó; nos hizo mejores y vimos infinitas posibilidades de seguir creciendo y creando, todo gracias a los tiempos difíciles. Nos hizo conectar nuestras almas a un nivel que trascendía cualquier frontera.

Le expliqué en qué consistía mi *paquete de amor*, se lo ofrecí con cada gramo de amor puro que había en mi corazón y luego nos abrazamos prolongadamente. Sabíamos amar desde un lugar profundo, el que sólo conocen los que han sufrido y luego han sanado. Cada pedacito de mi obsequio había llegado en el momento más perfecto de una pandemia, cuando las ventas estaban en su punto más bajo y las calles eran una realidad despiadada, llena de gente hambrienta que luchaba por sus propias ventas para alimentar bocas hambrientas en casa. No había podido hacer cosas divertidas con su hija ni comprar ningún regalo, así que le hacía ilusión pintarse las uñas y ponerse esos pequeños pendientes de perlas. Mi corazón se llenó de alegría al imaginarla encontrando ese billete secreto escondido una vez que llegara a su casa y revisara la bolsa con detalle.

Fui a sentarme a la Plaza Bolívar, totalmente impresionada de que estuviera vacía, excepto por mí y por todas las palomas. Me quedé con la belleza de la arquitectura de los edificios gubernamentales. Le agradecí a Colombia por haber comenzado y terminado ese capítulo de tres años, le pedí disculpas por cualquier daño que haya ocasionado mientras me permitía hacer un viaje tan poderoso y dejé que me sostuviera allí mientras lloraba y liberaba tantas cosas. Era el momento de contar mi historia. Era el momento de hablar de lo que me llevó a vivir ese momento con Luxbetsy.

Sentí la dicha de la alegría pura recorrer mi cuerpo, rumiando la experiencia que acababa de tener lugar y pensé en lo feliz que sería si pudiera dedicar mi próximo capítulo de viajes a documentar historias de personas como ella en todos los lugares a los que fuera. Si su historia me inspiró a mí, tal vez inspiraría a muchos otros. Tal vez inspiraría algo grande en una sola persona y tal vez esa persona dejaría que su inspiración la llevara a un lugar en el que se vería capacitada para inspirar a otras diez personas a lo grande. ¿Y si la bola de nieve se convirtiera en un movimiento mayor en el que mujeres de todo el mundo se sintieran empoderadas al compartir sus historias y todas ellas encontraran unidad al sanar juntas y continuar elevándose hacia nuevos niveles de excelencia? Antes de separarnos, me dio permiso para hacer un vídeo con ella contando su historia y así fue como lancé mi canal de YouTube justo antes de cerrar el capítulo de viajes por Sudamérica.

Casi veinte años después, mi vida había dado un giro completo a lo que había sentido como el propósito de mi vida en mi adolescencia. La epifanía me dejó con la mandíbula abierta, sentada allí mismo en aquel bloque de cemento en el borde de la Plaza Bolívar. Me llevó a cerrar el círculo de ese fuego interior que experimenté por primera vez cuando tenía quince años, la primera vez que entré en una clase formal de español. Me llevó a cerrar el círculo de esa llama interior que había experimentado a los diecinueve años en una isla la primera vez que viajé al extranjero. Ni un solo paso a lo largo del camino había sido un error. Tuve que vivir todos esos capítulos para cumplir ahora mi propósito de la manera más poderosa.

Después de haber estado viajando sin parar por otro continente durante tres años, estar de regreso en Oklahoma fue todo un cambio. Supuse que podría satisfacer mi deseo de viajar haciendo recorridos por carretera en mi Jeep. Me metí en la página web de mi voluntariado (la misma en la que encontré la oportunidad de construir una casa de bambú en Ecuador) y encontré diez lugares diferentes aquí en los Estados Unidos que, a pesar de la crisis del COVID, buscaban un voluntario que se quedara un tiempo prolongado a cuidar la casa, a trabajar en su granja cosechando alimentos o cuidando de los animales. No fue casualidad que, menos de un mes después de volver a la ciudad de Oklahoma, mi Jeep se estropeara y ninguna de las diez familias de acogida a las que había escrito para ir a quedarme como voluntaria respondiera. ¿Qué iba a hacer atrapada en Oklahoma sin trabajo, sin vehículo y sin dinero? Busqué la respuesta en mi interior.

Por primera vez en mi vida, estaba libre de distracciones. Había trabajado tan duro durante casi veinte años, desde que tuve mi primer trabajo a los quince, y había estado en un constante estado emocional de supervivencia por mucho tiempo más. Nunca había estado tan tranquila durante tanto tiempo, en Oklahoma y *sobria*, todo al mismo tiempo. La sobriedad fue el factor clave porque me permitió sentir de verdad. Tenía muchas ganas de beber.

Mi alma empezó a derramarse sobre el papel mientras escribía a mano cada capítulo de este libro. Nunca tuve tiempo de sentarme con ninguna de las partes de mi historia y tantos meses de hacer este trabajo me mostraron cuántas heridas de mi vida aún necesitaba sanar. Escribir mi historia me dio la oportunidad de sentarme también conmigo misma a través de cada uno de esos capítulos de mi vida, desde los veinte años hasta ahora, para amarme y analizar mi vida de una manera diferente. Pude ver que tenía ciclos. No escribí sobre José para demonizarlo, sino para mostrar un ejemplo de cómo era mi realidad relacional. José era solo uno, pero en realidad había docenas, uno tras otro, con finales similares. El denominador común era yo. Me mantuve sumergida en ciclos de inseguridad financiera y heridas. Fui capaz de contar cuántas veces me di cuenta de las advertencias acerca de las situaciones en las que me estaba metiendo -casi todas las veces-, pero no las tuve en cuenta.

Me hizo explorar todavía más profundo. Estas cosas no empezaron después del secuestro y la violación. Ya estaban ahí. Me pregunté continuamente "¿por qué?" y "¿cómo llegaron ahí?" para retroceder más y más en mi pasado hasta encontrar dónde comenzaban esos patrones. Y fue así cómo encontré la raíz de mi dolor.

La raíz de mi dolor es mi padre. Mi padre comenzó a abusar sexualmente de mí cuando tenía tres años y continuó durante ocho años, hasta que me dejó embarazada a los once años (aborté). Justo después de eso fue cuando ocurrió ese misterioso brote psicótico seguido de mi primer intento de suicidio cuando tenía doce años. En realidad, no fue sólo mi padre, sino también el suyo, quien abusó sexualmente de mí, y hubo un total de cuatro hombres en mi infancia que me violaron antes de que mi crisis nerviosa me llevara a ese manicomio. No me alcanzan los dedos de una mano para contar cuántos hombres diferentes me han violado en esta vida. ¿Por qué es importante volver atrás y analizarlo? Porque tuvo un impacto en todo lo que sucedió después y todavía me impacta. En realidad, recién ahora estoy abriendo esta "cámara", la más profunda dentro de mí, desbloqueando recuerdos, y requiere mucho trabajo duro y doloroso. Este tipo de trabajo sobre el alma ¡APESTA!. Duele, es duro, es angustiante, pero ¿por qué es necesario? Porque aún hoy impacta en varias áreas de mi vida y me impide vivir la vida de mis sueños. Ahora sé que merezco vivir la vida de mis sueños. Me enfrentaré a todos los demonios y a todos los monstruos que hay dentro de mí hasta que no quede ninguno.

Me doy cuenta de que tengo muchas cosas relacionadas con mi familia que son un gran lío dentro de mí. Me costará mucho trabajo resolverlas, no para alguien más, sino para mí. Mientras empezaba a ordenar algunas de estas cosas, leí una gran pila de libros relacionados con vínculos familiares rotos, el impacto del abuso sexual en la infancia, cómo estas cosas impactan en comportamientos repetitivos con respecto a relaciones y al dinero, y cómo romper con esos círculos viciosos. Al final de este libro, incluyo una lista de libros que me han ayudado enormemente a trabajar en todos estos capítulos. Si algo de lo que he compartido sobre mis traumas y mi proceso de sanación resuena contigo y deseas hacer tu propio trabajo interior, mi esperanza es que algunos de estos libros puedan ayudarte como me ayudaron a mí. Mi próximo libro se dedicará a contar la historia de la primera mitad de mi vida, cómo impactó en mi sistema de creencias en adelante, sobre todo, y cómo sanarlo para poder vivir la vida plena que merezco. Por eso es importante sanar.

Hacer frente a estas terribles tribulaciones no fue ni es fácil. Tenía muchas ganas de beber. El dolor que aún queda de esos recuerdos desbloqueados es tan grande que me hizo querer recurrir a cualquier cosa para no sentirlo. Esto es lo que mi alma había estado necesitando dejar salir desesperadamente, cuando escuché sus alaridos el día en que yacía miserablemente con resaca y bañada en sudor antes de salir de Argentina. Me había dicho a mí misma: *Si puedo pasar mi cumpleaños número treinta y cuatro sobria en Jardín, puedo pasar sobria cualquier cosa.* Luego, el mundo se encendió en llamas cuando llegó la pandemia y me dije a mí misma: *Si puedo pasar sobria el encierro en un país extranjero, rodeada de otros que beben, puedo pasar sobria cualquier cosa.* Y lo hice. Me dije a mí misma: *Si puedo superar este nivel de sanación estando en Oklahoma, sin trabajo, sin auto, ni dinero, sobria, sabiendo que la persona que me aterrorizó más que nadie que aún viva está aquí, viviendo en la misma ciudad que yo, puedo superar cualquier cosa.* Celebré mi año de sobriedad del alcohol el 1 de noviembre, el alcohol es una pareja con la que no me pienso volver a casar. Beber tanto alcohol durante quince años de mi vida adulta nunca me permitió sentir. Es imprescindible sentir para sanar. No hay atajos para eso.

***

Mientras escribía este libro, una amiga con la que no había hablado en años me visitó por sorpresa una tarde. Me confió que estaba sobreviviendo en secreto a un matrimonio abusivo y, aunque todavía no estaba preparada para dejarlo, había visto al menos una docena de veces el vídeo de YouTube de Luxbetsy compartiendo su historia. Cada vez que lo veía, se sentía inspirada por la fuerza de otra mujer y eso le daba esperanza y valor para seguir eligiendo afrontar la vida cada día. Volví a sentirme alineada con el propósito de mi vida. Dios, la gente local en las calles de Bogotá miraba a Luxbetsy por encima del hombro, sólo una humilde refugiada venezolana más que lucha por su espacio para vender café por monedas, ¡pero mira su poder para inspirar a una mujer en otro continente, al tener el valor de compartir su historia en un vídeo de YouTube de doce minutos sin editar!

El hecho de que compartiera su historia la puso al descubierto y supe que si yo compartía la mía también estaría al descubierto. Estaba rumiando una de mis citas favoritas de Nora Ephron, "Por encima de todo, sé la heroína de tu vida, no la víctima", cuando me vino el nombre de "Heroínas al descubierto". *Así es.* Ese sería el nombre de mi serie de libros, con mis memorias como primer libro y libros posteriores dedicados a documentar historias de mujeres como Luxbetsy y otras que llegaron a mi vida. ¿Y si nuestras historias pudieran inspirar a otras mujeres más allá de las fronteras y, al aprender cómo se ve el mundo a través de los ojos de otro ser humano, pudiéramos amarnos y aceptarnos mutuamente en lugar de juzgarnos tanto?

Mientras me sentaba con mi historia, reviví la alegría de mis viajes y me di cuenta de cuántas mujeres me inspiraron en el camino. Cuando escribí sobre mi experiencia en el albergue de Salento viendo las montañas de Colombia por primera vez, reviví la inspiración que me dio Ruth, la chica que había hecho un comentario sobre mis leggings y sobre cómo no debería importarme lo que pensara la gente. ¿Por qué iba a esperar el permiso de otra persona para sentirme bien conmigo misma? *Ojalá pudiera diseñar mis propios leggings,* pensé. Oí un leve susurro dentro de mí que decía: *¿Por qué no puedes?* Nunca me había planteado algo así.

Se me ocurrió hacer un par de leggings que eran un collage de todas las banderas del mundo, nacido de la alegría que experimenté en mi primera clase de idiomas, donde me enamoré de las vibrantes banderas. Imaginé que me alineaba con la energía de las mujeres de todos esos países, lo estimulante que sería cruzar las fronteras para encontrarme con ellas más tarde en el momento indicado. Creé otro diseño de leggings con la traducción de "Love Conquers All" (El amor lo conquista todo) en sesenta y cuatro idiomas diferentes, el tatuaje que me había hecho en árabe en el brazo izquierdo en mi primera visita a Bogotá. Lo que nos une a todos por encima de las fronteras es el amor, nuestra capacidad de amar a los demás. La creación de este par me inspiró a hacer leggings y productos haciendo juego también en otros idiomas, como chino, árabe, hindi, ruso, maya, jeroglíficos egipcios, lengua de señas y mensajes multilingües de amor y paz.

Escribir sobre Colombia me hizo volver a mirar todas mis fotos de viajes y pensé: *¿Qué genial sería hacer un par de leggings que tengan un collage de las fotos de las obras de arte que fotografié en toda Colombia?* Así que lo hice. Quería conectar con la alegría cuando los usaba sin importar dónde estuviera físicamente y dar el mismo regalo a las mujeres de todo el mundo, especialmente a las que quizá no tengan nunca la oportunidad de vivir la misma aventura que yo. Escribir mi historia también me recordó cómo el universo siempre aparecía y siempre trabajaba a mi favor, incluso cuando no lo parecía, así que hice una colección del universo para llevarla como recordatorio de que siempre hay que confiar.

Mientras trabajaba en mi historia y me daba cuenta de que la vida me había llevado a cerrar el círculo de lo que siempre supe que quería hacer, hice otro diseño de leggings con mi cita favorita, "Vive la vida con una brújula, no con un reloj", con la cita en una pierna y un mapamundi en el resto del estampado. Ese modelo me trajo a la mente el terrible vuelo de regreso a los Estados Unidos desde Cozumel años atrás, cuando le rogué a mi abuela que me dejara quedarme en la isla, preguntándole por qué me obligaba a hacer algo que no quería hacer, tratando de hacerme encajar en una caja, esperando a vivir la vida de mis sueños hasta más adelante. Quería obtener ingresos haciendo lo que me encanta, escribir y viajar.

¿Y si pudiera encontrar la manera de crear una tienda online para vender estos leggings y, cuando viaje, crear nuevos diseños de leggings? Al venderlos puedo financiar mis viajes.

Así que lo hice, y entonces nació mi negocio online, también llamado Unhidden Heroines (Heroínas al descubierto). Encontré la manera de que mis leggings estuvieran disponibles desde la talla extra pequeña hasta la 6XL porque, como dijo Ruth: "¿Por qué no me merezco sentirme guapa y segura tal y como soy?" Hago los leggings más lindos del mundo y deberían estar disponibles para mujeres de todas las tallas.

Una vez que descubrí cómo poner mis leggings a la venta en la página oficial de mi negocio, aprendí a diseñar otras prendas con mis citas favoritas para que puedan inspirar a otras mujeres tanto como lo han hecho conmigo. Utilicé citas como "Por encima de todo, sé la heroína de tu vida, no la víctima", "Todo lo que quieres está al otro lado del miedo", "El mundo es tuyo", "Necesitaba un héroe, así que en eso me convertí", "Sin embargo, ella persistió", del tatuaje que me hice en el brazo cuando escapé de aquel conductor de autobús que amenazaba con secuestrarme, "Las mujeres empoderadas empoderan a otras mujeres", "¿Cuál es tu por qué?" y "Sigue levantándote", "Haz el amor, no la guerra", entre varias otras. Las pongo en productos como camisetas, musculosas, bolsos de mano, sudaderas con capucha, almohadas y mochilas con cordones perfectas para viajar. Son citas que han inspirado todo mi viaje y espero que también lo hagan con el tuyo. Están creadas desde un lugar profundo de alegría dentro de mi alma y puedes encontrar tus favoritas en www.unhiddenheroines.com

***

Antes de despedirme, quiero compartir estas palabras que mi versión más joven habría necesitado oír :

Eres digna. Has nacido digna. Tu valor no se gana; naciste con él. No se basa en tu cintura, en el amor o la validación que otros te den (o no te den), en el dinero que ganes (o no ganes), en las buenas acciones que hagas (o no hagas), o en lo productiva que seas (o no seas). Asegúrate de saber cuál es realmente tu sistema de creencias internas sobre el valor. Cuando intentas crear algo nuevo y maravilloso, pero inconscientemente crees que no eres digna de ello, es como recoger fruta para ponerla en tu cesta con una mano pero calculando un agujero en esa cesta con la otra.

No tengas miedo de volver a empezar tantas veces como sea necesario. Cada vez que lo intentas de nuevo, no estás empezando de cero, sino de la experiencia. Cada vez que lo intentas, aprendes algo nuevo y aplicarlo es sabiduría. Diviértete con tu aventura y nunca te canses de explorar todas las vías.

No importa la mano de cartas que la vida te reparta. Tu poder es elegir jugarlas como quieras y puedes hacer que todo funcione a tu favor.

No fue tu culpa, ni de niña, ni de adolescente, ni siquiera de adulta. Tus abusadores no te quitaron nada que no puedas recuperar. Esas piezas son tuyas. Hacer el trabajo interior para recuperar tu poder es difícil, pero vale la pena, y tú lo vales.

No eres tonta, no estás sucia, dañada, ni estás destinada a la perdición. No es tu destino divino sufrir. No has nacido para sobrevivir. Has nacido para prosperar.

Te mereces vivir la vida de tus sueños, sea cual sea este para ti.

No esperes que nadie cree el espacio que deseas. Abre tu propio camino. No has nacido para ser como los demás. Cuando marchas a tu propio ritmo, puede que la gente no te entienda, e incluso puede que te odie por ello, pero sobre todo deseará tener el valor de hacer lo mismo.

Todo lo que necesitas ya está dentro de ti. Eres mágica, nena, pura magia.

Es maravilloso que tengas un corazón de oro y que desees hacer tanto por los demás, pero siempre debes darte a ti misma primero. No puedes servir de una botella vacía. Eso no es egoísta. Eso es amor propio, y podrás dar desde un lugar de verdadero amor a los demás cuando primero te ames a ti misma.

Te amo mucho, tal y como eres. Eres digna de ser amada incondicionalmente, sin importar lo que alguien te haya hecho y sin importar lo que tú le hayas hecho a alguien más. Mereces ser amada y estar enamorada de la vida, siempre, todos los días, sin importar lo que pase.

El miedo es tu amigo. Existe para mostrarte dónde necesitas crecer e ir a esos lugares fuera de tu zona de confort. Ahí es donde está toda la magia.

Tus palabras son muy poderosas. Úsalas para plantar semillas que serán una cosecha de amor y abundancia en tu vida y en la de los demás.

Bueno, es hora de irse. Es hora de hacer la maleta para mi próximo capítulo. Tengo más por sanar, más cosas que descubrir sobre mí misma, más libros que escribir, historias propias y ajenas que esperan cobrar vida en el papel, idiomas que aprender, tatuajes que hacerme, leggings que crear y lugares que explorar en todo este hermoso mundo.

Volveré a mi querida Colombia con otro billete de ida, pero esta vez no voy a huir. Contar mi historia me alineó con mi propósito de vida y planeo vivirla tan auténticamente como pueda. Me emociona tanto encontrar nuevas formas de crear la vida de mis sueños y deseo lo mismo para ti en tu viaje, sea lo que sea probable para ti. Ahora que sabes por qué empecé a viajar, sabrás por qué hago lo que hago en adelante, con mi corazón en la palma de la mano guiando el camino. Te invito a seguir mi viaje.

Te quiero, Jenni.

Lista de libros que recomiendo profundizar

Autobiografías y otras obras inspiradoras

The Night Trilogy: Night, Dawn, and Day by Elie Wiesel

I Know Why the Caged Bird Sings by Maya Angelou

The Only Girl in the World by Maude Julien

Man's Search for Meaning by Viktor Frankl

I Am Malala: the girl who stood up for education and was shot by the Taliban by Malala Yousafzai

Girl in the Woods: A Memoir by Aspen Matis

Wild: From Lost to Found on the Pacific Crest Trail by Cheryl Strayed

Men We Reaped: A Memoir by Jesmyn Ward

Whip Smart: The True Story of a Secret Life by Melissa Febos

Blackout: Remembering the Things I Drank to Forget by Sarah Hepola

Getting Off: One Woman's Journey through Sex and Porn Addiction by Erica Garza

Wasted: A Memoir of Anorexia and Bulimia by Marya Hornbacher

Quit Like a Woman: the radical choice not to drink in a culture obsessed with alcohol by Holly Whitaker

The Glass Castle by Jeannette Walls

Love Letters: My personal journey towards healing by Eunice Jones-Mitchell

Shadows Before Dawn: Finding the Light of Self-Love through your darkest times by Teal Swan

From Living to Legacy: Beyond the Barriers of Mediocrity by Donelle Cole

As Muses Burn: A Poetry Collection by Mira Hadlow
The Story you Need to Tell: Writing to Heal from Trauma, Illness, or Loss by Sandra Marinella

Espirituales

The Completion Process: the Practice of Putting Yourself Back Together Again by Teal Swan
The Intender's Handbook: A guide to the Intention Process and the conscious community by Tony Burroughs
The Abundance Code: How to Bust the 7 Money Myths for a Rich Life Now by Julie Ann Cairns
The Law of Attraction by Ether Hicks and Jerry Hicks
The Astonishing Power of Emotions: Let Your Feelings be Your Guide by Esther and Jerry Hicks

Autoayuda y Psicología para la familia y el trauma

Toxic Parents: Overcoming their Hurtful Legacy and Reclaiming Your Life by Susan Forward
Men Who Hate Women and the women who love them: When Loving Hurts and You don't understand Why by Susan Forward
Emotional Blackmail: When People in Your Life use Fear, Obligation, and Guilt to Manipulate You by Susan Forward
Mothers who can't love: a Healing Guide for Daughters by Susan Forward
Money Demons: Keep them from sabotaging your relationships – and your life by Susan Forward
Betrayal of Innocence: Incest and its devastation by Susan Forward
Obsessive Love: when it hurts too much to let go by Susan Forward

Will I Ever Be Good Enough? Healing the daughters of Narcissistic Mothers by Karyl McBride

How Can I Forgive You? The courage to forgive, the freedom not to by Jani Abrahms Spring, Ph.D.

The Inner Child Workbook: what to do with your past when it just won't go away by Cathryn Taylor

The Journey from abandonment to healing: Revised and Updated: Surviving through and recovering from the five stages that accompany the loss of love by Susan Anderson

Healing from the trauma of childhood sexual abuse: the Journey for Women by Karen Duncan

The Rape Recovery Handbook: Step-by-Step Help for Survivors of Sexual Assault by Aphrodite Matsakis

Cómo encontrarme y seguirme en redes sociales

Si mi historia te ha dejado algo de valor para tu vida, el regalo más grande que puedes hacerme como autora es tomar un minuto o dos para dejar una reseña de mi libro en amazon.com y goodreads.com. ¡Desde el fondo de mi corazón te lo agradezco por adelantado!

Sigue mi página de autora en Facebook: Jenni Reavis, Multilingual Author

¡En YouTube, busca mi nombre Jenni Reavis y subscribete a mi canal! Allí estará disponible mi audio libro también en varios idiomas. ¡Ayúdenme a conseguir un mínimo de 10,000 seguidores!

Encuéntrame en Instagram como: *www.instagram.com/fearfacer528*

www.instagram.com/unhiddenheroines

Visita mi tienda en línea en *www.unhiddenheroines.com*

Allí podrás encontrar ropa y accesorios de viaje con diseños únicos que no podrás encontrar en ningún otro lado del mundo. Ofrezco envíos internacionales GRATIS para todos los productos. Con excepción de Cuba, Irán, Crimea, Siria y Corea del Norte, en este momento estoy vendiendo productos a varios países del mundo.

Si tu o alguien que conoces ha sobrevivido un trauma o tragedia y estarías interesada en compartirla con otras mujeres de todo el mundo por medio de un capítulo en mi serie de libros, Heroínas al Descubierto, no dudes en contactarme. Tu historia puede ser publicada anónimamente si deseas. Si te interesa, puedes contactarme a mi correo electrónico *unhiddenheroines@gmail.com*

¡Compartir historias salva vidas!

www.ingramcontent.com/pod-product-compliance
Lightning Source LLC
Chambersburg PA
CBHW060307030426
42336CB00011B/965